DAVID

Un hombre de pasión y destino

Charles R. Swindoll

Traducido por
Luis Magín Alvarez

Casa Bautista de Publicaciones

CASA BAUTISTA DE PUBLICACIONES

Apartado Postal 4255, El Paso, TX 79914, EE. UU. de A.

www.casabautista.org

Agencias de Distribución

CBP ARGENTINA: Rivadavia 3474, 1203 Buenos Aires, Tel.: (541)863-6745. **BOLIVIA:** Casilla 2516, Santa Cruz, Tel.: (591)342-7376, Fax: (591)342-8193. **COLOMBIA:** Apartado Aéreo 55294, Bogotá 2, D.C., Tel.: (571)287-8602, Fax: (571)287-8992. **COSTA RICA:** Apartado 285, San Pedro Montes de Oca, San José, Tel.: (506)225-4565, Fax: (506)224-3677. **CHILE:** Casilla 1253, Santiago, Tel: (562)672-2114, Fax: (562)695-7145. **ECUADOR:** Casilla 3236, Guayaquil, Tel.: (593)445-5311, Fax: (593)445-2610. **EL SALVADOR:** Av. Los Andes No. J-14, Col. Miramonte, San Salvador, Tel.: (503)260-8658, Fax: (503)260-1730. **ESPAÑA:** Padre Méndez 142-B, 46900 Torrente, Valencia, Tel.: (346)156-3578, Fax: (346)156-3579. **ESTADOS UNIDOS: CBP USA:** 7000 Alabama, El Paso, TX 79904, Tel.: (915)566-9656, Fax: (915)565-9008, 1-800-755-5958; 960 Chelsea Street, El Paso, TX 79903, Tel.: (915)778-9191; 4300 Montana, El Paso, TX 79903, Tel.: (915)565-6215, Fax: (915)565-1722, (915)751-4228, 1-800-726-8432; 312 N. Azusa Ave., Azusa, CA 91702, Tel.: 1-800-321-6633, Fax: (818)334-5842; 1360 N.W. 88th Ave., Miami, FL 33172, Tel.: (305)592-6136, Fax: (305)592-0087; 647 4th. Ave., Brooklyn, N.Y., Tel.: (718)788-2484; **CBP MIAMI:** 12020 N.W. 40th Street, Suite 103 B, Coral Springs, FL 33065, Fax: (954)754-9944, Tel. 1-800-985-9971. **GUATEMALA:** Apartado 1135, Guatemala 01901, Tel.: (502)2-220-0953. **HONDURAS:** Apartado 279, Tegucigalpa, Tel.: (504)238-1481, Fax: (504)237-9909. **MÉXICO: CBP MÉXICO:** Avenida Morelos #85, México, D.F. 06000, Tels./Fax: 011525-566-8055, 011525-566-7984; Madero 62, Col. Centro, 06000 México, D.F., Tel./Fax: (525)512-9390; Independencia 36-B, Col. Centro, 06050 México, D.F., Tel.: (525)512-0206, Fax: 512-9475; Félix U. Gómez 302 Nte. Monterrey, N. L. 64000, Tel.: (528)342-2823. **NICARAGUA:** Reparto San Juan del Gimnasio Hércules, media cuadra al Lago, una cuadra abajo, 75 varas al Sur, casa 320, Tel.: (505)278-4927, Fax: (505)278-4786. **PANAMÁ:** Apartado E Balboa, Ancon, Tel.: (507)264-6469, (507) 264-4945, Fax: (507)228-4601. PARAGUAY: Casilla 1415, Asunción, Fax: (595)2-121-2952. **PERÚ:** Pizarro 388, Trujillo, Tel./Fax: (514)424-5982. **PUERTO RICO:** Calle San Alejandro 1825, Urb. San Ignacio, Río Piedras, Tel.: (809)764-6175. **REPÚBLICA DOMINICANA:** Apartado 880, Santo Domingo, Tel.: (809)565-2282, (809)549-3305, Fax: (809)565-6944. **URUGUAY:** Casilla 14052, Montevideo 11700, Tel.: (598)2-309-4846, Fax: (598)2-305-0702. **VENEZUELA:** Apartado 3653, El Trigal 2002 A, Valencia, Edo. Carabobo, Tel./Fax: (584)126-1725.

Primera edición: 1998

Segunda edición: 2000

Clasificación decimal Dewey: 222.4
Tema: David, Rey de Israel

ISBN: 0-311-46181-6
C.B.P. Núm. 46181

3 M 6 00

Printed in U.S.A.

Dedicatoria

Con sumo placer dedico este libro a
los cuatro hombres de nuestra familia.

A mis hijos:

Curt y Chuck Swindoll

A mis yernos:

Byron Nelson y Mark Dane

Que cada uno de vosotros pueda llegar a ser,
como David, un "hombre según el corazón (de Dios)".
Y que vuestras vidas, al igual que la suya,
estén caracterizadas por la humildad,
la dependencia de Dios y la integridad.

Indice

Introducción

David: Un hombre de pasión y destino

Nuestro mundo necesita desesperadamente de modelos dignos de imitar. De héroes auténticos. De personas íntegras, cuyas vidas nos inspiren a ser mejores, a ascender a mayores alturas, a ser diferentes del montón. Esto siempre ha sido cierto.

Esto explica, quizás, por qué las biografías de los grandes hombres y mujeres me han fascinado durante toda mi vida. Todavía puedo recordar la primera Biblia que tuve, por sus retratos llenos de colorido de los diversos personajes intercalados en sus páginas. Pasé muchos domingos por la mañana sentado junto a mis padres en el templo, luchando contra el aburrimiento, pasando las hojas de esa Biblia, y mirando fijamente a esos valientes personajes de la antigüedad. Cada uno de ellos parecía más grande que la vida misma, al revivir cada drama, imaginar los sonidos y entrar en las escenas cargadas de acción descritas en sus páginas.

* Allí estaba Noé, rodeado por todos los animales del zoológico, venciendo a la tormenta.

* Allí estaba Jacob, empapado de sudor, luchando con un ángel que tenía un par de alas inmensas y misteriosas.
* Allí estaba José, con su túnica de diversos colores, mirando los rostros airados de sus hermanos.
* Luego estaba Moisés, conduciendo a los hebreos a través del lecho seco del mar Rojo, mientras las aguas eran separadas milagrosamente.
* Luego aparecía uno de mis favoritos de siempre, Sansón, con sus enormes músculos, extendiendo sus brazos entre dos columnas de mármol.
* Ester, con su refulgente corona real, aparecía en un ambiente de gran opulencia, arrodillada frente al rey, abriendo su corazón en favor de su pueblo.
* En medio de un mar traicionero, Jonás estaba siendo tragado por un pez gigante.
* María estaba ungiendo con perfume los pies de Jesús.
* Pedro, con el reflejo de un fuego parpadeando en su rostro, estaba de pie en medio de las sombras mientras un gallo cantaba a lo lejos.
* Pablo, bajo una luz semejante a un rayo láser, queda ciego, junto a su montura, en el camino a Damasco.

Había otros, todos enigmáticos... todos capaces de inflamar nuestra imaginación al revivir las escenas una y otra vez.

Mi amor por las biografías se ha vuelto más intenso con el paso del tiempo. En los más de cuarenta años que he estado formando mi biblioteca, me ha causado especial placer reunir y asimilar grandes obras biográficas, la mayoría de las cuales ya no se publican. Todavía me deleito en evocar esas escenas de la antigüedad. Mi alma se inflama de emoción y mi corazón rebosa de inspiración al ver a esos santos de la antigüedad, personas de quienes "el mundo no era digno" (Heb. 11:38) rindiendo sus vidas, cometiendo errores, logrando hazañas increíbles y finalmente pasando a la gloria. ¡Qué incentivo, qué enriquecimiento!

Las palabras del poeta ruso, Boris Pasternak, me vienen a la mente: "No son las revoluciones ni las revueltas las que despejan el camino para el logro de nuevos y mejores días, sino el alma inspirada y ardiente de alguien." Por ser esto cierto, sigo siendo un estudiante entusiasta de las grandes vidas entretejidas en las Sagradas Escrituras.

En los más de treinta años que tengo en el pastorado, he encontrado que las vidas inspiradoras de esos hombres y mujeres han sido una rica fuente de material para sermones. Una y otra vez me he dado cuenta de que las personas han sido ayudadas de una manera profunda y significativa siempre que les hablo de los personajes de la Biblia. Curiosamente, cada vez que predico mensajes biográficos en nuestro programa radial "Visión para vivir", el interés entre nuestros oyentes es invariablemente superior. A la gente les gusta oír hablar de los que han vivido antes que nosotros... dejándonos modelos que nos sirven de ejemplo y enseñándonos lecciones acerca de la vida. De hecho, de todas las series que hemos transmitido por la radio desde 1977, ninguna ha tenido mayor respuesta de nuestra audiencia que mis estudios en cuanto a la vida de David.

Al darme cuenta del valor inspirador que tienen las biografías bíblicas, quise durante años escribir una serie de libros basados en la vida de los diversos hombres y mujeres que aparecen en el texto sagrado. Mi deseo ha sido proporcionar una serie de libros que familiaricen a los lectores con cada personaje, ayudándolos a ver la relevancia y autenticidad de esas vidas... y lo exactamente que imitan las situaciones y luchas de nuestros propios tiempos. Me satisface ver que este deseo largamente acariciado se ha convertido en una realidad.

Es con un profundo sentimiento de gratitud que doy las gracias a varios amigos de la editorial Word Books por su visión e interés en este proyecto de varios tomos. Entre ellos a Byron Williamson, Kip Jordon, David Moberg y Joey Paul... fieles amigos durante muchos años. También es justo decir lo mucho que aprecio el gran trabajo hecho por dos mujeres tesoneras: Judith Markham, por su magnífica ayuda en la corrección de los textos, y Helen Peters por sus incansables esfuerzos en la preparación del manuscrito con tanto cuidado personal y excelente atención a los detalles. Gracias, hermanas, por su excelente trabajo. ¡Ustedes son inigualables!

En los últimos años de la década de 1930, Carl Sandburg terminó una obra maestra de cuatro volúmenes titulada *Abraham Lincoln: The Prairie Years and the War Years* (Abraham Lincoln: Sus años en la pradera y sus años en la guerra). Esta obra figura entre los libros más apreciados por mí, y me ha proporcionado muchas horas de lectura placentera. Cuando el autor buscaba un título adecuado para el capítulo 75, que cubre los acontecimientos inmediatamente posteriores al asesinato de Lincoln, se decidió por las antiguas palabras de un viejo proverbio conocido por los leñadores: "Al árbol se le conoce mejor cuando ha sido derribado." Según Sandburg, sólo cuando una vida está "derribada" es que podemos medir adecuadamente la largura de su significado, la anchura de su impacto y la profundidad de su carácter.

Lo que vale para un gran presidente que se llamó Lincoln, vale igualmente para un gran rey que se llamó David. El es el único llamado en toda la Biblia "un hombre según el corazón de Dios", y es mencionado en el Nuevo Testamento más que cualquier otro personaje del Antiguo Testamento. Poeta, músico, guerrero valeroso y estadista de su nación, David se distinguió como uno de los más grandes hombres de Dios. En el campo de batalla, fue ejemplo de confianza invencible. En la toma de decisiones, juzgó con sabiduría y equidad. En la melancolía de la soledad, escribió con candorosa sensibilidad y serena confianza. En la amistad, fue fiel hasta el fin. Bien como humilde joven pastor o como un desconocido músico ante el rey Saúl, fue siempre fiel y digno de confianza. Aun al ocupar la posición más alta de su nación, David fue un modelo de integridad y humildad. ¡Qué gran hombre de Dios fue!

Sin embargo, como veremos, él (al igual que nosotros) no fue perfecto. Después de ganarse la confianza y el respeto público, lo pierde todo en una breve racha de sensualidad. Luego, al cosechar las consecuencias, descubrimos otro aspecto del carácter de este hombre: Su duplicidad como esposo, su debilidad como padre y su parcialidad como líder. Todo está allí, escrito para que todo el mundo aprenda de él, y preservado para que todos lo recordemos. Fue un gran hombre que, aunque muy lejos de ser perfecto tuvo, sin embargo, una vida con muchas virtudes dignas de imitar. Ya que nuestro mundo está necesitado desesperadamente de líderes dignos de imitar, aquí encontramos uno que merece nuestro tiempo y atención: David, un hombre de pasión y destino.

Charles R. Swindoll
Dallas, Texas

Capítulo uno

UN HOMBRE DE DIOS, SEGUN EL CORAZON DE DIOS, Y A LA MANERA DE DIOS

A primera vista, no parecía haber nada en David que hubiera podido impresionar a Dios, nada que lo hubiera hecho exclamar: "¡Vaya, ese es el hombre que estoy buscando!" David no lucía muy diferente al resto de los jóvenes judíos de su edad. Samuel simplemente dijo que era "de tez rosada, de bellos ojos y de buena presencia" (1 Sam. 16:12). Esa es la única descripción física que tenemos del joven David. Por tanto, sabemos que era apuesto, que tenía unos ojos hermosos y un aspecto saludable. Pudo haber sido pelirrojo o, más probablemente, era de piel rojiza o bronceado por las muchas horas que pasaba bajo los efectos del sol y del viento. El aspecto exterior de David no parecía distinguirlo en nada de los demás.

No era sino un pastor, y para colmo muy joven, que vivía en la pequeña aldea de Belén. Pero Dios dijo, en efecto: "Tú tienes lo que estoy buscando, joven. Tú serás el futuro rey de Israel."

Si nosotros hubiéramos estado viviendo en la granja contigua a la de la familia de David, en esa ladera montañosa de

11

Judea, es posible que ni hubiéramos sabido cómo se llamaba el hijo menor de Isaí. Después de todo, ni siquiera a su padre se le ocurrió mencionarlo hasta que Samuel preguntó:

—¿Son éstos todos los jóvenes? (Sam. 16:11).

Entonces Isaí se frotó la barba y dijo:

—Ah, sí, tengo otro que es el más joven; casi lo había olvidado. El está ahora en el campo atendiendo a las ovejas.

—Manda a traerlo —dijo Samuel.

Y de repente, este joven don nadie, un muchacho que hasta su padre lo había olvidado, se convirtió en alguien, en todo un personaje.

Pero antes de que nos ocupemos de David el rey de Israel, debemos retroceder unos cuarenta años para saber un poco del contexto y de la historia, para poder comprender el mundo en que le tocó vivir.

G. Frederick Owen describe perfectamente esos tiempos antiguos, con una sola frase, en su libro *Abraham to the Middle-East Crisis* (Abraham a la crisis del Medio Oriente): "La gente estaba muy apartada de Dios." Ese fue el mundo en el que nació David.

Elí, el sumo sacerdote, y sus perversos hijos, habían muerto, y Samuel, el sucesor elegido por Dios, el último de los jueces, era ya un anciano. El pueblo había escuchado todos los relatos de cuando Israel fue una gran nación; de cuando Samuel estuvo en el apogeo de su carrera; y de cuando sometió a los filisteos y gobernó a la nación eficientemente y con sabiduría. Pero la mayoría del pueblo no sabía nada de eso por experiencia propia.

Sólo sabían que Samuel era un anciano y que había nombrado a sus hijos como jueces de Israel. ¡Y qué error tan grande fue ése! Veamos lo que dice la Biblia en cuanto a ellos:

> Aconteció que habiendo envejecido Samuel, puso a sus hijos como jueces de Israel... Pero sus hijos no andaban en los caminos de él. Más bien, se desviaron tras las ganancias deshonestas, aceptando soborno y pervirtiendo el derecho.
>
> 1 Sam. 8:1, 3

Por eso el pueblo estaba desilusionado y quería que se hiciera algo. Lo que verdaderamente querían era un rey.

En realidad, los descarriados hijos de Samuel no eran la única razón para lo que exigían. Los ancianos de Israel tuvieron una reunión cumbre en Ramá, un lugar situado en una región montañosa a unos 8 kilómetros de Jerusalén, y dijeron: "Samuel, hay tres razones por las que queremos un rey. En primer lugar, tú has envejecido. En segundo lugar, tus hijos no andan en tus caminos. Y en tercer lugar, queremos ser como las demás naciones. Por tanto, nómbranos un rey que nos gobierne como todas las demás naciones" (1 Sam. 8:5).

SAUL: EL ELEGIDO DEL PUEBLO

La gente siempre ha querido ser como los demás, hacer lo que todo el mundo hace, y éstos no eran la excepción.

"Estamos cansados de adorar a un Dios invisible. Todo el mundo nos dice: '¿Dónde está el rey de ustedes?' Y tenemos que decirles: 'Oh, está en los cielos.' Queremos un líder aquí en la tierra, Samuel. Queremos ser como todas las demás naciones. Mira a los filisteos, a los moabitas, a los jebuseos y a todas las demás naciones. Todos ellos tienen reyes. ¡Queremos ser como ellos!"

No dijeron: "Queremos esperar en Dios, quien nos proveerá de todo lo que necesitamos." Esto destrozó el corazón de Samuel y, por eso, fue a Dios en oración a decírselo.

Y Jehovah le dijo: Escucha la voz del pueblo en todo lo que te diga, porque no es a ti a quien han desechado. Es a mí a quien han desechado, para que no reine sobre ellos... Ahora pues, escucha su voz, pero adviérteles solemnemente y declárales cuál será el proceder del rey que ha de reinar sobre ellos.

1 Samuel 8:7, 9

Por tanto, Dios les permitió tener exactamente lo que querían. ¡Y cómo lo hizo!

El hombre que escogieron, Saúl, era alto, de piel bronceada y bien parecido. Así es como la gente escoge a los reyes. Buscan a alguien que tenga buen aspecto: "Vaya, será una buena imagen para Israel. Saúl es nuestro tipo." Entonces Saúl entró en escena y los cautivó. Al comienzo poseía cierta humildad, y parecía capaz de unir al pueblo alrededor de una causa. Tenía, además, suficiente energía y valentía como para dirigir un ejército, y no transcurrió mucho tiempo antes de que los israelitas pensaran: "El es hombre para el cargo." Pero, ¿saben una cosa? Aunque Saúl tenía cuarenta años cuando comenzó a gobernar, al poco tiempo se volvió susceptible, irascible y dado a períodos de depresión, y hasta de pensamientos homicidas. Este es el hombre que había sido el elegido del pueblo.

David nació unos diez años después que Saúl se convirtió en rey. ¡En qué tiempo tan incierto vino al mundo! El pueblo de Israel estaba muy apartado de Dios, y ahora, para colmo de males, se estaban desilusionando del líder que habían escogido. ¿Pero qué se puede hacer cuando un rey no anda en el camino de Dios? ¿Qué hacer cuando alguien hace lo que quiere y todo le sale mal? Esta es la sensación más decepcionante y de mayor perplejidad en el mundo. Sin embargo, uno no acierta a dar con lo que anda mal.

Pero, por su misericordia, Dios no abandonó a su pueblo, sino que intervino a través de Samuel.

DAVID: EL ESCOGIDO DE DIOS

Entonces Samuel dijo a Saúl: Has actuado torpemente. No guardaste el mandamiento que Jehovah tu Dios te dio. ¡Pues ahora Jehovah hubiera confirmado tu reino sobre Israel para siempre! Pero ahora tu reino no será duradero. Jehovah *se ha buscado un hombre según su corazón*, a quien Jehovah ha designado como el soberano de su pueblo, porque tú no has guardado lo que Jehovah te mandó.
1 Samuel 13:13, 14 (cursivas del autor)

Observemos esa palabra de seis letras: hombre. Dios había buscado a un hombre. Sólo a un hombre... ¡pero qué gran hombre!

¿Le sorprendería a usted saber que de David se ha escrito más que de cualquier otro personaje de la Biblia? Catorce capítulos están dedicados a la vida de Abraham, e igual número a José, mientras que a Jacob once y a Elías diez. Pero, ¿tiene usted idea de cuántos están dedicados a David? Sesenta y seis, si mi cálculo es correcto, y eso no incluye unas cincuenta y nueve referencias a su vida en el Nuevo Testamento.

Cuando uno se percata de lo mucho que se dice de David en la Biblia, junto con el hecho de que en dos ocasiones es llamado un "hombre según el corazón de Dios", puede tener la sensación de que fue una persona superexcepcional, un superhéroe.

Pero no quiero que usted tenga una idea equivocada en cuanto a por qué Dios escogió a David, o por qué él escoge a cualquiera, en realidad. Por tanto, antes que empecemos a estudiar la fascinante vida de este hombre, tenemos que poner las cosas en su lugar.

¿Por qué Dios escoge a las personas? O quizás la pregunta debe ser: ¿Qué clase de personas escoge y utiliza Dios? Para saberlo, debemos ir primero a un pasaje del Nuevo Testamento, a 1 Corintios 1. El contexto aquí tiene que ver con la manera en que las diferentes personas veían al apóstol Pablo. Algunos de los lectores de las cartas de Pablo eran judíos, y estaban buscando un milagro, una señal que probara que este hombre era de Dios. Otros de sus lectores eran griegos, y veían sólo lo superficial. La vida interior significaba poco para ellos. A los griegos de ese tiempo los influenciaba la inteligencia, la fuerza física y la belleza.

A la luz de esto, entonces, toda la ofensiva de Pablo en el primer capítulo de su primera carta a los creyentes de Corinto fue: "No he venido a ustedes con lucimiento o humana sabiduría, y desde luego con nada de cualidades físicas impresionantes. En vez de ello, he venido a ustedes en el poder de Dios, y hay una buena razón para que sea así." Observemos cuidadosamente cómo lo dice Pablo:

> Pues considerad, hermanos, vuestro llamamiento: No sois muchos sabios según la carne, ni muchos poderosos, ni muchos nobles. Más bien, Dios ha elegido lo necio del mundo para avergonzar a los sabios, y lo débil del mundo Dios ha elegido para avergonzar a lo fuerte. Dios ha elegido lo vil del mundo y lo menospreciado; lo que no es, para deshacer lo que es, a fin de que nadie se jacte delante de Dios.
>
> 1 Corintios 1:26-29

Me gusta especialmente la manera como traduce la Biblia de Estudio *Dios Habla Hoy*, de Sociedades Bíblicas Unidas, los últimos dos versículos de este pasaje: "Dios ha escogido a la gente despreciada y sin importancia de este mundo, es decir, a los que no son nada, para anular a los que son algo. Así nadie podrá presumir delante de Dios."

Pablo está diciendo: "Miren a su alrededor, corintios. Ustedes no encontrarán a muchos notables aquí." ¿Por qué? Para que nadie pueda jactarse delante de Dios. Ese es un principio que tendemos a olvidar, porque muchos de nosotros somos todavía muy parecidos a los griegos. Cuando buscamos personas para admirarlas, cuando nos buscamos nuestros modelos a imitar, a nuestros héroes, somos por lo general impactados o influenciados por cosas que son causa de jactancia. Nos fijamos en la gente bella, en la gente inteligente y "exitosa". Deseamos lo mejor y lo más radiante. Estamos excesivamente prendados de lo que está en la superficie. Lo superficial nos impresiona mucho más que lo que nos gustaría admitir. ¡Hasta elegimos a un presidente porque se le ve bien en televisión!

Pero Dios dice: "Esa no es mi manera de escoger. Yo elijo a los don nadie y los convierto en todos unos personajes."

Y esa es, en pocas palabras, la historia de la vida de David.

TRES PRIORIDADES PARA LOS LIDERES SIERVOS ESCOGIDOS POR DIOS

Cuando Dios escudriña la tierra en busca de líderes potenciales, no busca ángeles de carne. No está, de ninguna manera, buscando gente perfecta ya que ésta no existe. Está buscando a hombres y mujeres como usted y como yo, seres comunes hechos de carne. Pero también busca ciertas cualidades en las personas, las mismas que halló en David.

La primera cualidad que Dios vio en David fue la *espiritualidad*. "Jehovah se ha buscado un hombre según su corazón." ¿Qué significa ser una persona según el corazón de Dios? A mí me parece que significa ser una persona cuya vida esté en armonía con el Señor; que lo que es importante para él sea importante para ella; que lo que le preocupa a él, también le preocupe a ella. Que cuando le diga: "Vé a la derecha", ella tome la derecha; que cuando diga: "Esto está mal y quiero que cambies", lo acepte porque tiene un corazón para Dios. En esto consiste la esencia del cristianismo bíblico.

Cuando la persona es profundamente espiritual, tiene un corazón sensible a las cosas de Dios. Esto lo confirma un versículo paralelo que encontramos en 2 Crónicas:

> Porque los ojos de Jehovah recorren toda la tierra para fortalecer a los que tienen un corazón *íntegro* para con él.
>
> 2 Crónicas 16:9 (cursiva del autor)

¿Qué está buscando Dios? Hombres y mujeres que sean íntegros para con él, que se den por entero a él. Eso significa que no habrá nada escondido, nada oculto debajo de la alfombra. Significa que cuando usted haga algo malo, lo reconocerá e inmediatamente lo arreglará; que sentirá tristeza por el pecado cometido; que se sentirá preocupado por las cosas que le desagradan a él; que anhelará complacerlo en todo lo que haga; que tendrá en cuenta las motivaciones que hay detrás de todos sus actos. Esta es espiritualidad verdadera, la primera cualidad que poseía David.

La segunda cualidad que Dios vio en David fue la *humildad*.

> Entonces Jehovah dijo a Samuel: ¿Hasta cuándo has de llorar por Saúl, habiéndolo yo desechado para que no reine más sobre Israel? Llena de aceite el cuerno y vé; yo te enviaré a Isaí, de Belén, porque de entre sus hijos me he provisto de un rey.
>
> 1 Samuel 16:1

El Señor había ido a la casa de Isaí en espíritu. Isaí no sabía que Dios había estado allí, y tampoco lo sabía nadie más. Dios estaba en una misión secreta de reconocimiento, descubrió al hijo menor de Isaí y dijo, en efecto: "¡Ese es el hombre que busco!"

¿Por qué razón? Porque el Señor vio en David un corazón que era íntegro. El joven estaba cuidando fielmente las ovejas de su padre, y Dios vio su humildad: Vio el corazón de un siervo. Si usted desea tener una confirmación más de esto, vaya a los salmos.

Eligió a su siervo David; lo tomó de los rediles de las ovejas.

Salmo 78:70

Hallé a mi siervo David y lo ungí con mi aceite santo.

Salmo 89:20

Es como si Dios dijera: "A mí no me interesa para nada todo ese habilidoso pero insustancial asunto de la imagen pública. Muéstrenme una persona que tenga carácter y le daré toda la imagen que necesita. Yo no exijo que tenga cierto temperamento; no me interesa si tiene mucho carisma; no me interesa la estatura que tenga. No me interesa que tenga un historial impresionante. ¡A mí lo que me interesa es que tenga un carácter sincero! En primer lugar: ¿Es la persona profundamente auténtica en su andar espiritual o está fingiendo? Y en segundo, ¿es un siervo?"

Cuando usted tiene un corazón de siervo, es humilde. Hace lo que se le manda. No se rebela. Respeta a los que están en posición de autoridad. Sirve calladamente y con fidelidad.

Así era David. Dios lo vio en el campo, en las colinas que rodeaban a Belén, cuidando las ovejas de su padre, con fidelidad, cumpliendo con sus órdenes, y Dios aprobó la conducta del muchacho.

Hay que notar, también, que a un siervo no le preocupa quien recibe el mérito. Recuérdelo. Un siervo tiene una gran meta, y esa meta es lograr que la persona a quien sirve resulte beneficiada, que triunfe cada vez más. Un siervo no desea que la persona a quien sirve fracase. A un siervo no le importa quién recibe el mérito, sino que el trabajo se haga.

Así pues, mientras que los hermanos de David estaban en el ejército haciendo méritos militares y librando grande batallas, David se encontraba completamente solo cuidando las ovejas. El tenía un corazón de siervo.

La tercera cualidad que tenía David era la *integridad*.

Lo trajo de detrás de las ovejas recién paridas, para que apacentase a su pueblo Jacob, a Israel su heredad. Los apacentó con íntegro corazón; los pastoreó con la pericia de sus manos.

Salmo 78:71, 72

Trace un círculo alrededor de la palabra *íntegro*. ¡Eso es tan importante! Dios no está buscando especímenes excelentes de hombres, sino siervos que tengan integridad, que sean profundamente espirituales, genuinamente humildes y honestos hasta la médula.

Veamos algunos de los sinónimos de esta palabra hebrea *thamam*, traducida como "integridad": "Completo, cabal, inocente, que tiene un estilo de vida sencillo, honorable, virtuoso, incólume." ¿No es hermoso? Integridad es lo que uno es cuando nadie lo está observando. Significa ser honesto hasta los tuétanos.

Hoy en día, vivimos en un mundo que dice, de muchas maneras: "Si logras hacer una buena impresión, eso es lo único que importa." Pero usted jamás será un hombre o una mujer de Dios si esa es su filosofía. Jamás. Usted no puede fingirle al Todopoderoso. A él no le causa ninguna impresión la apariencia exterior. El siempre se concentra en las cualidades internas... en eso que toma tiempo y disciplina cultivar.

EL METODO DE DIOS PARA CAPACITAR A SUS SIERVOS

En este aspecto, es esclarecedor ver cómo Dios capacitó a David para su papel de líder. Su experiencia de capacitación fue solitaria, anónima, monótona y real. Permítame que le describa cada una de estas cuatro disciplinas.

En primer lugar, Dios capacitó a David en la *soledad*. Este necesitaba aprender la grandes lecciones de la vida estando totalmente solo antes de que pudiera ser merecedor de responsabilidades y del reconocimiento del pueblo. Como lo dice el fallecido biógrafo F. B. Meyer:

La Naturaleza fue su nodriza, su compañera, su maestra. Belén está situada a nueve kilómetros al sur de Jerusalén, junto al camino principal que lleva a Hebrón. Está ubicada a 65 metros sobre el nivel de mar Mediterráneo, en la cuesta nororiental de una extensa loma gris, con un profundo valle a ambos lados, que se unen a corta distancia en la parte oriental, en dirección al mar Muerto. Sobre las poco empinadas cuestas de las colinas crecen en abundancia higuerales, olivares y viñedos; y en los valles están los ricos cebadales, donde Rut una vez espigó, y que le dio al lugar su nombre: la Casa de Pan. Sin embargo, las tierras desérticas que rodean a Belén, y que constituyen la mayor parte de la meseta de Judea, no presentan rasgos de suave belleza: son, por el contrario, desoladas, yermas, rigurosas, formadoras del carácter. Allí los pastores deben haber conducido y vigilado siempre sus rebaños; y allí se saturó David por primera vez de ese conocimiento del paisaje natural y de la actividad pastoral que afectó toda su vida y poesía posteriores, como tiñe el contenido de la tina el tintorero.

Tal fue la escuela y los maestros de su juventud...

La soledad tiene cualidades propias formadoras del carácter. Cualquiera que necesite de las voces exteriores para sobrevivir carece de profundidad. Si usted no puede estar solo consigo mismo, es porque tiene conflictos no resueltos en su vida interior. La soledad tiene un modo de ayudarnos a enfrentar esos conflictos.

¿Cuándo fue la última vez que usted estuvo totalmente solo con la naturaleza y se impregnó de ella, tan solo que el sonido del silencio le pareció ensordecedor? Esta fue la experiencia de David. Fue allí donde aprendió por primera vez a "ser rey". Durante muchas noches estuvo sentado solo bajo las estrellas, sintiendo los vientos borrascosos del otoño y las frías lluvias del invierno. Allí aprendió a soportar los abrasadores rayos del sol estival. La soledad fue uno de los maestros que Dios utilizó al capacitar al joven David para el trono.

En segundo lugar, David se formó en el *anonimato*. Esta es otra de las formas como Dios capacita a su mejor personal: en el anonimato. Los hombres y las mujeres de Dios, los siervos-líderes que él está formando, no son al comienzo conocidos, visibles, apreciados o aplaudidos. El carácter se forma en las severas exigencias del anonimato y, por extraño que parezca, los que aceptan desde el comienzo el silencio del anonimato son los más calificados para manejar después el aplauso de la popularidad.

Lo cual nos lleva a la tercera experiencia de capacitación: *Monotonía*. Significa ser fiel en las cotidianas tareas humildes, insignificantes, comunes, corrientes, aburridas y rutinarias de la vida. Es la vida sin ningún cambio... sin nada que la alegre. Sólo una V-I-D-A tediosa y ordinaria.

En realidad, se parece mucho a pilotar un avión. Tengo un amigo que ha sido piloto comercial por más de treinta años y que dice: "Volar no es más que horas y horas de monotonía, interrumpidas por escasos segundos de pánico total."

Esto describe uno de los métodos favoritos de Dios en cuanto a la capacitación, aunque quizás sin el pánico: Sólo horas incesantes, invariables e interminables de aburrida monotonía mientras uno aprende a ser un hombre o una mujer de Dios... con nadie más a nuestro alrededor, cuando nadie más nos nota o cuando a nadie más ni siquiera les importa. Así es como uno aprende a "ser rey".

Esto nos lleva a la cuarta experiencia de capacitación: *Realidad*. Hasta este punto, usted pudiera tener la sensación de que, a pesar de la soledad, el anonimato y la monotonía, David estaba sentado muy tranquilo en alguna colina, rodeado de una nube mística, componiendo una gran obra musical, recréandose con los pastizales de Judea y divirtiéndose de lo lindo al enseñar a las ovejas cómo sentarse sobre las patas traseras. Pero la cosa no fue así.

Adelántese conmigo en el futuro hasta 1 Samuel 17. Aquí encontramos a David, de pie junto a Saúl, mientras un gigante avanza pesadamente a través de la planicie.

¿Se acuerda de Saúl? ¿De aquel tipo grandote y muy capaz? Pues bien, aquí lo encontramos muerto de miedo y con las rodillas temblándole, metido en su tienda, escondiéndose de Goliat. El pequeño David le dice:

—Oiga, vamos a darle una paliza.
Saúl le responde:
—¿Quién eres tú?
—Yo soy David.
Saúl le dice:
—¿Dónde has estado?
—Estaba con la ovejas de mi padre.
Entonces Saúl le dice:
—Tú no puedes enfrentarte a este filisteo. No eres más que un jovenzuelo.
David le responde, sin vacilar:

Tu siervo ha sido pastor de ovejas de su padre (eso es soledad, anonimato, monotonía). Y cuando venía un león o un oso y tomaba alguna oveja del rebaño, yo salía tras él, lo hería y la rescataba de su boca. Si se levantaba contra mí, yo lo agarraba por la melena, lo hería y lo mataba.

1 Samuel 17:34, 35

¿De dónde tenía David tal valentía? Toda la había aprendido estando solo delante de Dios. ¿Qué clase de hombre era este David? Un hombre que enfrentaba la realidad; un hombre que seguía siendo responsable aun cuando nadie lo estuviera observando.

"Este tipo llamado Goliat no me preocupa", dice David. Y usted sabe lo que sucedió después de esto. (Ardo en deseos de llegar a ese capítulo, que es uno de mis favoritos.)

Goliat no era ningún problema para David. ¿Por qué? Porque David había estado matando leones y osos cuando estaba solo, sin nadie a su alrededor. Porque había estado enfrentando la realidad mucho antes de arreglar cuentas con Goliat.

Por alguna razón, tenemos la idea de que "estar a solas con Dios" es poco realista, de que ése no es el mundo de las realidades. Pero el estar a solas con Dios no significa estar metido en un armario pensando sólo en el infinito. No. Significa que usted se aparta para descubrir cómo ser más responsable y diligente en todas las áreas de su vida, ya sea combatiendo contra leones u osos, o simplemente obedeciendo órdenes.

Por esta razón tengo problemas con la enseñanza de la "vida más profunda" que dice que uno debe cruzarse de brazos y dejar que Dios lo haga todo por nosotros. Tengo que ser sincero con usted: Dios jamás me ha reparado un neumático desinflado, ni cambiado un pañal de bebé... o se ha enfrentado por mí a un gigante en mi vida. Y lo mismo sucedió con David: Este se arremangaba y peleaba por sus ovejas. Fue en escenarios de realidad así donde David aprendió a "ser rey".

UN PAR DE LECCIONES PERDURABLES

David pudo haber vivido hace muchos siglos, pero las cosas que podemos aprender de él son tan actuales como el amanecer del día de hoy. Dos de ellas perduran en mi mente al aproximarnos al final de este capítulo.

En primer lugar, *es en las cosas pequeñas y en medio de la soledad que sabemos si servimos para las cosas grandes.* Si usted quiere ser una persona con una visión grande, tiene que cultivar el hábito de hacer bien las cosas pequeñas. ¡Es así como Dios prepara de verdad! La manera como usted prepara esos pequeños informes; la manera como se ocupa de esas tareas rutinarias; la manera como lleva a cabo hasta el final las tareas del hogar, del dormitorio, del trabajo o de la escuela, no son sino un reflejo que indicará si usted está aprendiendo personalmente a "ser rey". La prueba de mi llamamiento no es lo bien que me desempeño ante el público el día domingo, sino lo bien que actúo de lunes a sábado cuando no hay nadie que me esté controlando ni observando.

En segundo lugar, *cuando Dios desarrolla nuestras cualidades internas, nunca tiene prisa.* Alan Redpath, quien en vida fuera pastor de la Iglesia Memorial Moody, lo decía de esta manera: "La conversión de un alma es el milagro de un momento; la formación de un santo es tarea de toda una vida. Cuando Dios desarrolla el carácter, lo hace durante toda una vida, porque él nunca tiene prisa."

Es en la escuela de la soledad y del anonimato donde aprendemos a ser hombres y mujeres de Dios. Es con los maestros de la monotonía y la realidad que aprendemos a "ser rey". Es así como llegamos a ser —como David— hombres y mujeres según el corazón de Dios.

Capítulo dos

UN DON NADIE IGNORADO POR TODOS

El rey Saúl era una verdadera bazofia.

Después de convertirse en rey de Israel, sus actos y decisiones revelaron bien pronto que era un hombre egoísta, iracundo, detestable y ruin. Al final se le descompuso la cabeza, y durante los últimos años de su vida perdió contacto con la realidad, demostrando que no era competente para el cargo.

No mucho tiempo después de que Saúl comenzó a reinar, Samuel lo pilló en tres actos graves de desobediencia: En primer lugar, Saúl tomó una decisión terrible (1 Sam. 13); luego hizo un voto temerario contra su propio hijo (1 Sam. 14); y, por último, desobedeció abiertamente a Dios (1 Sam. 15). Cuando Samuel lo señaló con su dedo, al principio Saúl trató de justificar lo que había hecho, pero al final admitió: "Yo he pecado." Pero aun así, se justificó al expresar su confesión:

> Yo he pecado; porque he quebrantado el mandamiento de Jehovah y tus palabras, *temiendo al pueblo y accediendo a su voz.* Perdona, por favor, mi pecado, y vuelve conmigo para que yo adore a Jehovah.
>
> 1 Samuel 15:24, 25 (énfasis añadido)

Aquí se puede ver que Saúl estaba muy preocupado por su imagen pública. No quería que el pueblo se enterara de que había pecado. Por eso le dice: "Samuel, ven conmigo y así nadie sabrá que he desobedecido. Regresemos y adoremos juntos como siempre lo hemos hecho." Su mayor preocupación era su imagen. Pero Samuel no se lo aceptó... ni por un instante. Su respuesta fue un golpe directo que Saúl jamás olvidaría:

Pero Samuel respondió a Saúl:
—No volveré contigo, porque has desechado la palabra de Jehovah, y Jehovah te ha desechado a ti, para que no seas rey sobre Israel.
Cuando Samuel se volvió para marcharse, Saúl se asió del extremo de su manto, el cual se rasgó.
Samuel le dijo:
—Jehovah ha rasgado hoy de ti el reino de Israel y lo ha dado a tu prójimo, que es mejor que tú. Además, la Gloria de Israel no mentirá ni se arrepentirá, porque él no es hombre para que se arrepienta.
Y Saúl respondió:
—Yo he pecado; pero ahora hónrame, por favor, en presencia de los ancianos de mi pueblo y delante de Israel, volviendo conmigo para que yo adore a Jehovah tu Dios.
1 Samuel 15:26-30

Saúl, el gran inventor de excusas, argumentó de nuevo:
—Mira, Samuel, me has pillado en el acto, y lo he confesado privadamente. Ahora bien, ¿por qué no regresas conmigo y seguimos igual, como si nada hubiera sucedido?
Pero Samuel, que era un hombre íntegro, tenía el asunto bien claro. Era obvio que Saúl le había fallado a Dios. Por eso, Samuel le dijo al rey:
—No te humillaré delante del pueblo. Regresaré y cumpliré el ritual del acto sacrificial de adoración; pero, Saúl, este será el último día que me verás.

Hasta el día de su muerte Samuel no volvió a ver a Saúl, pero Samuel lloraba por Saúl.
1 Samuel 15:35

Si usted consulta un mapa, verá que Samuel se marchó en

una dirección y Saúl en otra... y jamás volvieron a verse en esta tierra.

La trágica historia de Saúl es que él jamás se arrepintió de su pecado. Su mayor preocupación era su imagen, cómo lucía ante el pueblo. Y aun después de que Samuel le dio una nueva oportunidad, Saúl abusó de ella y siguió actuando igual hasta el día que se quitó la vida.

Pero esto es adelantarnos al relato, porque fue en estos momentos cuando el pánico se apoderó de Samuel. Había llegado al final de la cuerda. El pueblo había elegido rey a Saúl, pero éste ya no era competente. ¿Qué hacer? Israel estaba rodeado de enemigos y necesitaban a alguien que los dirigiera. Pero, ¿quién? Samuel no lo sabía, y tampoco se lo imaginaba. El pueblo tampoco lo sabía. Nadie lo sabía... excepto Dios.

ANTE EL PANICO HUMANO...
LA PROVISION DIVINA

Lo que Samuel no sabía —lo que nosotros por lo general no sabemos— es que entre bastidores, antes de que Dios creara las estrellas en el espacio, ya él tenía esta semana en mente. En realidad, él lo tenía a usted en mente. Y sabía exactamente lo que habría de hacer. Dios sabe siempre qué hacer en nuestras situaciones; sabe perfectamente bien lo que más nos conviene. El problema nuestro es que nosotros no lo sabemos, y le decimos: "Señor, si me lo dices, será estupendo. Revélamelo, simplemente. Explícame tu plan y dependeré de ti."

Pero esa no es fe. Fe es depender de Dios cuando no sabemos lo que traerá el mañana.

Cuando un hombre o una mujer de Dios fracasa, nada en Dios fracasa. Cuando un hombre o una mujer de Dios cambia, nada en Dios cambia. Cuando alguien muere, nada en Dios muere. Cuando lo inesperado afecta nuestra vida, nada de Dios es alterado o inesperado. Fue el profeta Isaías quien escribió: "Y sucederá que antes que llamen, yo responderé; y mientras estén hablando, yo les escucharé" (Isa. 65:24).

"Antes de que ustedes digan una sola palabra", promete Dios, "yo les estoy respondiendo. De hecho, mientras ustedes están hablando, estoy haciendo que ocurra lo que he planeado desde el principio de todo."

Dios sabe exactamente lo que hará, y nada puede impedir que ocurra lo que él ha determinado. Esta es la parte hermosa de esa historia. Observemos cómo se le revela el Señor a Samuel. Le dice:

¿Hasta cuándo has de llorar por Saúl, habiéndolo yo desechado para que no reine sobre Israel? Llena de aceite el cuerno y vé; yo te enviaré a Isaí, de Belén, porque de entre sus hijos me he provisto de un rey.

1 Samuel 16:1

Dios siempre sabe lo que hace, y por eso le dice a Samuel: "Ve a Belén, y allí encontrarás al hombre que ya he escogido." Esa es la primera vez que Samuel se entera de que Dios ya ha puesto su mirada en el hombre que sustituiría a Saúl. Pienso en lo emocionante que es el desarrollo de este plan de Dios. El dice: "He escogido a un rey para mí. No es el pueblo quien lo ha escogido. Es mi hombre."

Samuel preguntó: ¿Cómo voy a ir? Si Saúl se llega a enterar, me matará.

1 Samuel 16:2

¿Le suena familiar ésto? Dios dice: "Vé", y nosotros respondemos: "Está bien." Pero antes de que nos levantemos de orar, estamos diciendo: "Un momento, Señor, ¿y cómo lo hago?"

¿Cuál era el problema de Saúl? Que estaba paralizado por el pánico; estaba simplemente aterrorizado. ¿Dónde tenía puesto sus ojos? Bueno, no precisamente en el Señor: estaban clavados en Saúl.

Desde un punto de vista humano, Samuel tenía razón, por supuesto, ya que el rey Saúl era un asesino. Pero Dios estaba perfectamente al tanto de la situación. Después de todo, Saúl era la persona a quien Dios utilizaría para moldear la vida de David en los años intermedios entre las ovejas y el trono, y sabía muy bien quién era.

A propósito, ¿tiene usted algún Saúl en su vida? ¿Hay alguien que lo irrita, le causa problemas, lo está perjudicando, lo está dañando, lo está molestando? Dios lo sabe todo. Esa persona es toda parte de su plan, por extraño que parezca.

El Señor no responde el comentario de Samuel en cuanto a Saúl, sino que en vez de eso le dice:

Toma contigo una vaquilla del ganado, y di: He venido para ofrecer un sacrificio a Jehovah. Invita a Isaí al sacrificio; yo te enseñaré lo que has de hacer, y tú me ungirás al que yo te diga.

1 Samuel 16:2, 3

Lo que le esta diciendo es: "¡Sigue al líder!" Uno no tiene que ser inteligente para ser obediente. Uno no tiene que ser muy avispado. Lo único que tiene que hacer es obedecer. Nosotros pensamos que tenemos, en cierto modo, que ser más listos que Dios. Pero Dios dice: "Sé cual es tu situación, pero te estoy diciendo exactamente lo que tienes que hacer; por tanto, hazlo. Toma una vaquilla del ganado, ofrece el sacrificio, y mira a tu alrededor. Yo te mostraré al hombre que he escogido para el cargo."

¿No es bien sencillo?

Mientras tanto, David está entre bastidores. El no sabe nada de lo que Dios y Samuel están hablando en el otro extremo del país. ¿Qué está haciendo? Cuidando las ovejas; ese es su trabajo.

F. B. Meyer expresa de la manera siguiente, y con poética elocuencia, la situación de David:

Ninguna trompeta angelical lo anunció; ningún rostro se asomó desde el cielo; el sol salió esa mañana, como siempre, sobre las murallas purpúreas de las colinas de Moab, tiñendo a las nubes de oro y azafrán. Con el primer resplandor del día, el joven se dirigió a conducir su rebaño a los apacentaderos preñados de rocío. A medida que transcurrían velozmente las horas matutinas, muchas tareas absorberían su alma vigilante: fortaleciendo a las débiles, curando a las enfermas, vendando a las fracturadas y buscando a las perdidas; o la música de sus canciones pueden haber llenado el éter diligente.

Ese era David. Para él, no era más que otra mañana cualquiera. Poco sabía que su vida jamás volvería a ser la misma o que, desde que despuntó ese día, estaba destinado al trono de Israel. Dios tiene en mente cosas muy sorprendentes para sus hijos. Para algunos, pueden suceder mañana. Para otros, el próximo mes o el próximo año, o dentro de cinco años. No sabemos cuándo. Para algunos, pudieran suceder hoy. Pero lo hermoso de esta aventura llamada fe es que podemos estar seguros de que él jamás nos lleva por mal camino. El sabe perfectamente a dónde nos está conduciendo. Nuestra tarea es obedecer y vivir en estrecho compañerismo con Dios al transitar por esta senda terrenal. En el curso de ese sencillo arreglo, Dios nos introduce en su plan eterno.

> Samuel hizo lo que dijo Jehovah.
>
> 1 Samuel 16:4

¡Así se hace, Samuel! ¡Qué ejemplo! ¡Eso es lo que nosotros tenemos que hacer! Hizo exactamente lo que Dios le dijo. Buscó una vaquilla y se dirigió a la casa de Isaí en Belén, lleno de confianza.

EL HOMBRE PROPONE... Y DIOS DISPONE

Los ancianos de la ciudad vinieron temblando a recibirlo y le dijeron:

> ¿Es pacífica tu venida?
>
> 1 Samuel 16:4

En este tiempo, había verdadero temor de un extremo al otro de la nación, y podemos verlo reflejado en la reacción inmediata de los ancianos. Había problemas en el despacho del rey, y esto hacía que la gente que vivía en los campos se sintiera preocupada. Por tanto, cuando un profeta venía a visitarlos, decían: "¿Qué está haciendo Samuel aquí?" "¿Por qué viene a Belén?" "¿Qué problema hay?" "¿Qué está ocurriendo?"

No saben por qué se encuentra allí Samuel, y por eso están asustados. "¿Es pacífica tu venida?"

El [Samuel] respondió: Sí, es pacífica. Vengo para ofrecer

un sacrificio a Jehovah. Purificaos y venid conmigo al sacrificio. Después de purificar a Isaí y a sus hijos, los invitó al sacrificio.

1 Samuel 16:5

No sé exactamente en qué consistía este antiguo acto de purificación. Quizás se trataba del sacrificio de un cordero o de algún otro animal. Tal vez implicaba cierta clase de lavamiento ritual de limpieza. Quizás exigía pasar un período de tiempo en oración. Pero, sea lo que fuera, había una cierta preparación antes de la consagración, y parece ser que Isaí y sus hijos observaron este ritual para prepararse para lo que Dios les iba a decir.

Están, pues, en la habitación, y no tienen la menor idea de lo que va suceder. Ni siquiera Samuel sabe a qué hombre va a escoger Dios. Se encuentran rodeando a Samuel, y éste los está observando.

Y aconteció que cuando ellos llegaron, él vio a Eliab y pensó: "¡Ciertamente su ungido está delante de Jehovah!"

1 Samuel 16:6

¡Ah, ese debe ser el hombre! pensó Samuel. No lo dijo en voz alta, pero eso es lo que estaba pensando. ¿Por qué? Porque Eliab parecía ser la persona que uno normalmente escogería como rey. Sin duda alguna, era alto e impresionante. Sin lugar a dudas, era un hombre aguerrido, porque es el que se encuentra acompañando a Saúl y a los soldados contra Goliat en el capítulo siguiente.

Lo que Samuel no vio fue el carácter de Eliab. No vio, como veremos en el capítulo 17, que Eliab era criticador y negativo, y que despreciaba a su hermano menor. Samuel estaba prendado de lo exterior, como la mayoría de nosotros.

Pero el candidato A no era el hombre de Dios, ni tampoco los candidatos B y C.

Luego Isaí llamó a Abinadab y lo hizo pasar ante Samuel, quien dijo: Tampoco a éste ha elegido Jehovah.

1 Samuel 16:8

Aquí vemos a Abinadab, el segundo en edad, quien probablemente lucía tan impresionante como Eliab. Isaí tenía ocho hijos y dos hijas, y Abinadab es siempre mencionado como el segundo hijo. Pero Dios le dijo a Samuel: "Ese no es el hombre." No se nos dice el porqué; sólo se nos dice que él no es el escogido. Por alguna razón, Abinadab tampoco tenía pasta de rey.

Seguidamente se presentó el candidato C.

Después Isaí hizo pasar a Sama. Y Samuel dijo: Tampoco a éste ha elegido Jehovah.

1 Samuel 16:9

Luego, de repente, en medio de este desfile de posibles candidatos, encontramos el principio que rige la elección de Dios. Leamos lo que sigue, con mucha atención:

Pero Jehovah dijo a Samuel: No mires su apariencia ni lo alto de su estatura, pues yo lo he rechazado. Porque Jehovah no mira lo que mira el hombre: El hombre mira lo que está delante de sus ojos, pero Jehovah mira el corazón.

1 Samuel 16:7

Si yo pudiera cambiar una cosa de mi enfoque o visión, ésta sería la que cambiaría: Me gustaría verle el corazón, no el rostro, a las personas. Pero sólo Dios puede hacer eso. Por lo tanto, tenemos que mirarlo a él para que nos dé, con nuestro enfoque limitado, esa clase de discernimiento, porque nosotros no lo tenemos por naturaleza.

Es por eso que Dios dice: "Samuel, este es el principio de la elección. Y es por eso que una y otra vez dije que no."

El había visto a Eliab, a Abinadab, a Sama, y a los demás hijos de Isaí como realmente eran. Había visto sus corazones.

Recuerde que Dios había dicho: "Ya yo he escogido a mi hombre, y lo designaré." Más atrás, en el capítulo 13, él dijo: "Estoy buscando a un hombre según mi corazón. Estoy tras esa persona." El sabía exactamente quién era ese hombre.

A mí me resulta muy significativo que Isaí no tuviera a su hijo menor en esa habitación. Es en verdad interesante cómo revela Isaí dos errores muy comunes que cometen los padres. El primero, es que no apreciaba de la misma manera a todos sus hijos. El segundo, es que no veía en su hijo menor sino a alguien que ocupaba en cuidar de las ovejas.

EL HOMBRE OLVIDA... DIOS RECUERDA

> Entonces Samuel dijo a Isaí: ¿Son éstos todos los jóvenes? Y él respondió: Todavía queda el menor, pero he aquí que está apacentando las ovejas. Samuel dijo a Isaí: Manda a traerlo, porque no nos sentaremos a comer hasta que él llegue aquí.
>
> 1 Samuel 16:11

Vemos que Samuel tiene ahora, con la ayuda de Dios, la perspectiva correcta. ¡Nada estorbaría su búsqueda de aquel a quien Dios había escogido! "¿Qué importa lo que él haga? ¿Qué importa la edad que tenga? ¡Vé a buscarlo!"

Oh, qué bueno es poder ver más allá de lo visible. Ver más allá de las deficiencias personales. Ver más allá de la edad de una persona o de su estatura o nivel de inteligencia. Ver lo que hay de verdadero valor en lo más adentro de ella. Esa es la clase de visión que Samuel, con la ayuda de Dios, demuestra finalmente en este caso.

Ah, ¡qué momento tan hermoso! Recuerde: David está en el campo con las ovejas. No sabe lo que está sucediendo en su casa. Está cuidando fielmente del rebaño cuando de pronto alguien llega corriendo y le dice: "Oye, David, te mandan a decir que regreses a casa."

> Isaí mandó por él, y le hizo entrar... Entonces Jehovah dijo: ¡Levántate y úngelo, porque éste es! Samuel tomó el cuerno de aceite y lo ungió en medio de sus hermanos...
>
> 1 Samuel 16:12, 13

Este es David, un adolescente. Entra a la casa, todavía oliendo a oveja y, de repente, un anciano se mueve dificultosamente hasta él y le derrama aceite en la cabeza. Este le chorrea por el cabello y cae sobre su cuello. El historiador Josefo dice que "Samuel el añoso le susurró en el oído el significado del símbolo: Tú serás el próximo rey."

¿Qué hizo, entonces, David? ¿Qué haría usted en una situación parecida? Esto es algo que no sucede con frecuencia.

El modo que Dios tiene de hacer las cosas es maravilloso, ¿no es cierto? En el momento más sorprendente suceden las cosas más admirables. "Tú vas a ser el próximo rey." ¿Qué hizo, David, entonces? Bueno, me complace decirle que él no fue inmediatamente a uno de esos grandes almacenes donde se puede comprar de todo para probarse unas coronas. No solicitó un nuevo juego de tarjetas de presentación, tras ordenarle al impresor: "Cambie el título de pastor a rey-electo." No se colocó un distintivo que decía: "Soy el nuevo rey." Tampoco pulió una carroza y se lanzó a la carrera a través de las calles de Belén, gritando: "Soy el escogido por Dios... ¡Están viendo al sustituto de Saúl!"

¿Qué fue lo que hizo? Bueno, observe los versículos 17 al 19. Nos ocuparemos de nuevo de estos versículos después, pero por ahora permítame mostrarle lo que hizo David después que fue elegido rey, porque nos demuestra a las claras por qué Dios lo escogió.

Y Saúl respondió a sus servidores: Buscadme, por favor, alguno que toque bien, y traédmelo.

1 Samuel 16:17

Saúl estaba deprimido. Por eso dice: "Tráiganme a un músico que me haga sentir mejor."

Entonces uno de los criados respondió diciendo: He aquí, he visto a un hijo de Isaí, de Belén, que sabe tocar. El es valiente, hombre de guerra, prudente de palabra, de buena presencia; y Jehovah está con él. Saúl envió mensajeros a Isaí, diciendo: "Envíame a tu hijo David, el que está con las ovejas."

1 Samuel 16:18, 19

No deje de observar estas últimas tres palabras. David regresó a donde estaban las ovejas... aun después de haber sido consagrado rey.

Después de esto, vemos de nuevo a David en el capítulo siguiente, donde se libra una batalla en el valle de Ela entre Israel y Goliat, el gigante filisteo.

David era el menor. Y mientras los tres mayores habían

ido tras Saúl, David iba y volvía de donde estaba Saúl, para apacentar las ovejas de su padre en Belén.
1 Samuel 17:14,15

¡Oigan, David es ahora el músico del rey! ¿Qué está haciendo, entonces, cuidado todavía las ovejas de su padre? Bueno, cuando uno tiene un corazón como el David, eso es lo que hace. Ese era su trabajo y era fiel en hacerlo. No importaba que Samuel lo hubiera ungido con aceite. David no bronceó ese cuerno ni lo colgó en su tienda. Tampoco esperaba un trato especial de parte de los demás. No; simplemente regresó a cuidar las ovejas, y cuando el rey le decía: "Ven y toca para mí", David iba y le tocaba un poco de música. Pero después de terminar, pensaba: "¡Epa! Tengo que regresar a cuidar de las ovejas; ese es mi trabajo."

David era lo suficientemente sensible como para escuchar el susurro de la voz de Dios: "Tú serás el próximo rey." Pero tan pronto como el momento terminaba y se apagaban las luces, regresaba humildemente a ocuparse de las ovejas. Había literalmente que sacarlo de en medio del rebaño para que hiciera algo que tuviera que ver con la notoriedad o la fama. Pienso, en realidad, que esa es una de las razones por las que era un hombre según el corazón de Dios. Era accesible, siempre digno de confianza, siempre auténtico... y siempre fiel en las cosas pequeñas.

DIOS HABLA... Y NOSOTROS RESPONDEMOS

Al observar estas significativas escenas de la vida de David, resuenan en mi cabeza tres lecciones eternas.

En primer lugar, *las soluciones de Dios son muchas veces extrañas y sencillas; por lo tanto, tengamos una mente abierta.* Nosotros tratamos de hacer a Dios complejo y complicado, pero él no es así. En medio de todas las complicaciones con Saúl y el trono, Dios simplemente le dijo a Samuel: "Vé a donde te he dicho que vayas. Tengo la respuesta sencilla para el problema: Un hombre nuevo. Sólo obedéceme y te lo mostraré." No hagamos, entonces, del cumplimiento de la voluntad de Dios algo complicado, porque no lo es. Mantengámonos abiertos a sus soluciones extrañas, aunque sencillas.

En segundo lugar, *Dios exalta de manera repentina y sor-*

presiva; por tanto, estemos preparados. En el momento que uno menos lo espere, sucederá. De igual manera que se producirá el retorno de su Hijo desde el cielo: repentina y sorpresivamente se abrirá paso entre las nubes y estará con nosotros. Cuando menos lo esperamos, se presentará, como ladrón en la noche. Y así también es la manera como Dios exalta. Nos observa cumpliendo fielmente con nuestras tareas y nos dice: "Yo sé lo que estoy haciendo. Está listo para el momento repentino y sorpresivo. Yo sé donde estás, y sé como encontrarte. Sólo mantente preparado mientras realizas tu trabajo."

Por último, *Dios escoge siempre de manera firme y soberana; por tanto, sé sensible.* Esto se aplica tanto a la elección del cónyuge como a la pérdida del mismo. Se aplica a nuestra mudanza de un lugar a otro, aunque pensemos que debíamos seguir allí por diez años más. También se aplica a los que Dios elige para tomar el lugar de otros. ¡Qué fácil nos resulta cuestionar las elecciones que Dios hace! Pero, qué necesario, también cuando nos sintamos tentados a hacerlo, recordarnos a nosotros mismos que las elecciones que él hace son firmes y soberanas.

Dios está mirando nuestro pueblo, nuestra ciudad, nuestro vecindario, buscando entre los suyos a quienes pueda decir: "Tú me perteneces y quiero utilizarte donde estás porque has demostrado ser fiel allí." La única diferencia es nuestra ubicación. El llamamiento que tenemos es el de ser fieles en las tareas difíciles, ya se trate de nuestra educación, de nuestro matrimonio, de nuestra ocupación, o simplemente del agobio diario de la existencia. Esta es la clase de hombres y mujeres que Dios quiere utilizar.

El año 1809 fue un año muy bueno. Por supuesto, quienes vivían entonces no lo sabían. Sólo la historia lo cuenta. Los que vivían en 1809 estaban con la atención puesta en Napoleón, que marchaba a través de Austria como un incendio a través de los campos de trigo. A medida que caseríos, aldeas y ciudades caían bajo su dominio, la gente se preguntaba si todo el mundo caería algún día en sus manos.

Ese mismo año nacieron en Gran Bretaña y los Estados Unidos de América miles de bebés. Pero, ¿a quién le importaban los bebés, los biberones y las cunas, cuando Napoleón estaba haciendo de las suyas en Austria?

Pues bien, a alguien debía haberle importado porque en

1809, en una cabaña de troncos, en Hardin County, Kentucky, un labriego iletrado y su esposa le dieron el nombre de Abraham Lincoln a su hijo recién nacido. Otros muchos grandes hombres y mujeres también nacieron en ese año en varios lugares del mundo. Las vidas de estadistas, escritores y pensadores que nacieron en ese año marcarían el comienzo de una nueva era. Pero a nadie les importaba estos don nadie, mientras Napoleón se desplazaba a través de Austria. Lo raro es que hoy sólo los aficionados a la historia pueden nombrar alguna batalla dada por Napoleón en Austria. Pero no hay ninguna persona viva hoy que no haya sido tocada de alguna manera por las vidas de estos hombres que acabo de mencionar. Fueron, originalmente, unos don nadie ignorados por todos.

Si usted y yo hubiéramos sido judíos que vivieron en el 1020 a. de J.C., lo mismo pudo haber sido dicho de nosotros. Toda nuestra aceptación se habría concentrado en un hombre llamado Saúl, el primer rey de Israel. El era el punto focal del mundo judío en ese tiempo. Había cautivado al país. Mientras tanto, un "don nadie" cuidaba las ovejas de su padre en las colinas de Judea cercanas a la aldea de Belén. Era un niñito llamado David, ignorado por todos... menos por Dios.

Capítulo tres

MUSICA SUAVE PARA UN CORAZON ENDURECIDO

Cualquiera que sea nuestro gusto personal, hay algo acerca de la música que nos tranquiliza y ayuda. Esto debe remontarse al primer registro genealógico en el que leemos que Jubal "llegó a ser padre de todos los que tocan el arpa y la flauta" (Gén. 4:21). Poco después encontramos todo un libro de 150 cánticos, justo en medio de la Biblia, como si Dios estuviera diciendo: "Cántenlos todo el tiempo y apréndanlos bien, porque éstos son mis salmos." Más de la mitad de ellos fueron escritos por David, y algunos de ellos en el preciso contexto que veremos en este capítulo de la vida de David, en la amenazadora presencia de un demente llamado Saúl.

Después que Samuel unge a David con aceite, indicando con ésto que Dios lo había escogido como el próximo rey de Israel, leemos ciertas cosas alarmantes acerca de Saúl.

> El espíritu de Jehovah se apartó de Saúl, y un espíritu malo de parte de Jehovah le atormentaba. Entonces los servidores de Saúl le dijeron: He aquí, un espíritu malo de parte de Dios te atormenta.
>
> 1 Samuel 16:14, 15

Antes de continuar hablando de la aflicción de este trastorno que afectaba a Saúl, creo que es importante que notemos que el Espíritu del Señor se había apartado de Saúl antes de que viniera el espíritu malo.

Los cristianos leen esas palabras acerca de "un espíritu malo de parte de Dios" y temen que eso pueda volver a suceder hoy. He escuchado a evangelistas utilizar eso como medio de conmover a los creyentes. "Si usted sigue andando en la carne", dicen, "Dios le quitará su Espíritu y no tendrá más la presencia de Dios en usted como antes." Entonces citan este versículo o el que está en Jueces 16:20 donde Sansón está en brazos de Dalila, que dice: "Pero no sabía que Jehovah ya se había apartado de él." O el que está en Salmos 51:11 que dice: "Ni quites de mí tu Santo Espíritu." Es una idea terrible eso de que Dios pueda quitar su Espíritu de nosotros y que nos perdamos, después de haber sido salvos.

Aclaremos esto, entonces, con una buena dosis de teología. Antes de que el Espíritu Santo descendiera en Pentecostés (Hechos 2), el Espíritu de Dios nunca moró permanentemente en ningún creyente, excepto en David y en Juan el Bautista. Ellos fueron los únicos dos. Pero no era raro que el Espíritu de Dios descendiera por un breve período para fortalecer o iluminar, o para cualquiera otra necesidad del momento, para después partir y volver a regresar para una nueva oleada que supliera la necesidad del momento, y para volver a partir una vez más.

Sin embargo, en Pentecostés, y desde ese momento hasta nuestros días, cuando el Espíritu de Dios entra en la vida de un pecador que se convierte y es salvo, jamás se marcha. El Espíritu viene y nos bautiza en el cuerpo de Cristo. Esto es lo que ocurre en la salvación. Quedamos sellados por el Espíritu Santo de allí en adelante. Nunca se nos exhorta a ser bautizados por el Espíritu. Ya somos bautizados en el cuerpo de Cristo, puestos allí por el Espíritu y sellados hasta el día de la redención (Ef. 4:30). Ese es el día que morimos. Por tanto, el Espíritu sigue allí, y nunca se marcha. A más de esto, nuestro cuerpo es el templo del Espíritu Santo en el que mora el Espíritu de Dios. El reside permanente en nosotros y nunca, nunca jamás nos abandonará. Por eso, descanse en paz, hermano cristiano.

EL EXTRAÑO MAL DE SAUL

Pero esto ocurre siglos antes de Pentecostés, por lo que no debe sorprendernos leer que en este momento tan difícil en la vida de Saúl, el Espíritu de Dios se apartó de él y se creó un vacío, al cual Dios envió un espíritu malo para que lo atormentara.

El porqué, yo no lo sé. (Nadie lo sabe.) Lo que parece más probable es que Dios estaba disgustado con Saúl. Es como si le estuviera diciendo: "Te castigaré por abusar de tu cargo como rey, y por andar en contra de mi voluntad. No me has tomado en serio, pero aprenderás a hacerlo, Saúl. Yo soy celoso de mi nombre." Por tanto, él se apartó de Saúl y permitió que un espíritu malo lo atormentara.

La palabra hebrea aquí es *baath*, que significa "caer sobre, asustar, abatir". En su aflicción, Job utiliza esta palabra para maldecir el día de su nacimiento. "Y cáusele terror el oscurecimiento del día [aquí utiliza la misma palabra, *baath*] [del día de su nacimiento]" (Job 3:5). Lo que está diciendo es, en esencia: "Que el oscurecimiento del día abata al día de mi nacimiento." O, como pudiéramos decir: "Oh, que jamás hubiera yo nacido."

Keil y Delitzsch, dos destacados eruditos en Antiguo Testamento, dicen lo siguiente en cuanto al espíritu malo que descendía sobre Saúl:

> El *espíritu malo de parte de Jehovah*, que descendía sobre Saúl en lugar del Espíritu de Jehovah, no era una simple sensación interior de depresión por el rechazo que le había sido anunciado, rechazo que se había convertido en melancolía y que de vez en cuando se manifestaba en ataques pasajeros de locura, sino un poder maligno superior, que se posesionaba de él, y que no sólo lo privaba de paz mental, sino que también agitaba los sentimientos, las ideas, la imaginación y los pensamientos de su alma a tal extremo que a veces lo conducía a la locura. El demonio es llamado *un espíritu malo de parte de Jehovah* porque era Jehovah quien lo enviaba como castigo...

En eso consistía el mal de Saúl, y era tan visible a los ojos de quienes lo rodeaban que hasta su criado se dio cuenta de que necesitaba ayuda, y por eso le sugirió osadamente:

> Diga... a tus servidores... que te busquen a alguien que se-
> pa tocar el arpa; para que cuando el espíritu malo de parte
> de Dios venga sobre ti, él toque con su mano, y tú te sien-
> tas bien. Y Saúl respondió a sus servidores: Buscadme, por
> favor, alguno que toque bien, y traédmelo.
>
> 1 Samuel 16:16, 17

Lejanos registros arqueológicos, tallados e inscripciones nos muestran que los antiguos creían que la música calmaba las pasiones, curaba las enfermedades mentales y hasta servía para controlar desórdenes y tumultos. Es interesante ver cómo Dios utiliza esta creencia para proporcionar el nexo faltante necesario para conectar a David con Saúl y el trono. Alguien escucha por casualidad que Saúl está deprimido y que está buscando a alguien que le proporcione una música que lo calme, y esa persona conoce a alguien que conoce a David, quien le dice: "Conozco a uno que puede hacer eso." Es que a Dios nunca le faltan ideas creativas para llevar a cabo su plan soberano.

> He aquí, he visto a un hijo de Isaí, de Belén, que sabe to-
> car. El es valiente, hombre de guerra, prudente de pala-
> bra, de buena presencia; y Jehovah está con él.
>
> 1 Samuel 16:18

Ahora bien, ese no es un mal currículo, ¿verdad? Es un músico hábil, un hombre valeroso, un guerrero, sabe cómo controlar su lengua, es bien parecido, y el Señor está con él.

Algo importante que me enseña ésto es que nunca debemos desestimar ninguna experiencia del pasado. Dios puede tomarla y utilizarla de la manera más increíble. Uno nunca sabe si algo que sucedió hace muchos años puede abrirnos una puerta de oportunidad al futuro.

Eso es precisamente lo que ocurrió con David. Allí estaba él, pulsando su arpa, en los campos de Judea. El nunca se había encontrado con Saúl, pero sería finalmente su sustituto. ¡Qué les parece! Y Dios encuentra la manera de juntarlos: ¡con la música! Y un buen día David recibe un mensaje que dice: "Saúl quiere verte." Es increíble cómo todo se combina.

¡Nunca deja de maravillarme lo perfecto que Dios lleva a cabo su voluntad sin nuestra ayuda!

Saúl envió mensajeros a Isaí, diciendo: "Envíame a tu hijo David, el que está con las ovejas." Entonces Isaí tomó un asno cargado de pan, un odre de vino y un cabrito, y los envió a Saúl por medio de su hijo David.

1 Samuel 16:19, 20

Aunque Samuel había ungido a David antes, Isaí le permitió volver a las ovejas. Y ahora llega un mensajero de parte del rey, diciendo: "Saúl quiere ver a tu hijo menor." Entonces Isaí deja ir a David, no sin antes cargarlo con regalos para el rey. David emprende inmediatamente la pesada marcha con un burro cargado de pan, un odre de vino y un cabrito, ¡y con su instrumento de cuerdas sobre su hombro!

LA SINGULAR DESTREZA DE DAVID

David no lo sabía, pero se estaba preparando en el camino de convertirse en rey. Así es como funciona el programa de Dios. Usted puede pensar que cierta destreza que aprendió o utilizó hace muchos años no sirve de nada, o que ha desperdiciado todo su tiempo haciendo esto y aquello, pero no lo crea. Dios puede utilizar lo que parece ser la parte más insignificante de su pasado y ponerlo a usted en el lugar preciso en el que pueda utilizar ese don o destreza particular.

Así fue como sucedió con David. El nunca le dijo a Saúl: "Te voy a quitar el puesto, amigo." El jamás hizo valer sus privilegios sobre Saúl. Nunca sintió celos o envidia por la posición del rey. No era presuntuoso. Había sido ungido, pero dejó que el Señor abriera todas las puertas. Recuerde: David era un hombre según el corazón de Dios.

"Cuando David vino a Saúl se quedó a su servicio" (1 Sam. 16:21). Al entrar David a la presencia del rey, Saúl no tenía idea de quién era este joven de pie delante de él, con un instrumento musical colgado del hombro. El sucesor de Saúl estaba de pie frente a él, y el rey jamás lo supo. David, desde luego, jamás lo mencionó. Había venido con un solo propósito: ministrarle al rey en su depresión.

Cuando David vino a Saúl, se quedó a su servicio. Saúl le estimaba mucho y le hizo su escudero.

1 Samuel 16:21

¿Por qué estimaba Saúl a David? Porque...

cuando el espíritu malo de parte de Dios venía sobre Saúl, David tomaba el arpa y la tañía con su mano. Y Saúl hallaba alivio y se sentía mejor. Así el espíritu malo se apartaba de él.

1 Samuel 16:23

¿No es eso hermoso? Saúl estaba en su catre, o dando vueltas por su habitación, retorciéndose por la perturbación que le causaba su depresión, y en un ángulo está sentado David tocando el arpa y quizás cantando uno de sus himnos. Quién sabe si quizás terminaron después cantando juntos. No lo sabemos, pero quizá le enseñó a Saúl algunas de sus canciones. Sin embargo, gracias a la presencia de David, combinada con su música apaciguadora, Saúl comenzó a estimarlo porque le proporcionaba alivio. A través de su habilidad especial, la liberación de Saúl de la depresión se convirtió en una realidad.

El rey Saúl dice, entonces: "Por favor, permite que David se quede a mi servicio, porque ha hallado gracia ante mis ojos" (1 Sam. 16:22).

¡Qué afirmación tan excelente! Primero, el joven pastor había sido invitado a la tienda privada del rey; luego se gana el corazón del rey; y ahora el rey le dice a su padre: "Permite que tu hijo se quede conmigo. ¡Ah, es que es tan competente! Tiene la cabeza bien puesta."

EL EFICAZ MINISTERIO DE LA MUSICA

La música de David era eficaz; reconfortaba a Saúl. "David tomaba el arpa y la tañía con su mano. Y Saúl hallaba alivio" (1 Sam. 16:23). La *Nueva Biblia Latinoamericana* dice: "Saúl encontraba calma." La palabra hebrea traducida como "alivio" y "calma" es *ravach*, que significa "ser ancho, ser espacioso, dar espacio para proporcionar consuelo". *La Biblia*

de las Américas lo traduce así: "David tomaba el arpa, la tocaba con su mano, y Saúl se calmaba y se ponía bien."
Dios había puesto su mano sobre este joven cuya música no sólo llenaría el corazón de un rey melancólico abrumado por la depresión, sino que además llenaría algún día su Palabra escrita. Así pues, David, con su primitivo instrumento de cuerdas, entraba gallardamente a ese sombrío lugar donde Saúl vivía.
Saúl estaba dispuesto a probarlo todo: "Buscadme a alguien", dice. "No me importa quién sea. Tráedmelo."
De alguna manera, la música de David ponía en libertad los sentimientos encerrados dentro de este hombre atormentado, y aquietaba a la bestia salvaje que había en su interior. Cuando David se separaba de él, Saúl ya estaba aliviado; la presencia maligna se había marchado.
Dios utilizó el don de la música para colocar a David en la mismísima presencia del aposento del rey. Pero el rey no sólo encontraba alivio de su tormento, sino que descubrió afecto en su corazón por este joven pastor cuya música hacía vibrar su alma.
Martín Lutero creía que la Reforma no estaría completa hasta que los santos de Dios tuvieran dos cosas en su poder: Una Biblia en su propia lengua, y un himnario, que llamaban Salterio. Creía que necesitaban la Biblia para una comprensión más profunda de su fe, y un libro complementario que los ayudara a expresar, con placer y alegría, la profundidad de esa fe.
Yo también creo que no puede haber adoración genuina sin la combinación de estos dos elementos: La proclamación de las doctrinas que profundizan nuestras raíces en la verdad bíblica, y la expresión de nuestra fe con melodías que fluyen de nuestros labios y voces en alabanza cantada.
Mucho antes de que existiera el hombre, o la voz del hombre sobre la tierra, ya existía la música. ¿Se ha dado cuenta de ésto? Job nos dice que "aclamaban juntas las estrellas del alba" (38:7). Ahora bien, eso significa que las estrellas tenían voces entonces, o que las huestes celestiales tenían voces y le cantaban a Dios. Yo creo más bien que se trataba de esto último. Creo que los ángeles del cielo rodeaban al trono y cantaban alabanzas al Creador. Debió consistir en una cierta eufonía.

Por otra parte, si comprendo bien la escena en Apocalipsis, cuando nos reunamos alrededor del trono en el futuro, nuestra mayor expresión consistirá en el canto. Le cantaremos al Señor: "Digno es el Cordero que fue inmolado" (5:12). Siendo que hubo música antes de que la tierra fuese formada, y habrá música después que la tierra ya no exista, es razonable pensar que debe haber mucha música mientras estemos en la tierra, ¿no le parece?

No obstante, no le damos loor a Dios a través del canto, sino sólo en el templo. Deténgase y piense: ¿Cuántas veces cantó durante el mes que quedó atrás, estando solo? Quiero decir, cantó realmente al Señor. Por lo general, utilizamos nuestra voz para leer las Escrituras, pero rara vez para cantarle las Escrituras a nuestro Dios. ¡Qué fácil es olvidar que ambas forman parte de nuestra adoración a Dios!

A medida que acumulo más años de experiencia en mi caminar con el Señor, más aprecio la importancia de la música en el ministerio. Creo que Martín Lutero tenía mucha razón cuando escribió estas palabras: "Después de la Palabra de Dios, es la música la que merece la mayor alabanza." Dios parece, también, haber dado su voto a favor de la música. Su libro de Salmos, el más extenso de los sesenta y seis libros de la Biblia, está dedicado a los himnos de los hebreos.

En el prólogo de su libro *El tesoro de David*, el gran Charles Haddon Spurgeon escribió: "El cautivador estudio de los Salmos me ha proporcionado un inagotable provecho y un placer cada vez mayor." El llama más adelante al libro de los Salmos "el libro sin igual".

Sin embargo, si a usted lo que le gusta es la letra banal y tararear cancioncitas anodinas, no podrá disfrutar de los salmos. Estos son para personas que están convencidas de que la música es un arte que exige la disciplina de la agudeza mental y un corazón en sintonía con Dios. Los salmos son música para personas maduras. Esto que digo no es una afirmación insustancial. Hay unos pocos, por supuesto, que gozan de más popularidad, como son el 1, 23, 91, 100 y partes del 119. Pero, en su mayor parte, sólo las personas maduras dedican largo tiempo a la lectura de los salmos.

La verdad es que he observado que los que se encuentran en la senda de la madurez espiritual dedican horas a la lectura de los salmos para tener períodos de renovación y momentos de recuperación de la normalidad, tiempos cuando las emociones parecen estar fuera de orden. Son personas que siempre vuelven a leer los salmos.

No es de extrañarse, entonces, que G. Campbell haya dicho:

> El libro de los Salmos... es el libro en el que encuentran expresión las emociones del alma humana. Cualquiera que sea su disposición de ánimo, y supongo que usted tiene ánimo cambiante al igual que yo... es posible encontrar un salmo que lo ayudará a expresarla. ¿Se siente alegre? Hallará un salmo que podrá cantar. ¿Está triste? Encontrará un salmo adecuado a la ocasión... Los salmos cubren toda la gama de las emociones humanas... Todos fueron escritos para nosotros, teniendo una noción de Dios y en la percepción de su presencia... En cada uno de estos salmos, desde el primero hasta el último, cualquiera que sea su tono particular —mayor o menor—quien los canta tiene conciencia de Dios. Eso es lo que da su carácter peculiar a este libro.

Mi tiempo devocional con Dios parece alcanzar su mayor intensidad en los momentos que le canto mis alabanzas a él.

El creyente lleno del Espíritu Santo es el creyente lleno de alabanzas cantadas a Dios; su canción llega al cielo, en vivo, donde la antena de Dios es siempre receptiva y donde las relajantes melodías de su canto son siempre tenidas en mucho.

No se preocupe por lo hermoso, o por lo lamentable, que pueda sonar su voz. Cante lo más alto que pueda para ahogar esos pensamientos de derrota que normalmente claman por atención. Libérese de ese encierro de claudicación introspectiva. ¡CANTE A PLENO PULMON! ¡CANTE A PLENO PULMON! Usted no está haciendo una audición de prueba para el coro de la iglesia. ¡Usted está entonando melodías en su corazón para el Señor, su Dios! Y si escucha con atención al terminar de cantar, es posible que oiga a las huestes celestiales respondiendo con gozo.

Música suave para un corazón duro fue lo que David proveyó para Saúl. Esa es la tierna música que Cristo el Salvador provee. Es allí donde comienza todo. El murió por nosotros y se levantó de los muertos para darnos el deseo y el poder de vivir una vida positiva y plena, libre de la prisión de la depresión y de la desesperanza humana. El es nuestro pastor, y nosotros sus ovejas necesitadas de la música de su voz. Por tanto, podemos regocijarnos a una en Dios.

Capítulo cuatro

DAVID Y EL ENANO

La famosa batalla descrita en el Antiguo Testamento no se dio entre dos ejércitos, sino entre dos personas. Fue la batalla librada en el valle de Ela entre David y Goliat. Pero antes de observar este temible duelo, quiero que veamos de nuevo algo que tuvo lugar antes de la batalla, cuando el Señor le dijo a Samuel:

> No mires su apariencia ni lo alto de su estatura, pues yo lo he rechazado. Porque Jehovah no mira lo que mira el hombre: El hombre mira lo que está delante de sus ojos, pero Jehovah mira el corazón.
>
> 1 Samuel 16:7

Dios dice, literalmente: "porque el hombre mira el rostro, pero el Señor mira el corazón."

Nosotros, por ser humanos, estamos sujetos al mismo problema. Nos impresionan —o no nos impresionan— las personas porque juzgamos a base de la apariencia exterior. Miramos lo externo y nos formamos opiniones que, por lo general, son equivocadas.

Si lo que Dios dice fue alguna vez pertinente, lo fue en la

historia de esta batalla. Goliat tenía todas las cosas que normalmente impresionarían y amedrentarían a cualquiera. En este caso, sin embargo, David había recibido la capacidad de ver las cosas como Dios siempre las ve, y no se sentía impresionado ni amedrentado. La razón era que, no importa lo grande que pueda ser un gigante, Dios es más grande. Y no importa lo poderoso que pueda ser, Dios es todopoderoso.

Ahora bien, teniendo esto presente, echemos una mirada al campo de batalla:

> Los filisteos reunieron sus tropas para la guerra y se congregaron en Soco, que pertenecía a Judá. Después acamparon entre Soco y Azeca, en Efes-damim. También Saúl y los hombres de Israel se reunieron y acamparon en el valle de Ela y dispusieron la batalla contra los filisteos. Los filisteos estaban a un lado sobre una colina, y los israelitas al otro lado sobre otra colina; y el valle estaba entre ellos.
>
> 1 Samuel 17:1-3

El valle de Ela era una hondonada angosta que más bien parecía un gran cañón. Este antiguo sitio tenía probablemente un poco más de un kilómetro y medio de ancho, pero hacia la desembocadura del cañón la anchura era mayor. En el fondo del cañón o de la hondonada, entre las laderas, se encontraba el lecho donde David halló las piedras para su honda. A un lado había una gran ladera de unos 800 metros o más de altura. En el lado opuesto había otra gran ladera, de igual dimensión, y entre ambas una distancia de más de un kilómetro. Acampado en una de las laderas estaba el ejército de Israel y, en el otro, el de los filisteos.

Este era el escenario. Examinemos ahora los grandes personajes de nuestro drama. Primero estaba Goliat, cuya estatura y aspecto eran tan impresionantes que el autor de la narración lo describe con rigurosos detalles.

¡AQUI ESTOY, GOLIAT!

> Entonces, de las tropas de los filisteos salió un paladín que se llamaba Goliat, de Gat. Este tenía de estatura seis codos y un palmo.
>
> 1 Samuel 17:4

No sabemos con precisión lo que significa literalmente esa descripción, porque no medimos las cosas con codos y palmos, sino con metros y centímetros. Pongámoslo, por tanto, en el lenguaje de hoy: Goliat debió medir unos tres metros... ¡era un hombre enorme! ¡La Asociación Nacional de Baloncesto de los Estados Unidos habría estado encantada con él! Y si le añadimos a su altura la longitud de los brazos cuando los levantaba sobre su cabeza, podemos imaginar qué tipo tan imponente debió haber sido.

Pero no se trataba sólo de su estatura.

Llevaba un casco de bronce en la cabeza y estaba vestido con una cota de malla de bronce que pesaba 5.000 siclos. Sobre sus piernas tenía grebas de bronce y entre sus hombros llevaba una jabalina de bronce. El asta de su lanza parecía un rodillo de telar, y su punta de hierro pesaba 600 siclos. Y su escudero iba delante de él.

1 Samuel 17:5-7

Llevaba, pues, una cota de malla o coraza de escamas. Los filisteos se ponían para la batalla una pesada prenda interior parecida a la lona en la que intercalaban anilletes de bronce imbricados o traslapados entre sí. Esta cota de malla se extendía de los hombros a las rodillas, cubriendo y protegiendo contra las armas del enemigo. La armadura con que se cubría el cuerpo pesaba cinco mil siclos de bronce, es decir, entre ochenta y noventa kilos. Este era el peso de sólo la armadura, es decir, de la cota de malla. Pero Goliat también llevaba puesto un casco de bronce y polainas (grebas) de bronce que le servían de protección a las canillas, y portaba una jabalina o lanza de bronce entre los hombros. La sola cabeza de esta lanza pesaba 600 siclos de hierro, aproximadamente entre diez y doce kilos.

El relato escrito dice que tenía un "escudero" que iba delante de él. La palabra hebrea utilizada aquí es una que se refiere al escudo más grande utilizado en la batalla, del tamaño de un hombre completamente desarrollado. Este escudo estaba evidentemente hecho para proteger el cuerpo de las flechas del enemigo. Por tanto, además de toda la armadura que le cubría el cuerpo, Goliat tenía a este hombre que corría frente a él, llevando un escudo del tamaño de un hombre, como protección doble.

Deténgase por un momento y deje que su mente imagine tan imponente escena. Piense en lo amenazador que debió ser enfrentarse a un gigante de este tamaño y que además estaba protegido por toda esa armadura. Es evidente que llevaba las de perder cualquiera que fuera tan tonto como para enfrentársele en batalla.

Observe lo que hizo este gigantesco guerrero:

> Entonces se detuvo y gritó al ejército de Israel, diciendo: ¿Para qué salís a disponer la batalla? ¿No soy yo filisteo, y vosotros los siervos de Saúl? ¡Escoged de entre vosotros un hombre que venga contra mí! Si él puede luchar conmigo y me vence, nosotros seremos vuestros esclavos. Pero si yo puedo más que él y lo venzo, vosotros seréis nuestros esclavos y nos serviréis.
>
> 1 Samuel 17:8, 9

Lo que Goliat hizo fue proponer un procedimiento usado comúnmente en el mundo oriental, que consistía en una batalla emblemática o representativa en la que se enfrentaban dos personas, cuerpo a cuerpo. Goliat representaría al ejército filisteo, y cualquiera que Israel escogiera representaría al ejército israelita. La victoria de cualquiera sería la victoria de su ejército; y la derrota de cualquiera sería la derrota de su ejército.

"No hace falta que la totalidad de su ejército se involucre en ésto. Sólo envíennos a uno de sus guerreros y yo me enfrentaré a él. Yo soy el campeón. Yo soy el más grande."

Goliat no lanzó este reto una sola vez y después se marchó. No. Su reto continuó durante *cuarenta días* (17:16). Todas las mañanas y todas las tardes, por más de un mes, estuvo saliendo y haciendo alarde de su estatura y de su fuerza, retando a que cualquiera se le enfrentara.

¡Qué pertinente es ésto a cualquier "gigante" que encontramos en nuestra vida! Esto es lo que ocurre, por ejemplo, con las gigantes del temor y de la preocupación. No vienen sólo una vez; vienen mañana y tarde, día tras día, tratando implacablemente de amedrentarnos. Vienen en forma de una persona, o de una presión, o de una preocupación. Hay temores que nos oprimen el corazón día y noche, y día tras día, profiriendo gritos a través de la hondonada de nuestro valle personal. Pocas cosas son tan persistentes y amedrentadoras como nuestros temores y preocupaciones... especialmente si los enfrentamos con nuestras propias fuerzas.

ENTRA DAVID... ¡EL VERDADERO GIGANTE!

Mientras tanto, entre unos 16 y 24 kilómetros de distancia, en la aldehuela de Belén, en las montañas de Judea, un adolescente llamado David se encuentra cuidando las ovejas de su padre, porque era demasiado joven para estar combatiendo en el ejército. En realidad, hasta ese momento David probablemente sabía muy poco de lo que estaba sucediendo entre los israelitas y los filisteos, y es posible que nunca hubiera escuchado hablar de Goliat. Lo único que sabía era que sus tres hermanos mayores se encontraban luchando en el ejército de Saúl.

Sin embargo, el padre de David estaba muy preocupado por sus tres hijos mayores. Isaí se estaba poniendo viejo y probablemente ya no podía hacer el viaje a través de las montañas. Por eso llama a su hijo menor y le dice: "David, quiero que me hagas un mandado."

Toma, por favor, para tus hermanos un efa de este grano tostado y estos diez panes, y llévalos de prisa al campamento donde están tus hermanos. Lleva también estos diez quesos para el jefe de millar. Averigua si tus hermanos están bien y toma alguna prenda de ellos.
1 Samuel 17:17, 18

David no iba allí a pelear. Sólo había sido enviado por su padre para llevar un refrigerio a sus hermanos, para asegurarse de que estaban bien, y para decirles que su padre estaba preocupado por ellos.

El sol salió esa mañana, al igual que los demás días, tanto para David como para Goliat. Así es como a menudo ocurre con las cosas de la vida: sin aviso. Pero lo cierto es que, esa mañana número cuarenta y uno del desafío que Goliat hacía, sería el último día de su vida y el primero de la heroica vida de David. Nadie lo pregonó. Ningún ángel tocó una trompeta desde el cielo, diciendo: "Goliat, se te acabó la historia", ni tampoco: "David, este será tu gran día."

David se levantó temprano esa mañana y, después de dejar el rebaño de ovejas con otro pastor, hizo exactamente lo que le pidió su padre. "Llegó al círculo del campamento cuando las fuerzas se disponían para la batalla y daban el grito de guerra" (17:20).

Trato de imaginar lo que debe haber pasado por la mente de David al llegar y ver desde arriba a todo ese ejército que estaba más abajo de él. Me pregunto si se detuvo y lo contempló todo con la boca abierta al evaluar el escenario. Me pregunto qué pasó por su mente. Debió ser algo emocionante y amedrentador al mismo tiempo para este joven que había pasado años en las solitarias colinas con sólo las ovejas y otros pastores como única compañía.

Luego, al acercarse al extremo del campamento israelita, ve a las tropas saliendo a la batalla y escucha el grito de guerra. Se puede decir que esto le produce una gran excitación. Quiere observar, como lo haría cualquier otro chico, lo que va a suceder.

Las cosas que David traía las dejó en manos del guarda del equipaje, y corrió hacia el ejército. Cuando llegó, saludó a sus hermanos, deséandoles paz. Entonces, mientras hablaba con ellos, he aquí aquel paladín que se llamaba Goliat, el filisteo de Gat, salió del ejército de los filisteos y repitió las mismas palabras, las cuales oyó David.

1 Samuel 17:22, 23

Imaginemos el momento. David se detiene a hablar con sus tres hermanos, y de pronto escucha este grito estruendoso a través de la hondonada. En ese momento todos a su alrededor se echan a correr precipitadamente y trepan a sus tiendas: "Todos los hombres de Israel, al ver a aquel hombre, huían de su presencia y temían mucho" (17:24).

Recordemos que David jamás había visto a este gigante de Gat, ni estaba enterado de sus provocaciones. De repente se encuentra solo ¡porque todos han huido para ponerse a salvo! Por lo menos, eso es lo que saco de la lectura.

Atraviesa con su mirada el campo de batalla y ve a este gigantón, revestido con la armadura, gritando amenazas, desafiando y maldiciendo al Dios de Israel. ¡Y esto lo pone furioso! *Nadie puede hablar así del Dios de Israel,* piensa él. *¿Por qué, entonces todo el mundo está corriendo?* Tengamos presente que este es el cuadragésimo primer día que los israelitas han escuchado a Goliat... pero es la primera vez que le sucede a David.

¿No es interesante comprobar cómo la retrovisión da mucha visión? ¿Se ha enfrentado usted a un Goliat, y después de transcurridos tres días reflexiona y dice: "Hombre, me gustaría haber hecho esto y aquello?" A eso se le llama perspectiva de retrovisión... ¡y por lo general nunca falla! Cuando uno mira las cosas retrospectivamente, siempre encuentra una forma mejor de hacer las cosas, pero cuando las cosas suceden uno actúa irreflexivamente, dispara sin apuntar. A menos que sea un David.

David tenía la capacidad de ver el presente como si lo observara con retrovisión, y por eso no estaba impresionado ni amedrentado por el gigante. ¡Qué joven tan inteligente! Observemos lo que hace.

David habló a los que estaban junto a él y preguntó: ¿Qué harán por el hombre que venza a ese filisteo y quite la afrenta de Israel? Porque, ¿quién es este filisteo incircunciso para que desafíe a los escuadrones del Dios viviente? La gente le respondió las mismas palabras, diciendo: Así se hará al hombre que lo venza.

1 Samuel 17:26, 27

Ahora bien, Saúl había ideado un plan de incentivo para lograr la muerte del gigante. El problema es que él era el único hombre del campamento calificado para enfrentar a Goliat. Recuerde que en cuanto a estatura, él le llevaba más de una cabeza a cualquier otro, y que era el líder del pueblo. Pero Saúl era un cobarde, porque no estaba andando con Dios. Por eso había creado un plan, con la esperanza de que otro saliera a pelear. Prometió al hombre que matara a Goliat una recompensa de grandes riquezas, la mano de su hija en matrimonio y la exención de pagar impuestos para toda su casa paterna.

Bueno, no estoy seguro de que la hija fuera tan buen premio (¡lo veremos cuando la conozcamos un poco más adelante!), ¡pero una novia, grandes riquezas y un plan de exención de impuestos para toda la vida no sonaba tan mal! Pero ni siquiera todo eso era suficiente para mover a un voluntario. Los hombres que rodeaban a David le hablaron de este plan de incentivo, que contenía toda clase de motivaciones externas.

Entre paréntesis, quiero que observe algo acerca de la posición de Goliat en este día especial. Cuando Goliat lanzó por primera vez el reto, "se detuvo y gritó al ejército de Israel, diciendo... ¡Escoged de entre vosotros un hombre que venga contra mí!" (17:8). Pero observen lo que se dice cuando David llega: "¿Habéis visto a ese hombre *que ha salido?*" (17:25, bastardilla del autor).

Es correcto, ya que Goliat acababa de cruzar la hondonada en el fondo del valle y avanzaba hacia el lado donde se hallaba Israel. Podemos ver que si uno tolera a un Goliat, se apoderará de nuestro territorio; avanzará hacia nuestro campamento; y se apoderará de nuestros pensamientos que normalmente deben estar centrados en Dios. Es por esto que no podemos permitirnos tolerar ningún gigante; hay que matarlos.

Lo siguiente que le ocurre a David es lo que llamamos el síndrome del "hermano mayor". Es lo que a menudo sufren los cristianos durante un tiempo de afirmación de su fe: reciben críticas, y éstas con frecuencia proceden de su propia familia.

Eliab, su hermano mayor, le oyó hablar a los hombres. Entonces Eliab se encendió en ira contra David y le preguntó: ¿Para qué has descendido acá? ¿Y con quién has dejado aquellas pocas ovejas en el desierto? ¡Yo conozco tu arrogancia y la malicia de tu corazón! ¡Has descendido para ver la batalla!

1 Samuel 17:28

No olvide quién era realmente Eliab. Fue el primero de los hijos que entró a la casa e hizo pensar a Samuel: *¡Ese es el rey!* ¿Lo recuerda? Fue cuando Dios puso su mano sobre el hombro de Samuel y le dijo: "No, no, ése no es." Poco después Eliab presenció cuando el cuerno de aceite era derramado sobre la cabeza de David, y el hermano mayor vio al hermano menor escogido como rey. El menor había sido bendecido, en vez del mayor. Por lo general, a un hermano mayor la resulta difícil aguantar esto. Y eso fue, precisamente lo que ocurrió en este caso.

Eliab recordaba que éste era el hermano menor que había sido ungido por el gran sacerdote y profeta Samuel, y ahora toma su desquite. Por eso le dice a David: "¿Por qué has venido *realmente?*" Dicho en otras palabras, ataca las motivaciones de David. "Mira, David, ¿por qué *realmente* te has aparecido por aquí?"

Luego le hace la segunda pregunta, con toda la intención de humillar a David: "Oye, David, ¿dónde dejaste el puñado de ovejas?" Lo dice con ensañamiento. Y lo que hace después es verdaderamente horrible: "Conozco tu descaro y la maldad que hay en tu corazón. Sólo viniste para emocionarte. Lo único que querías era ver la batalla."

¿No es interesante cómo podemos con tanta facilidad y rapidez ver nuestra propia culpa en la vida de los demás? ¿Quién tenía realmente un corazón arrogante? Eliab, el hermano mayor. "Sé a qué vienes", dijo. "Has descendido para ver la batalla." Hay también la posibilidad de que el texto hebreo implique lo siguiente: "Has descendido *para ser visto* en la batalla."

Ahora bien, en ese momento cualquier persona se habría arremangado y utilizado toda su energía para darle un puñetazo a este hermano, en vez de enfrentarse a Goliat. Pero, en lugar de eso, David no le hace caso. Su actitud es como si le dijera: "Oye, sólo hice una pregunta. Ocupémonos ahora de lo que es importante, de ese gigante que está allí." Y se marcha.

David sabía con quién pelear y a quién dejar tranquilo. Nosotros también necesitamos escoger nuestras batallas con sabiduría. Si usted no está atento a esto, todas las batallas las tendrá con sus hermanos que forman parte de la familia de Dios. Mientras tanto, el verdadero enemigo de nuestras almas están merodeando por nuestro territorio y ganando una victoria tras otra.

La escena cambia repentinamente de Eliab y David, a Saúl y David. Cuando Saúl se entera de las preguntas que David está haciendo y de sus comentarios, lo manda a buscar.

Ahora bien, recuerde que el rey Saúl es el tipo que no desea salir a pelear, pero no quiere reconocerlo.

Y David dijo a Saúl: No desmaye el corazón de nadie a causa de él. Tu siervo irá y luchará contra ese filisteo. Saúl dijo a David: Tú no podrás ir contra ese filisteo para luchar contra él; porque tú eres un muchacho, y él es un hombre de guerra desde su juventud.

1 Samuel 17:32, 33

Al hombre lo impresiona lo externo; no ve el corazón. Pero Dios es diferente. El no juzga por la apariencia ni por la inteligencia. Sin embargo, el rey Saúl no había aprendido eso, y por eso mira a David y le dice: "Te falta tamaño para eso. No eres más que un chiquillo. ¡Mira a ese gigante!"

Tal como lo imagino, David estaba entornando los ojos y pensando: *¿Qué gigante? El único gigante en mi vida es Dios. Ese no es sino un enano, Saúl. A Dios no lo impresiona lo exterior, porque él ve el corazón, ¡y Dios es omnipotente! Si él está a mi lado, la victoria le pertenece a la omnipotencia!*

David le dice luego a David cómo en el pasado Dios estuvo con él cuando dio muerte a un oso y a un león: "¡Jehovah, quien me ha librado de las garras del león y de las garras del oso, él me librará de la mano de ese filisteo!" (17:37).

Con mucha frecuencia, cuando enfrentamos nuestros propios gigantes, olvidamos lo que debemos recordar y recordamos lo que debemos olvidar. Recordamos nuestras derrotas y olvidamos las victorias. La mayoría de nosotros podemos enumerar los fracasos de nuestra vida con lujo de detalles, pero nos vemos en apuros al tratar de mencionar las victorias específicas y grandes que Dios ha logrado en nuestro pasado.

¡Pero eso no sucedía con David! El dice: "¿Sabes por qué puedo enfrentarme con Goliat, Saúl? Porque el mismo Dios que me dio el poder para matar al león y al oso me dará también poder contra Goliat. Es Dios quien me dará el poder... por tanto, déjalo de mi cuenta."

Bueno, eso sacaba a Saúl del apuro, y por eso dice: "¡Vé, y que Jehovah sea contigo!" ¿No es admirable cómo las personas pueden utilizar clichés espirituales para disimular la vacuidad de su vida? Saben qué palabras utilizar... conocen todos los dichos que suenan piadosos. Saúl los sabía muy bien.

Luego le dice Saúl: "Espera un momento, David. Tenemos que prepararte para la batalla."

¡Imagínese! Usted no puede decir que la Biblia no contiene humor, porque dice que "Saúl vistió a David con su propia armadura". ¡Saúl, que era de talla grande vistiendo a David que era de talla normal! Saúl se quita todo esta pesada armadura y le dice: "Ponte ésto, David."

Le entrega a David su espada, pero es tan grande que ni siquiera puede sostenerla. Después le deja caer el enorme casco sobre la cabeza, y seguidamente cubre al joven con la cota de malla. Pero David le dice:

"Saúl, yo no puedo pelear con toda esta cosa encima. Ni siquiera puedo moverme, y nunca he probado esto en una batalla."

Por tanto, David deja caer la espada de Saúl y se deshace de la armadura.

Lo que funciona para una persona no funcionará necesariamente para otra. Nosotros estamos siempre tratando de ponerle nuestra armadura a los demás, o de ponernos la armadura de otros; pero esa no es la manera de hacer la batalla. Significó un notable avance para mi propia vida descubrir que yo podía ser yo mismo y que Dios podía utilizarme. Yo no podía funcionar bien llevando puesta la armadura de otro. Es que Dios le proporciona técnicas particulares a personas particulares.

Aquí está, pues, David, sólo con sus ropas y armado con las armas sencillas de un pastor: Su honda y su cayado, listo para entrar en batalla. Luego viene el momento crucial:

> Entonces tomó su cayado en su mano y escogió cinco piedras lisas del arroyo, y las puso en la bolsa pastoril, en el zurrón que llevaba. Y con su honda en su mano, se fue hacia el filisteo.
>
> 1 Samuel 17:40

Lo hermoso de esta historia es que es un ejemplo perfecto de cómo Dios actúa. El magnifica SU nombre cuando somos débiles. Nosotros no tenemos que ser elocuentes, ni tampoco fuertes o hermosos. No tenemos que ser bonitos ni inteligentes, ni tener todas las respuestas para ser bendecidos por Dios. El honra nuestra fe. Lo único que nos pide es que confiemos en él; que estemos delante de él con fe e integridad, y él ganará la batalla. Dios sólo está esperando su momento, esperando que confiemos en él para darnos el poder de enfrentar y vencer a nuestros gigantes. Pero recuerde que Goliat sigue siendo un gigante... todavía con una presencia imponente. David tenía todas las de perder. No había nadie en el campamento filisteo —ni tampoco probablemente nadie en el campamento israelita— que hubiera apostado a su favor. Pero a David no le hacía falta su apoyo. Al único que necesitaba era a Dios, y a nadie más. Después de tomar las piedras, se acerca al gigantesco guerrero filisteo. El joven pastor hace sonreír al gigante. ¡Vaya broma!

El filisteo venía acercándose a David, precedido de su escudero. Cuando el filisteo miró y vio a David, lo tuvo en poco, porque era un joven de tez sonrosada y de hermoso semblante. Y el filisteo preguntó a David: ¿Acaso soy yo un perro para que vengas contra mí con palos? El filisteo maldijo a David por sus dioses. También el filisteo dijo a David: ¡Ven a mí, y daré tu carne a las aves del cielo y a los animales del campo! Entonces David dijo al filisteo: Tú vienes contra mí con espada, lanza y jabalina. Pero yo voy contra ti en el nombre de Jehovah de los Ejércitos, Dios de los escuadrones de Israel, a quien tú has desafiado. Jehovah te entregará hoy en mi mano, y yo te venceré. Te cortaré la cabeza y daré hoy los cadáveres del ejército filisteo a las aves del cielo y a los animales del campo. ¡Y toda la tierra sabrá que hay Dios en Israel!

1 Samuel 17:41-46

GOLIAT "EL ENANO"... SALE DE LA ESCENA

¡Imagínese! ¡David está parado frente a esta imponente criatura, sin nada de temor!

El temor. Ese es nuestro enemigo MAS GRANDE cuando enfrentamos a los gigantes. Cuando éstos nos amedrentan, se nos pega la lengua en el paladar y nuestros pensamientos se vuelven confusos. Olvidamos cómo orar; nos concentramos en las probabilidades que hay contra nosotros. Olvidamos a quién representamos, y estamos allí con las rodillas temblando. Me pregunto qué debe pensar el Señor cuando él siempre nos ha prometido: "Mi poder está a tu disposición. No hay nadie en esta tierra más grande que yo. Confía en mí." Pero los ojos de David no estaban puestos en el gigante. El temor no formaba parte de su vida. ¡Qué hombre tan grande fue él! Sus ojos estaban fijos en Dios. Por eso, con una confianza invencible en su Dios, David respondió: "Todos estos congregados sabrán que Jehovah no libra con espada ni con lanza. ¡De Jehovah es la batalla!" (17:47). Eso es todo. Ese era el secreto de la vida de David. "¡De Jehovah es la batalla!"

¿Está usted tratando de librar sus propias batallas? ¿Está tratando de dar la pelea a su propia manera? ¿Está tratando de ser más astuto que el enemigo, de superarlo con mañas? Usted no puede hacerlo, pero Dios sí. Y él le está diciendo: "Hazlo a mi manera y te honraré. Hazlo a tu manera y estarás condenado a fracasar. La batalla es mía."

David vivía de acuerdo con un principio muy sencillo: No pierde nada quien no busca nada. El no trató de impresionar a nadie en el ejército de Israel. No trató de impresionar a sus hermanos. Tampoco trató de impresionar a Dios. Sólo corrió para enfrentarse con Goliat.

Entonces David metió su mano en la bolsa, tomó de allí una piedra y la arrojó con la honda, hiriendo al filisteo en la frente. La piedra quedó clavada en su frente, y éste cayó de bruces en tierra. Así venció David al filisteo con una honda y una piedra, y lo mató sin tener espada en su mano.

1 Samuel 17:49, 50

Lo único que David tenía era una honda y una piedra, contra un gigante que llevaba encima 100 kilos de armadura. Puede parecer absurdo, pero así es como Dios actúa. Al final lo que hubo fue el sonido de la honda meciéndose en el aire para ser luego lanzada. El gigante cayó como un saco lleno de papas. ¿No queda algún otro gigante por ahí?

Después de esto los filisteos no se quedaron como espectadores. Cuando vieron que su campeón estaba muerto, pusieron los pies en polvorosa. Luego David llevó la cabeza del gigante a Jerusalén tras haber utilizado la propia espada de Goliat para cortarle la cabeza, pero observemos lo que hizo con las armas de Goliat: "Puso sus armas en su morada." Arrastró la inmensa lanza y la pesada espada a su propia tienda, a las colinas de Judea, como recordatorio de que lo Dios había hecho. Estaban allí como trofeos silenciosos... junto con la cabeza del león y las garras del oso. Me pregunto si quizás David conservó esos trofeos por el resto de su vida. ¡Quién sabe! Quizá después de subir al trono tenía un salón de armas donde estaban los trofeos que guardaba como recuerdos de las victorias pasadas que Dios le había permitido tener en su vida.

De esta batalla surgió la verdad real, incuestionable para los ejércitos de ambos lados en el valle de Ela: Goliat era el enano, y David el gigante.

LECCIONES GIGANTES DIGNAS
DE SER RECORDADAS

Lograr victorias es sumamente importante. ¡Recuerde las que ha ganado! ¿Dónde guarda usted sus recuerdos? ¿Se olvida de las victorias rápidamente? ¡Acabe con este hábito! Dios no desperdicia ninguna victoria. Cuando él hace algo que sólo él puede hacer, nos dice: "Mucho cuidado con olvidarlo." En los tiempos del Antiguo Testamento, Dios mandó a su pueblo que apilara grandes montones de piedra como recuerdo de sus diversas victorias en favor de ellos. Esos "monumentos" debían permanecer allí para que todo el mundo los viera... y recordara.

De este importante enfrentamiento entre David y Goliat surgen cuatro lecciones. Léalas despacio y recuérdelas bien.

1. *Enfrentar gigantes es una tarea amedrentadora.* Podemos pensar retrospectivamente en la valentía y en la victoria de David, con la perfecta percepción tardía y la distancia libre de riesgos de los tres mil años transcurridos. Pero humanamente hablando, imaginemos la sensación que debió haber producido estar en la atemorizadora presencia de aquel bruto, aun con los ojos de la fe. Pero David dijo: "Mi Dios es más grande que él."

2. *Dar la batalla es una experiencia solitaria.* Nadie más

que usted puede pelear su propia batalla. Su Goliat es su Goliat. Podría decirle: "Ah, no te preocupes por mí." Pero para usted, es un Goliat. Y nadie más puede pelear por usted, ni siquiera un consejero o un pastor, y tampoco su padre o su madre o algún amigo. Es una batalla solitaria, pero una batalla que le permitirá crecer. Es en el solitario campo de batalla que uno aprende a confiar en Dios.

3. *Confiar en Dios es una experiencia estabilizadora.* David derribó a Goliat con la primera piedra. Su puntería fue perfecta y no erró el blanco. No podemos estar totalmente seguros, pero todo indica que no le dio el tembleque cuando salió a dar la batalla. Tuvo estabilidad por su confianza en Dios. Si usted trata de enfrentar a un gigante en la carne, no podrá vencer; saldrá derrotado. Pero si pasa suficiente tiempo de rodillas, es admirable lo estable que podrá ser.

4. *Lograr victorias es una experiencia memorable.* Debemos recordar las victorias del pasado. Debemos contar nuestras historias de cómo vencimos a osos y leones... y a nuestros Goliats.

Yo no sé cuál es el gigante que lo atemoriza hoy. Quizás tenga que ver con su trabajo, con su compañero de habitación en la universidad o con el lugar donde se prepara estudiando. Quizás sea una persona, una demanda legal, el estar desempleado, una tragedia... o quizás su esposa o esposo. Quizás sea un temor merodeando a la vuelta de la esquina, que está consumiendo sus energías y acabando con su fe. Pero Dios le está diciendo ahora mismo: "Lo único que te pido es cinco piedras lisas y una honda de fe. Eso es suficiente. No tienes que ponerte la armadura de nadie; sólo confía en mí. Yo te dejaré sólo con tu fe y entonces lograrás una gran victoria donde toda la gloria será mía. Pero en cuanto a ti... confía en mí."

Quizás usted no sabe lo que hay más allá del valle. Quizás no pueda identificar cuál es el gigante, pero allí está, rondando a su alrededor. La incertidumbre sola es ya un gigante. Pero vea esa preocupación a través del Señor mismo y diga, por fe: "La batalla es tuya, Señor. Es tu batalla y me apoyo en ti. Te entrego todas mis armas, todas mis habilidades, y me coloco en tu presencia, confiando en ti."

Es el amor de Dios lo que hace que él nos lleve hasta el límite de nuestras fuerzas. Pero el ve nuestra necesidad de confiar en él, y su amor es tan grande que no nos dejará vivir un día más sin que extendamos nuestros brazos a él y le entreguemos nuestros temores, nuestras angustias y nuestra confusión, para que nada llegue a ser más importante para nosotros que nuestro Padre celestial.

Nunca, nunca lo olvidemos: ¡De Jehovah es la batalla!

Capítulo cinco

SECUELAS DE LA MUERTE DE UN GIGANTE

¿Cuándo fue la última vez que le dio gracias a Dios por no haberle mostrado el futuro? Estoy convencido de que una de las mejores cosas que el Señor hace por nosotros es impedirnos saber lo que ocurrirá después del día de hoy. ¡Piense sólo en todo aquello por lo que no tuvo que preocuparse porque nunca supo que lo experimentaría!

Es cierto, Dios nunca cambia... pero nosotros desde luego que sí. Los lugares en que vivimos cambian. Las personas cambian. Aun los amigos cambian. Los empleos cambian.

¿Y qué de su hogar? Allí también cambian las cosas. Los niños son concebidos de repente. Muchos padres tienen el corazón destrozado porque sus hijos ya crecidos no están andando en los caminos del Señor. Otros están apesadumbrados porque la muerte se ha llevado a un hijo o una hija. También nuestra salud cambia. ¿Y qué de las pruebas de la vida? Piense sólo en lo que ha ocurrido en los últimos cinco años. ¿No se siente contento de que Dios no le haya dicho todas esas cosas *hace cinco años*? ¿No lo alegra el hecho de que no le haya dado la vida antes de tiempo, a crédito? Por el contrario, tomamos la vida un día a la vez. Esa es la manera como Dios nos concede la vida, porque él nunca cambia y sabe lo que contribuirá a nuestro bien. Usted y yo no lo sabemos. Nosotros rebotamos de un momento al siguiente, tratando de encontrarle sentido a nuestra existencia y, con frecuencia, no tenemos ni el tiempo ni la sabiduría para entenderlo. Dios hace bien al no dejarnos saber el mañana. Eso es lo que hace que la Biblia sea tan pertinente. Igual sucedía en los tiempos antiguos cuando la Palabra de Dios era vivida y escrita.

¡Qué misericordioso fue Dios al darle a David un día a la vez! Me pregunto cuántas personas creen que David, unas pocas semanas después de haber matado al gigante, ocupó el trono y se convirtió en el rey más joven de la historia de Israel. Pues bien, en caso de que usted sea uno de los que han pensado así, tiene que saber que no sucedió tal cosa. En realidad, la secuela de la muerte del gigante condujo a David a uno de los valles más largos, profundos y oscuros de toda su vida. Este joven, que había demostrado ser fiel como pastor y en el campo de batalla, descendió del lugar más alto de popularidad a la depresión y desaliento más profundos. Dios fue misericordioso al no revelarle a David lo que le esperaba.

RESUMEN: LA MUERTE DE UN GIGANTE

Como vimos en el capítulo anterior, David acababa de alcanzar algo increíble, un logro sorprendente. Siendo un joven que no tenía aún veinte años de edad; que nunca había utilizado el uniforme del ejército israelita; que nunca se había preparado para una batalla; que nunca antes había sabido lo que era llevar una espada, se había lanzado al campo de batalla, para enfrentarse con un gigante de casi tres metros de altura, al que mató con el disparo de su honda.

Por consiguiente, David logró una popularidad inmediata y se convirtió en un héroe nacional. El pueblo comenzó a cantar sus alabanzas, y Saúl cumplió su promesa de enriquecer al hombre que había matado a Goliat. David se convirtió, también, en parte permanente de la corte del rey y una celebridad de la noche a la mañana. Son muy pocas las personas que pueden tomar eso con calma, pero David lo logró. El sabía cómo vivir con el éxito sin que éste lo afectara. Son muy raras las personas que pueden hacerlo... especialmente si son jóvenes y nunca antes han tenido una vida pública.

RELACIONES:
CUATRO EXPERIENCIAS DIFERENTES

Hasta este momento, la vida de David gira en torno a cuatro relaciones: una relación de sumisión a Saúl; una relación de amor con Jonatán, el hijo de Saúl; una relación de elevación o de exaltación con el pueblo de Israel; y una relación de oposición con Saúl que se prolongó por varios años. La mano de Dios estaba sobre David. En última instancia, Dios iba a utilizarlo como el rey más grande la historia de Israel, pero para hacerlo tenía que quebrantarlo, pulirlo y afinarlo, que implicaba humillarlo. A David le faltaba poco tiempo para entrar en el crisol del dolor. Gracias a Dios, no tenía ninguna idea de lo insoportable que sería el dolor.

Lo primero que sucedió fue que Saúl no le permitió volver a ocuparse de sus ovejas.

> Aquel día Saúl lo retuvo y no lo dejó volver a la casa de su padre... David iba a donde Saúl le enviaba...
> 1 Samuel 18:2, 5

Aquí vemos al campeón de campeones, el aniquilador del gigante, yendo a donde Saúl lo enviaba. Era sumisamente leal a su rey, sirviendo en cierto modo como un desconocido, como un rey en formación (sin que Saúl se diera de cuenta de ello). ¿Y qué sucedió? Tenía éxito. Cuatro veces en el mismo capítulo se dice que David tenía éxito o que se comportaba sabiamente. ¡Qué hombre tan especial! Simplemente hacía lo que Dios le indicaba que hiciera. Estaba sometido a su autoridad y Dios lo elevó por encima de sus contemporáneos.

Mientras tanto, aguardando a la sombra, de la misma manera que David aguardaba delante del rey, estaba otro joven, Jonatán, el hijo del rey Saúl. Aparentemente estos dos jóvenes no se conocían hasta este momento, pero de inmediato sus vidas quedaron entrelazadas.

> Aconteció que cuando David terminó de hablar con Saúl, el alma de Jonatán se quedó ligada a la de David, y

Jonatán le amó como a sí mismo... Entonces Jonatán hizo un pacto con David, porque le amaba como a sí mismo.

1 Samuel 18:1, 3

Dios sabía que David iba a necesitar un amigo íntimo con el cual caminar a través del valle que le esperaba. Los amigos íntimos son raros en la vida. A menudo sólo tenemos uno y ocasionalmente dos... por lo general no más de tres durante toda nuestra vida. Hay algo en cuanto a un amigo íntimo que lleva a las almas a entrelazarse. Es lo que llamamos un alma gemela.

Los amigos íntimos tienen cuatro características, y todas ellas aparecen en esta historia.

Primero, *un amigo íntimo está dispuesto a sacrificarse.* Uno no tiene que implorarle un favor a un amigo íntimo, y eso fue precisamente lo que ocurrió con Jonatán.

Y Jonatán se quitó la túnica que llevaba y se la dio a David, junto con otras prendas suyas, inclusive su espada, su arco y su cinturón.

1 Samuel 18:4

El quiso darle a David algo que le pertenecía y que fuera valioso para él. Eso es lo que hacen todos los amigos. Nunca son mezquinos con lo que tienen. Más adelante, Jonatán le dice a David: "Haré por ti lo que tú digas" (20:4). Así habla un amigo íntimo. Uno nunca se aprovecha de un amigo íntimo ni lleva la cuenta de lo que da o de sus favores. Un amigo íntimo siempre está dispuesto a ayudar cuando sea y en lo que sea cuando se le necesita. En la amistad íntima la generosidad se impone.

Segundo, *un amigo íntimo es un defensor leal delante de los demás.* No es un amigo por interés cuando hay prosperidad. Es alguien que no dirá algo malo de nosotros a nuestras espaldas. El relato dice que "Jonatán habló bien de David a su padre" (19:4). Esto era muy importante, porque Saúl no era sólo el rey y el padre de Jonatán, sino que también, en ese tiempo, había resuelto ser el enemigo de David. Pero Jonatán se enfrentó resueltamente a su padre y le dijo: "Papá, tú estás equivocado en cuanto a David."

En realidad, no sólo defendió a su amigo, sino que también reprochó a su padre por su actitud hacia David.

Jonatán... le dijo [a Saúl]: "No peque el rey contra su siervo David, porque él no ha cometido ningún pecado contra
ti. Al contrario, sus obras han sido muy beneficiosas. El
arriesgó su vida cuanto mató al filisteo, y Jehovah dio una
gran victoria a todo Israel. Tú lo viste y te alegraste; ¿por
qué, pues, pecarás contra sangre inocente, dando muerte a
David sin motivo?"

1 Samuel 19:4, 5

¡Qué amigo tan excelente era Jonatán! Sin mezquindades,
ni envidia, ni celos. Después de todo, Jonatán, por ser el hijo
de Saúl, podía haber sido el heredero. Podía haber deseado la
alabanza del pueblo, pero allí estaba ese joven de las colinas
de Belén cosechándolo todo. Con todo, Jonatán salió en defensa de su amigo en contra de su propio padre, que estaba ansioso por quitarle la vida a David. Esto es lo que pudiéramos
llamar teología pura. Esto es ser consistente con la creencia,
con la fe. Salió en su defensa porque era su amigo.

Tercero, *los amigos íntimos se conceden el uno al otro absoluta libertad para ser ellos mismos.* Cuando usted tiene un
amigo muy íntimo, un amigo con el que su alma se ha entre-
lazado, no tiene que explicarle por qué hace lo que hace; simplemente lo hace.

David se levantó del lado del sur y se inclinó tres veces
postrándose en tierra. Luego, besándose el uno al otro, lloraron juntos; aunque David lloró más.

1 Samuel 20:41

Cuando tenemos el corazón destrozado, podemos sangrar
sobre un amigo así, y él lo entenderá. No se mostrará crítico
en nuestra desgracia ni compartirá con uno tres versículos de
la Biblia, para decirnos después que tenemos que enmendar-
nos.

Cuando un buen amigo esté sufriendo, permítale que su-
fra. Si un buen amigo desea llorar, déjelo que llore. Si un buen
amigo necesita quejarse, escúchelo. Un amigo no nos abandona; está siempre cerca de nosotros. Podemos seguir siendo nosotros mismos, no importa cómo nos veamos o sintamos.

Por último, *un amigo íntimo es una fuente permanente de aliento.*

Y David, al ver que Saúl había salido en asecho de su vida, se quedó en Hores, en el desierto de Zif. Entonces Jonatán hijo de Saúl se levantó y fue a David en Hores, y le fortaleció en Dios.

1 Samuel 23:15, 16

Piense en esto. Había un asesino persiguiendo a David, cuyo nombre era Saúl (¡el padre de Jonatán!). David se encontraba en el desierto, y en cualquier momento, detrás de cualquier matorral, roca o colina, Saúl y sus hombres podían haber estado esperando para segarle la vida. El odio asesino de Saúl acosaba la vida de David.

¿Y qué hace el hijo de este asesino? Alienta a su amigo. ¡Vaya! Esa es la clase de amigos que hay que tener. Ve a David en el momento de mayor abatimiento de su vida, asustado, asediado, dando tumbos por el desierto, y lo alienta. "Sé cómo te sientes. Tienes todo el derecho de tener esos sentimientos. Habrá un porvenir más brillante más adelante, pero ahora yo estoy contigo, no importa lo que pase."

Alguien ha dicho: "La soledad es la palabra más desalentadora del idioma." Hasta Jesús se rodeó de amigos.

Creo que es algo muy vergonzoso que algunos hayan empañado esta hermosa historia tratando de decir que la amistad entre David y Jonatán da una base bíblica para la homosexualidad. Se trataba de una amistad sincera y profunda que trascendía las circunstancias en las cuales se hallaban ambos hombres. Era una relación sana y que honraba a Dios, que él utilizó en la vida de ambos hombres, y aun posteriormente en la vida de sus familiares.

A medida que avanza la conjura, llegamos a la tercera relación en la vida de David: la relación de exaltación o elevación con el pueblo de Israel.

David iba donde Saúl le enviaba y tenía éxito, por lo cual Saúl lo puso al mando de la gente de guerra. Y esto era agradable a los ojos de todo el pueblo y a los ojos de los servidores de Saúl.

1 Samuel 18:5

David nunca había servido en el ejército y menos aun en un cargo oficial de liderazgo. Pero ahora comandaba las tropas y lo hacía tan bien que hasta los servidores del rey estaban impresionados. A pesar de su juventud e inexperiencia, David sabía cómo conducirse con todo el mundo. Los servidores del rey lo querían, las tropas lo seguían, y hasta Saúl lo respetaba, cuando no estaba posesionado de él el espíritu maligno.

Aconteció que mientras ellos volvían, cuando David regresaba de vencer al filisteo, las mujeres de todas las ciudades de Israel salieron para recibir al rey Saúl, cantando y danzando con gozo, al son de panderos y otros instrumentos musicales. Y mientras danzaban, las mujeres cantaban y decían: "¡Saúl derrotó a sus miles! ¡Y David a sus diez miles!"

1 Samuel 18:6, 7

Estaban cantando y danzando en las calles, aplaudiendo y honrando a este joven que había defendido el nombre de su Dios. Si hay una sola frase que describa a la perfección a David en esta etapa de su vida, sería la siguiente:

David tenía éxito en todos sus asuntos, pues Jehovah estaba con él.

1 Samuel 18:14

Como dije antes, el relato dice cuatro veces en este capítulo que David "tenía éxito". Eso me interesó y, por ello, investigué la palabra hebrea *sakal* de la cual se deriva "tener éxito". Entonces descubrí dos ideas interesantes en cuanto al término. Proverbios 10:19 revela la primera: "En las muchas palabras no falta pecado, pero el que refrena sus labios es prudente *(sakal)*." Una persona sabia (que tiene éxito), sabe mantener la boca cerrada. Puede guardar secretos cuando alguien le dice: "Oye, no se lo digas a nadie." Esa es, a propósito, otra de las buenas características de un buen amigo. A un buen amigo se le pueden confiar detalles de nuestra vida, y mantendrá la boca cerrada.

Además, si abre la boca, lo hace con discreción. Esa es una señal de una persona *sakal*. Así era David.

La segunda idea se encuentra en Proverbios 21:11: "Cuando el burlador es castigado, el ingenuo se hace sabio; y cuando el sabio es instruido (*sakal*), adquiere conocimiento." La persona *sakal* es dócil. Así era David. Era sabio porque guardaba sus labios y tenía un espíritu dócil, es decir, dispuesto a aprender. No importa la velocidad del ascenso social o profesional, o lo grande que pueda ser la exaltación, jamás debemos perder nuestra docilidad. Jamás alcanzaremos un nivel donde estaremos más allá de las críticas, o donde no necesitaremos la contribución de los demás. Y, hablando francamente, hay veces cuando nuestras mejores lecciones las aprendemos de nuestros enemigos.

Esto nos lleva a la cuarta relación de David, que fue una relación de antagonismo con Saúl. Recuerde que David no había hecho nada para merecer el trato que Saúl le dio. Era un hombre *sakal*. Sus motivaciones eran sanas, sus acciones eran sanas y su liderazgo era sano, pero se atravesaron los celos de Saúl.

Saúl se enojó muchísimo. Estas palabras le desagradaron, y pensó: "A David le dan diez miles, y a mí me dan miles. ¡No le falta más que el reino!" Desde aquel día en adelante, Saúl miraba con sospecha a David.

1 Samuel 18:8, 9

Primero de Samuel 18:8 dice que "Saúl se enojó muchísimo". La palabra hebrea traducida como "enojó" es muy expresiva. *Charah* significa "arder por dentro". Pudiéramos decir que a Saúl le hervía la sangre.

"Estas palabras le *desagradaron*." La palabra hebrea utilizada aquí significa "agitación interior". Se le revolvió el estómago. A medida que a Saúl le hervía la sangre, sentía como retortijones en el estómago.

Luego, a medida que su temor y preocupación aumentaban, Saúl se puso paranoico: "¡No le falta más que el reino!" Su monólogo se volvió incontrolable: "Oigan, tengo un problema en las manos. El liquidador del gigante se va a convertir en el liquidador del rey. ¿Qué voy a hacer en cuanto a eso?" Saúl le tenía miedo a su propia sombra.

Ese era Saúl: "Desde aquel día en adelante, miraba con sospecha a David." Cuando la imaginación es alimentada por los celos, se impone la sospecha... y cuando se llega a ese punto ocurren cosas peligrosas.

¡David no había hecho nada para merecer esa clase de trato! Le había servido a Dios; había matado al gigante; se había sometido a su superior; se había conducido adecuadamente. De hecho, el versículo 15 dice: "Al ver Saúl que David tenía mucho éxito, le tenía miedo."

¿Por qué razón? Porque Saúl vio que Dios estaba de parte de David, y se dio cuenta de que él no tenía esa clase de poder. Esto era más de lo que podía soportar.

La Biblia es tan práctica, ¿verdad? Los celos son un pecado mortal, y las sospechas con respecto a David lo encadenaron en su propia prisión. La gran meta de Saúl para su vida se distorsionó por operar en ese difícil ámbito de temor, angustia y paranoia. En vez de conducir a Israel a cosas cada vez más grandes y mejores, se concentró en amargarle la vida a David. Como veremos más adelante en los próximos capítulos, el furor de Saúl le hizo perder de vista todos los objetivos sanos y responsables, mientras David, el objeto de sus celos, vivió como un fugitivo... durante años. ¡Qué misericordioso fue Dios al no revelarle a David el sufrimiento de esos trágicos años! Dicho esto, lo dejamos por ahora, y sacamos por lo menos tres importantes enseñanzas para el día de hoy.

RELEVANCIA: NUESTRA VIDA HOY

Primero, *no conocer el futuro nos obliga a tomar un día a la vez*. A eso se reduce la vida de fe. Tal como Jesús lo enseñó: "Basta a cada día su propio mal" (Mat. 6:34).

Segundo, *tener un amigo íntimo nos ayuda a enfrentarlo todo*. Si usted no tiene un amigo así, pídale a Dios que le dé uno, alguien que lo comprenda y que sea una fuente de aliento y apoyo.

Tercero, *ser positivo y prudente es la mejor reacción frente a un enemigo*. Cuando vea venir a su enemigo, no se arremangue sus mangas mentales, pensando en qué golpe le lanzará. Recuerde cómo se condujo David con Saúl. David siguió teniendo éxito simplemente por actuar con prudencia. Y cuando la animosidad contra él aumentó, desapareció del escenario. Prefirió no devolver golpe por golpe o desquitarse.

Por tanto, si usted tiene que codearse con alguien que sea

receloso, ya sea un compañero de habitación, un jefe, un amigo o aun su cónyuge, recuerde el ejemplo de David.

Vivir para Cristo es la aventura más emocionante del mundo, pero es difícil. G. K. Chesterton dijo: "El ideal cristiano ha sido pesado en balanza y hallado falto; ha sido hallado difícil y dejado sin pesar." Es mucho más fácil caerle a golpes al enemigo... planear las formas de devolver golpe por golpe, desquitarse, porque eso satisface nuestra carne. Es mucho más fácil atacar que auxiliar, porque así es nuestra naturaleza. Es más fácil dejar crecer el reconcomio, y cuando la otra persona no nos esté mirando, asestarle el golpe. Pero así no actúa Dios... y no es la mejor forma de actuar."

Todo se reduce a ésto: Andar en victoria es la diferencia entre lo que nos agrada a nosotros y lo que le agrada a Dios. Al igual que David, no debemos claudicar; debemos hacer lo correcto, sin desmayar. Clara y sencillamente, eso es lo que agrada a Dios. A fin de cuentas, es para eso que estamos en este mundo, ¿no?

Capítulo seis

SIN NINGUNA MULETA

En el capítulo anterior, vimos lo irritado y celoso que se puso Saúl cuando escuchó al pueblo cantar alabanzas a David y ver como el joven héroe tenía éxito. Saúl ya no pudo contenerse más.

El escritor H. G. Wells dice de uno de sus extraños personajes, el señor Polly: "Más que un ser humano era una guerra civil." Pienso que esa es una perfecta descripción de Saúl. Se convirtió en una guerra civil viviente, en un ser desdichado, iracundo, envidioso. Por consiguiente, arremetió contra el servidor más leal y digno de confianza que tenía: David.

Aconteció al día siguiente que un espíritu malo de parte de Dios se apoderó de Saúl, y éste desvariaba dentro de su casa. David tañía el arpa con su mano, como lo hacía día tras día, y Saúl tenía una lanza en la mano. Entonces Saúl arrojó la lanza pensando: "¡Clavaré a David en la pared!"

1 Samuel 18:10, 11

Haga una pausa e imagine esa explosiva escena en su mente. Imagine la presión cada vez mayor. Lo más probable es que a usted jamás lo hayan amenazado con quitarle la vida, y mucho menos arrojarle una lanza con la intención de matarlo. Pero aquí nos encontramos con David, haciendo lo más que puede para aliviar el abatimiento del rey, cuando de repente una lanza afilada pasa junto a su cabeza. Inmediatamente se da cuenta de la realidad: "¡Este tipo anda mal de la cabeza! ¡Está chiflado!"

Sin embargo, el versículo siguiente dice: "Saúl temía a David" (18:12). ¿No es curioso? Las mismas personas que quieren destruirnos son muchas veces las que nos tienen miedo. Ese fue precisamente el caso de Saúl con David.

> David tenía éxito en todos sus asuntos, pues Jehovah estaba con él. Al ver Saúl que David tenía mucho éxito, le tenía miedo.
>
> 1 Samuel 18:14, 15

Ahora bien, recuerde por favor, que David no había hecho nada malo. Había sido un ejemplo de humildad, responsabilidad e integridad. Había actuado bien... pero todo ahora le estaba saliendo mal. Dios comienza a quitarle todas las muletas, una por una. Esta debe haber sido una experiencia aterradora para este joven, especialmente porque él no había hecho nada que mereciera un trato semejante.

> Volvió a haber guerra, y David fue y combatió contra los filisteos. El les ocasionó una gran derrota, y huyeron ante él.
>
> 1 Samuel 19:8

Es evidente que David es ahora un oficial del ejército de Saúl, que posiblemente comandaba un batallón o una división de hombres. En ese papel de liderazgo sale a enfrentar a los filisteos y los derrota.

> Entonces un espíritu malo de parte de Jehovah vino sobre Saúl. Y estando él sentado en su casa, tenía su lanza en su mano, mientras David tañía con la mano. Luego Saúl intentó clavar a David en la pared con la lanza, pero David esquivó a Saúl, quien golpeó la lanza contra la pared. Aquella noche David huyó y se escapó.
>
> 1 Samuel 19:9, 10

LA PERDIDA DE CINCO MULETAS IMPORTANTES

Tengamos claro que esta es la segunda vez que Saúl ataca a David con una lanza. Note las palabras: "David huyó y escapó", porque esto es algo que veremos una y otra vez durante esta parte de la vida de David, que se convierte en un patrón, en un medio de supervivencia.

Lo primero que perdió David fue *la muleta de una buena posición*. Había sido incorporado al ejército, había demostrado ser un soldado fiel, y hasta heroico, y ahora todo se esfuma cuando una lanza es arrojada repentinamente contra él. David no volverá a servir jamás en el ejército de Saúl.

La siguiente muleta que Dios le quita es *su esposa*. Todavía no hemos hablado de ella, y por esto debemos regresar un poco a la cronología de la vida de David. Recordemos que Saúl había prometido que el hombre que matara a Goliat recibiría a su hija por esposa. Pero la motivación de Saúl no era pura.

Pero Mical, la otra hija de Saúl, amaba a David. Esto le fue dicho a Saúl, y el asunto le pareció bien. Luego pensó Saúl: "Yo se la daré para que le sirva de trampa y para que la mano de los filisteos sea contra él."

1 Samuel 18:20, 21

Saúl utilizó arteramente a su hija como instrumento, al pedirle a David que pagara una dote que consistía en matar a cien filisteos, esperando quizás secretamente que David muriera en el intento. Pero David logró satisfacer la petición de Saúl, lo cual aumentó su temor de él y el deseo de matarlo.

Después que David huyó de Saúl, se marchó a su casa para estar con su esposa.

Saúl envió mensajeros a la casa de David para que lo vigilasen y le dieran muerte a la mañana siguiente. Pero Mical, su mujer, avisó a David diciendo: "Si no salvas tu vida esta noche, mañana estarás muerto." Entonces Mical descolgó a David por una ventana, y él se fue, huyó y se escapó.

1 Samuel 19:11, 12

David es un fugitivo, que se encuentra huyendo para

escapar de Saúl, y Mical engaña a su padre para que David pueda escapar. El engañador es ahora engañado.

El padre enfrenta a la hija y le dice:
—¿Por qué me has engañado y has dejado escapar a mi enemigo? —le preguntó Saúl a Mical.
—Tuve que hacerlo —contestó Mical [mintiendo]—. El amenazó con matarme si no le ayudaba (19:17, *La Biblia al Día*).

En esencia, la esposa de David se desentendió de él deliberadamente. De aquí en adelante nunca más volverían a vivir en armonía. Su mentira no ayudó a David; sólo profundizó el furor de Saúl contra él. Así, pues, Dios le quitó otra muleta a David: Su esposa.

David se encuentra ahora huyendo por los cerros, tratando de hallar protección. Como es de esperarse, se dirige a Samuel, el hombre que lo había ungido con aceite como el escogido de Dios para suceder a Saúl.

David huyó. Se escapó y fue a Samuel, en Ramá; y le dijo todo lo que Saúl le había hecho. Entonces él se fue con Samuel, y habitaron en Nayot.

1 Samuel 19:18

En una excavación arqueológica realizada hace algún tiempo, los arqueólogos encontraron restos antiguos de lo que llamaríamos condominios, es decir, casas construidas compartiendo paredes, pisos y techos, un verdadero laberinto. Es lógico que Samuel dijera: "Vámonos a Nayot. Ese es la clase de lugar donde no podrán encontrarnos."

Así, pues, David y Samuel se fueron allá juntos, pero no había transcurrido mucho tiempo de su llegada cuando alguien le informó a Saúl: "David está en Nayot, en Ramá." Una vez más, entonces, David se pone en marcha. "Huyó de Nayot, en Ramá,... [y] acudió a Jonatán" (20:1). Esto significa que *perdió a Samuel* como muleta en la cual apoyarse.

Poco a poco, David fue perdiendo todo auxilio, todo aquello que podía servirle de apoyo: Su posición en la corte del rey y en el ejército, su esposa, y ahora Samuel. La estabilidad emocional de David comienza a erosionarse paulatinamente.

El joven guerrero otrora tranquilo y confiado está sintiendo la presión. Esto lo vemos claramente con la siguiente persona que busca: Jonatán, su amigo íntimo. David clama a Jonatán:

—¿Por qué tu padre está tratando de asesinarme? ¿Qué mal he hecho? ¿Qué pecado he cometido? ¿Por que me está haciendo esto, Jonatán?

—Eso no sucederá, amigo mío —le dice Jonatán—. De ninguna manera vas a morir, porque mi padre no hace nada, grande o pequeño, sin antes comunicármelo. Siendo así, ¿por qué habría de esconder de mí algo como esto? ¡Eso no sucederá!

Pero David volvió a jurar diciendo: Tu padre sabe claramente que yo he hallado gracia ante tus ojos y pensará: Que Jonatán no sepa esto, no sea que se entristezca. Ciertamente, ¡vive Jehovah y vive tu alma, que *apenas hay un paso entre mí y la muerte!*

1 Samuel 20:3 (énfasis del autor)

¡Qué aseveración tan dramática! La muerte le estaba siguiendo los pasos. ¿Ha tenido usted la experiencia de estar a un tris de la muerte? Algunos ex combatientes podrían identificarse con la afirmación de David. En mi anterior iglesia había un hombre que tuvo esa clase de experiencia durante la Segunda Guerra Mundial. El cabello se le volvió prácticamente blanco de la noche a la mañana durante una de esas horribles batallas. Esto nos lleva a preguntarnos si quizá David comenzó a tener canas desde muy joven en la vida.

La verdad, por supuesto, es que Saúl aborrecía a David y quería verlo muerto. En un conmovedor intercambio de palabras, David y Jonatán llegan al momento de la verdad y a lo que los obligará:

Entonces Jonatán dijo a David: Vete en paz, porque ambos hemos jurado en el nombre de Jehovah, diciendo: Jehovah sea testigo entre tú y yo, y entre mis descendientes y tus descendientes, para siempre.

1 Samuel 20:42

Después de ponerse de acuerdo en la forma como Jonatán

le hará saber a David si su vida está realmente colgando de un hilo, se separan. El relato de 1 Samuel 20 es muy dramático. En vez de intentar repetirlo aquí, sugiero que interrumpa la lectura de este libro y lo lea directamente de la Biblia. Las escenas son descritas de manera muy expresivas, por lo que bien vale la pena que usted mismo haga la lectura. Finalmente, Jonatán se va en una dirección y David en otra.

¡Qué momento tan dramático fue ese para David! Dios le había quitado su posición, su esposa, a Samuel, y ahora *pierde a su íntimo amigo, Jonatán.*

Después viene el golpe final: *David pierde el respeto de sí mismo.* Esa era su última muleta. En efecto, ese es el punto más bajo al cual puede llegar una persona en su vida.

> Aquel día David se levantó y huyó de la presencia de Saúl, y se fue a Aquis, rey de Gat.
>
> 1 Samuel 21:10

¿A Gat? ¿De verdad que a Gat? Ese era el lugar donde había vivido Goliat, el paladín de los filisteos. Gat era el cuartel general, la capital, el despacho presidencial de los filisteos. ¡Y, precisamente, es David quien va a Gat, buscando al rey!

¿Llamaba la atención? Sin duda alguna. Aquí estaba el hombre que les había matado a su campeón, entrando expresamente al centro de operaciones del enemigo. Como era de esperarse, David es reconocido ipso facto.

> Los servidores de Aquis le dijeron: ¿No es éste David, el rey de la tierra? ¿No es éste aquel a quien cantaban con danzas, diciendo: "Saúl derrotó a sus miles, y David a sus diez miles?"
>
> 1 Samuel 21:11

"Este es nada menos que David. ¿Qué está haciendo aquí?" Pues bien, David no era ningún estúpido; no era un escaso de razón. Pero usted no creerá lo que hizo después. Lea lo que sigue con mucho cuidado... e imagine la escena:

> David tomó a pecho estas palabras y tuvo gran temor de Aquis, rey de Gat. Así que cambió su conducta delante de ellos, fingiéndose loco cuando estaba con ellos. Hacía mar-

cas en las puertas de la ciudad y dejaba caer su saliva
sobre su barba.

1 Samuel 21:12, 13

¡Vaya, ese es David! ¡Nuestro héroe! ¡Echando espumara-
jos por la boca, arañando las puertas, con apariencia de loco,
mientras la espuma le cae por la barba! David había tocado
fondo.

Quiero decirles que cuando nos quitan todas las muletas,
las cosas comienzan a debilitarse. A medida que comienza el
debilitamiento empezamos a pensar de manera diferente, a
sustituir nuestros pensamientos normales por otros extraños,
y a perder de vista la verdad. Es cuando tocamos fondo.

Repito otra vez que nunca debe decirse que la Biblia carece de humor. En medio de toda esta tragedia, Dios nos ofrece
un toque de comicidad:

Dijo Aquis a sus servidores: Si ustedes ven que está loco,
¿para qué me lo trajeron? ¿Es que me hacen falta locos,
para que venga éste a molestarme con sus locuras? ¡Que
no entre en mi casa!

1 Samuel 21:14, 15 (*La Nueva Biblia Latinoamericana*)

"Ya tengo suficientes chiflados en esta corte", grita Aquis.
"¡No me traigan otro más!"

"Deshaganse de él" es lo que esto implica. Ni en el campamento del enemigo podía David encontrar alivio. ¡Aun de allí
lo echaron!

David había tenido una posición, y la perdió. Había tenido
una esposa, y la perdió. Había tenido un sabio consejero, y lo
perdió. Había tenido un amigo, y lo perdió. Había tenido
respeto de sí mismo, y lo perdió. A semejanza de Job, todo esto
lo golpeó una y otra vez con tal fuerza, que la cabeza le debió
quedar dando vueltas durante horas.

A pesar de que han transcurrido varios siglos entre nosotros y David, este hombre y sus experiencias son pertinentes
como nunca en nuestro época. Una de éstas es la experiencia
tan familiar de apoyarnos en personas o en cosas, en vez de
apoyarnos en el Señor. David sabía lo que significaba verse
privado de sus muletas, y eso también lo sabemos nosotros.

Cuando somos niños, nos apoyamos en nuestros padres. En la escuela y en la universidad nos apoyamos en los profesores, en nuestros amigos del grupo de compañeros y hasta en la educación misma. Y al ir tras una meta o un ideal, nos apoyamos en nuestras esperanzas para el futuro. Cuando llegamos a la edad adulta, nos apoyamos en nuestro trabajo o profesión, en nuestro cónyuge o en la seguridad que nos da el dinero. Es posible, también, que nos apoyemos en un amigo mayor que es como un padre maduro para nosotros. Todas estas cosas pueden convertirse en muletas y tener un efecto negativo en nuestra vida. Al decir ésto, me vienen tres advertencias a la mente.

TRES ADVERTENCIAS PARA LOS QUE PREFIERAN LAS MULETAS

Primera: *Las muletas pueden convertirse en sustitutos de Dios.* Deuteronomio 33:27 dice: "El eterno Dios es tu refugio, y abajo están los brazos eternos." Nuestra única fortaleza debe ser Dios; a fin de cuentas, sólo en sus brazos eternos tenemos que apoyarnos.

Isaías 41:10 dice: "No temas, porque yo estoy contigo; no te desalientes, porque yo soy tu Dios. Te fortaleceré, ciertamente te ayudaré, sí, te sostendré con la diestra de mi justicia" *(La Biblia de las Américas).*

Dios dice:
Yo te sostendré. Pero si te apoyas en los demás, no podrás apoyarte en mí. Si te apoyas en las cosas, no te apoyarás en mí. Se convertirán en sustitutos de mí, y entonces no estarás sostenido por mi mano.

Segunda: *Las muletas mantienen horizontal nuestro enfoque.* Cuando usted se apoya en otras personas o cosas, su enfoque es horizontal, no vertical. Se hallará siempre mirando en dirección a las personas, o confiando en ciertas cosas tales como esa atractiva y segura cuenta que tiene en el banco. Estas cosas mantienen horizontal nuestro enfoque. Las muletas humanas paralizan la vida de fe.

Tercera: *Las muletas ofrecen sólo un alivio temporal.* Suena como si estuviera anunciando una medicina para el dolor de cabeza, ¿verdad? Pero eso es lo que realmente hacemos: buscamos un remedio que mitigue, alivie o suavice nuestro dolor. La gente toma cientos de millones de tabletas y cápsulas todos los años para encontrar una experiencia tranquilizante que les permita soportar las tormentas de la vida. Ahora bien, yo no estoy en contra de tomar medicinas o de aceptar ayuda cuando sean necesarias. Lo que estoy diciendo es que cuando recurrimos a ésto habitualmente, en vez de acudir al Señor, los problemas se acrecientan. Dios no da un alivio temporal. El ofrece una solución permanente. Aparte de la Biblia, pocos libros he encontrado más útiles o he leído más veces que *La búsqueda de Dios*, por A. W. Tozer. El mejor capítulo (en mi opinión) se titula: "La bendición de no poseer nada", que es otra forma de decir: "La bendición de perder todas las muletas."

Tozer escribe:

Antes de que el Dios y Señor creara al hombre sobre la tierra, se lo preparó todo creando primero un mundo de cosas útiles y agradables para su deleite y subsistencia. En el relato de la creación que está en Génesis, las cosas son llamadas simplemente "todo". Fueron hechas para el uso del hombre, pero siempre con el propósito de que fueran externas a él y que le sirvieran de ayuda. En lo más profundo del corazón del hombre había un santuario que nadie, sino Dios, era digno de ocupar. Dentro de él estaba Dios; y fuera del hombre, mil dones que Dios había derramado sobre él en abundancia.

Pero el pecado introdujo complicaciones que hicieron que esos mismos dones dados por Dios se convirtieran en una fuente potencial de ruina para el alma.

Nuestros males comenzaron cuando Dios fue echado del santuario que tenía en nuestro corazón y permitimos la entrada de las "cosas". Estas "cosas" se han apoderado del corazón humano. Los hombres no tienen ahora paz en su corazón, puesto que Dios ya no reina allí, sino que en la oscuridad moral en que ahora se encuentra, usurpadores obstinados y agresivos luchan por tener el primer lugar en el trono.

Esta no es una simple metáfora, sino un análisis exacto de nuestro verdadero conflicto espiritual. Hay dentro del corazón humano la fibrosa raíz testaruda de una vida arruinada cuya naturaleza es poseer, poseer siempre; que codicia las "cosas" con una pasión ardiente y profunda. Cuando se escriben, los adjetivos y pronombres "mi" y "mío" lucen inocentes, pero su utilización constante y universal es significativa, porque expresan la verdadera naturaleza del viejo hombre adánico, mejor que mil libros de teología. Son los símbolos verbales de nuestra abismal enfermedad. Las raíces de nuestro corazón se han convertido en cosas, y no nos atrevemos a arrancar una raicilla por el temor a morir. Las cosas se nos han vuelto necesarias, algo que nunca se tuvo la intención de que fuera así. Los dones dados por Dios han tomado ahora el lugar de Dios y todo el curso de la Naturaleza ha sido trastornado por esa monstruosa sustitución...

De que este aferramiento posesivo a las cosas es uno de los hábitos más dañinos de la vida, no cabe la menor duda. Por ser algo tan natural, rara vez se reconoce lo maligno que es; pero sus resultados son trágicos...

La antigua maldición no desaparecerá sin dolor; el viejo terco y codicioso que hay en nuestro interior no se rendirá ni morirá obedientemente. Tiene que ser arrancado de nuestro corazón como una planta de la tierra; tiene que ser extraído con dolor y sangre, como un diente de la mandíbula. Tiene que ser expulsado de nuestra alma con violencia, como Cristo expulsó a los mercaderes del templo. Y tendremos que fortalecernos contra su quejumbrosa mendicidad, reconociéndolo como algo que surge de la autocompasión, uno de los pecados más abominables del corazón humano.

Algunos de los que leen estas páginas estarán en el proceso de quedarse sin muletas en la vida. Cuando el soporte con el que contaban les es arrebatado, significa para ellos mucho dolor e inestabilidad.

Para algunos, puede ser un romance truncado. El hombre o la mujer que sentían que era la elección de Dios se ha ido, y esto hiere profundamente.

Algunos de ustedes han experimentado, o están experimentado, la muerte de su matrimonio. Lo último que creían que podía ocurrirles en este mundo, está ahora sucediendo.

Para algunos, ha sido la muerte de un sueño. Todo aque-

llo que habían planeado y en lo cual habían puesto sus esperanzas, se ha reducido a nada.

Ahora bien, usted tiene una opción: Puede mirar a su alrededor en busca de alguien o algo en qué apoyarse, o puede
apoyarse en Dios SOLAMENTE.
La oración que hace Tozer para cerrar ese capítulo es muy
adecuada aquí:

Padre, quiero conocerte, pero mi cobarde corazón teme
renunciar a sus juguetes. No me puedo separar de ellos sin
sangrar por dentro, y no trato de esconder de ti el terror de
la separación. Por eso vengo temblando ante ti, pero
vengo.
Arranca de mi corazón, por favor, todas esas cosas que
han sido mi deleite por tanto tiempo y que se han convertido en parte de mi vida, para que puedas entrar y morar
allí sin que nada rivalice contigo. Entonces harás que sea
glorioso el lugar donde asientas tus pies. Entonces mi
corazón no tendrá necesidad de que el sol brille en él,
porque tú serás su luz y ya no habrá más oscuridad.
En el nombre de Jesús, amén.

Eso es lo que un hombre puede expresar cuando su esposa
llega a casa y le dice, sollozando: "Cariño, tengo el informe
médico, y es muy probable que se trate de un tumor maligno."
Eso es lo que un padre puede experimentar cuando le
dicen: "Es leucemia" o "es esclerosis múltiple" o "es encefali-
tis". Eso es lo que usted puede sentir cuando recibe la notifi-
cación de despido que dice: "Ya no lo necesitamos más en este
trabajo." O cuando el esposo o la esposa, dice: "Ya no te quiero."

DOS LECCIONES FINALES PARA "LOS QUE NECESITAN DE APOYOS"

1. No hay nada de malo en apoyarse, si usted se apoya total y definitivamente en el Señor. En realidad, los seres
humanos tienen que apoyarse; no se puede transitar
solo la senda de la fe. Por esto es que tenemos a Cristo.
Estamos hechos para apoyarnos en alguien. Usted tiene
un santuario interior dentro de su corazón, y nadie pue-

de ocupar ese santuario como puede ocuparlo él. No hay nada malo en apoyarse, siempre y cuando sea en el Señor.

2. Verse privado de todos los sustitutos es una de las experiencias más dolorosas que hay en esta tierra. No hay nada más doloroso que ser privado de los juguetes del corazón. Por tanto, libérese de ellos antes de que Dios tenga que quitárselos. No convierta en ídolos a sus hijos ni a su pareja. No haga un ídolo de su posición. No convierta en un ídolo ninguna de sus posesiones. Entronice al Señor en su corazón y apóyese solamente en él. David tuvo que aprender ese principio importantísimo, y quizá usted también tenga que hacerlo. Para él fue muy difícil, y puede serlo también para usted.

Capítulo siete

SOLO PARA LOS QUE MORAN EN CUEVAS

Avid había tocado fondo. En un torbellino de sucesos perdió su empleo, su esposa, su hogar, su consejero, su amigo íntimo y, finalmente, el respeto de sí mismo. Cuando lo dejamos en el capítulo anterior, estaba babeando saliva hasta la barba y arañando las puertas del enemigo como un demente. Al darse cuenta de que había sido identificado por los filisteos, fingió estar loco y luego se marchó de la ciudad de Gat sin decir nada. Era una vez más un hombre que huía.

> De allí se fue David y huyó a la cueva de Adulam.
>
> 1 Samuel 22:1

LA CUEVA: COMO SUCEDIO

Este era, hasta ese momento, el período de mayor abatimiento en la vida de David. Si quiere saber cómo se sentía en realidad, simplemente lea el Salmo 142 que compuso en ese tiempo. No tenía ninguna seguridad; no tenía qué comer; no tenía a nadie con quién hablar; no tenía ninguna promesa a la

85

cual aferrarse; y no tenía ninguna esperanza de que las cosas cambiaran. Estaba solo en una lóbrega cueva, lejos de todos y de todas las cosas que amaba. De todos, menos de Dios. Con razón escribió este pesaroso salmo de congoja:

Con mi voz clamo a Jehovah;
con mi voz pido a Jehovah misericordia.
Delante de él derramo mi lamento;
delante de él expreso mi angustia.
Cuando mi espíritu está desmayado dentro de mí,
tú conoces mi senda.
En el camino en que he de andar
han escondido una trampa para mí.
Miro a la derecha y observo,
y no hay quien me reconozca.
No tengo refugio;
no hay quien se preocupe por mi vida.
A ti clamo, oh Jehovah.
Digo: "Tú eres mi refugio
y mi porción en la tierra de los vivientes."
Escucha mi clamor, porque estoy muy afligido;
líbrame de los que me persiguen,
porque son más fuertes que yo.
Saca mi alma de la prisión,
para que alabe tu nombre.
Los justos me rodearán,
porque me colmarás de bien.

Salmo 142

Así es como se sentía David al vivir en una cueva: "No conozco a nadie que se preocupe por mi alma. Estoy muy abatido. Sálvame, Señor."

¿Puede usted sentir la soledad de ese sitio desolado? ¿La humedad de esa cueva? ¿Puede sentir la desesperación de David? ¿Las profundidades en las que se encuentra hundida su vida? No hay escape. No queda nada. Nada.

No obstante, en medio de todo esto, David no ha perdido de vista a Dios, y clama al Señor que lo libre. Aquí podemos ver el mismísimo corazón de este hombre; esa interioridad que sólo Dios ve realmente; esa cualidad invisible que Dios vio cuando escogió y ungió al joven pastor de Belén.

EL RETO: LO QUE IMPLICA

David había sido puesto en la situación en que Dios podía en verdad comenzar a moldearlo y utilizarlo. Cuando el Dios soberano nos reduce a la nada, es para dar un nuevo rumbo a nuestra vida, no para acabar con ella. El punto de vista humano dice: "¡Ah!, has perdido esto y aquello, has causado esto y aquello, has arruinado esto y aquello. ¡Acaba con tu vida!" Pero Dios dice: "No, no. Ahora estás en la cueva, pero ese no es el fin. Eso significa que tienes que reorientar tu vida. ¡Ahora es el tiempo de comenzar de nuevo!"

Eso es exactamente lo que hace con David.

David no pone un letrero anunciando lo que le sucede. A nadie le cuenta su necesidad, excepto a Dios. Está solo en la cueva, y vea lo que Dios hace; vea quiénes vienen a unírsele: "Cuando sus hermanos y toda la casa de su padre oyeron esto [que estaba escondido en una cueva], fueron allá a él" (22:1).

Como recordará, no había transcurrido mucho tiempo desde que su familia hiciera caso omiso de él. Su propio padre casi se había olvidado de su existencia cuando Samuel apareció por su casa buscando un posible candidato para el trono. Samuel tuvo que preguntarle: "¿Son éstos todos los jóvenes?" Isaí se chasqueó los dedos y dijo: "Oh, no, tengo un hijo que cuida de las ovejas." Y más tarde, cuando se dirige al campo de batalla para enfrentarse a Goliat, sus hermanos lo menosprecian, diciéndole: "Sabemos por qué estás aquí. Sólo has venido para que te vean."

Pero aquí lo vemos abatido, al final de la cuerda, sin ningún apoyo... con el alma oprimida. ¿Y quieren saber quiénes vienen a verlo? Esos mismos hermanos y su padre, junto con el resto de la familia.

A veces, cuando estamos en la cueva, no queremos tener a nadie cerca. A veces no podemos soportar estar con la gente. Detestamos reconocerlo públicamente y, de hecho, por lo general no lo hacemos. Pero es cierto. A veces lo único que queremos es estar solos. Y tengo el pálpito de que en ese momento de su vida, David, el morador de la cueva, no quería tener a nadie a su alrededor, porque si él no se valoraba a sí mismo para nada, no creía ser de valor para nadie más.

David no quería tener cerca a sus familiares, pero éstos vinieron a él. No quería que estuvieran allí, pero Dios los trajo de todas maneras. Entraron a rastras en esa cueva para estar con él.

¡Pero vean, no eran los únicos que estaban allí!

También se juntaron con él todos los oprimidos, todos los endeudados y todos los amargados de espíritu. David fue hecho jefe de ellos, y tenía consigo unos 400 hombres.

1 Samuel 22:2

¡Vaya grupo! "Todos los oprimidos" vinieron. La palabra hebrea utilizada aquí, *zuk*, significa no sólo "oprimido" sino además "bajo presión, bajo estrés". Entonces, había cientos de personas bajo presión.

Luego, "todos los endeudados" se dirigieron allí. La palabra hebrea usada aquí, *nashah*, significa "prestar con interés, tener un número de acreedores". Por tanto, eran personas que no podían pagar sus deudas.

Finalmente, estaban "los amargados de espíritu". La expresión hebrea utilizada *maar nephesh*, significa "tener amargura de alma, haber sido agraviado y maltratado". También este grupo vino.

¿Qué significa todo esto? Bueno, que en esos días la nación estaba sufriendo bajo el gobierno de Saúl. Había puesto impuestos demasiado pesados al pueblo y los había maltratado. Era un loco, sujeto a depresiones profundas, y la gente estaba sufriendo las consecuencias. Algunos no pudieron soportarlo más y por eso la cueva de David terminó llena de descontentos. ¿Se lo imaginan? Estar uno en una cueva solo, sintiéndose como un gusano, es bastante malo, ¡pero tener más de 400 gusanos apiñados allí con uno, es un caos!

Pero Dios está obrando aquí. Le está dando un nuevo rumbo a la vida de David. Por supuesto, el hombre está en la cueva, y siente que no vale para nada; se siente inútil, maltratado e incomprendido. Es por eso que está en la cueva. Y antes de que pueda decir pío vienen sus hermanos, al igual que el resto de la familia. Pero antes de que pueda encontrar un lugar para que se sienten, comienzan a llegar extraños de toda clase. No sé cómo corrió la noticia, pero no transcurrió mucho tiempo antes de que hubiera 400 hombres viviendo en esa cueva, viéndolo como su líder.

La cueva dejó entonces de ser el lugar de refugio de David. Parece increíble, pero esa cueva maloliente, fría y húmeda, se convirtió en el centro de entrenamiento de los que fueron el comienzo del ejército que habría de ser llamado "los valientes que tenía David" (2 Sam. 23:8). Es cierto. Esta banda heterogénea llegarían a ser sus valientes en la batalla, y más adelante se convertirían en los ministros de su gabinete cuando llegó al poder. David transformó sus vidas y les inculcó orden, disciplina, carácter y dirección.

David fue vapuleado sin descanso, hasta que no tuvo más alternativa que mirar hacia arriba. Y cuando lo hizo, Dios lo escuchó y le trajo poco a poco a esta banda de desconocidos que finalmente demostraron ser los hombres más valientes de Israel. ¡Vaya!

¡Qué momento tan decisivo en la vida de David fue su decisión crucial de no tirar la toalla! Aceptaría la situación y la utilizaría lo mejor posible. Si había de ser una cueva, que así fuera. Si los que lo rodeaban necesitaban de un líder, él lo sería. ¡Quién hubiera pensado que el siguiente rey de Israel estaba entrenando a sus soldados en una oscura cueva donde nadie los veía y a nadie le importaba! ¡Qué extraño que Dios hiciera esto.. pero con cuánto cuidado lo planificó todo!

David se convierte en una especie de Robin Hood. Su refugio fue el duro desierto de Judea, con sus montañas, cuevas y sus profundos vados. Allí capitaneó a un grupo de inconformistas porque Dios quería convertirlo en un rey inconformista. Israel no vería nunca más a otro rey como David.

Ya vimos el Salmo 142. Veamos ahora otros dos escritos por David: Los Salmos 57 y 34. No sabemos en qué orden los escribió, pero al observar su vida parecen haber sido escritos en orden inverso a la numeración: El 142 cuando estaba en el momento de mayor abatimiento en su vida, el 57 cuando está de rodillas y, finalmente, el 34 cuando está sobre sus pies.

Notemos que el Salmo 57 se titula: "Mictam de David compuesto cuando huyó de Saúl a la cueva." (La nota descriptiva al comienzo de muchos de los salmos indica el autor y su contexto.)

Ten misericordia de mí, oh Dios;
ten misericordia de mí,
porque en ti ha confiado mi alma.

En la sombra de tus alas me ampararé,
hasta que pasen las calamidades.
Clamaré al Dios Altísimo,
Al Dios que me favorece.
El enviará desde los cielos
y me librará... (vv. 1-3)

En este momento, David está de rodillas. Todavía está deprimido, pero por lo menos ha dirigido su mirada al cielo. Ya no está concentrado en sí mismo. Luego dice:

Mi vida está entre leones;
estoy tendido entre hombres que devoran.
Sus dientes son lanzas y flechas,
y su lengua es como espada afilada. (v. 4)

Esto suena como si hubiera sido escrito cuando los extraños comenzaron a apiñarse en la cueva. Si usted alguna vez ha trabajado con revoltosos, sabe que esto es verdad. Son un grupo de personas desagradecidas, toscas y atolondradas, tan abrumadas por sus propias necesidades que no le prestan atención a las necesidades de los demás.
Luego David le dice a Dios:

¡Seas exaltado sobre los cielos, oh Dios...
Mi corazón está firme, oh Dios...
cantaré y entonaré salmos...
¡Seas exaltado sobre los cielos, oh Dios;
y sobre toda la tierra, tu gloria! (vv. 5, 7, 11)

¿Podemos ver dónde están los ojos de David, ahora? "¡Seas exaltado, oh Dios!" En el Salmo 142, él esta diciendo: "Estoy en la cueva. Ya no hay una salida para mí. No hay nadie a mi derecha ni a mi izquierda. No tengo a nadie que se preocupe por mí." Pero ahora en el Salmo 57, dice: "Ten ahora misericordia de mí, oh Dios. Ya llegué al límite. Ya no doy más. Suple mis necesidades."
Está proclamando su declaración de independencia.
Veamos ahora el Salmo 34, que yo creo que fue el tercer salmo que escribió estando en la cueva. ¡Qué cambio tan grande se ha producido en David! Dice:

Bendeciré a Jehovah en todo tiempo;
su alabanza estará siempre en mi boca. (v. 1)

Después vemos que los hombres de David se volvieron sumamente hábiles con la espada y con el arco y la flecha. Evidentemente, habían tenido sesiones de entrenamiento. Aprendieron a "ponerse las pilas" en la batalla. Desarrollaron disciplina en las filas. Puede que hayan sido inconformistas, pero se estaban convirtiendo en hábiles cazadores y valerosos combatientes.

Por eso David, al ver a sus hombres desfilar y utilizar con pericia la espada, la lanza y el arco, les dice: "Engrandeced a Jehovah conmigo; ensalcemos juntos su nombre" (v. 3). Está poniendo sus ojos en el Señor: "Yo busqué a Jehovah, y él me oyó, y de todos mis temores me libró" (v. 4).

A los afligidos de su grupo les dice: "Probad y ved que Jehovah es bueno. ¡Bienaventurado el hombre que se refugia en él!" (v. 8).

A los que están endeudados les dice: "Temed a Jehovah, vosotros sus santos, porque nada falta a los que le temen" (v. 9).

A los revoltosos les dice: "Los leones tienen necesidades y sufren hambre, pero los que buscan a Jehovah no tendrán falta de ningún bien" (v. 10).

Y, por último, da una especie de lección resumida a todo el grupo: "Muchos son los males del justo [oscuridad y soledad son las cuevas de los justos], pero de todos ellos lo librará Jehovah" (v. 19).

EL CAMBIO: POR QUE SUCEDIO

¿Por qué ocurrió un cambio tan grande en la vida y en la actitud de David?

Primero: *Porque sufrió lo suficiente como para reconocer su necesidad.* Cuando sufrimos, necesitamos decírselo a alguien, y especialmente al Señor. David sufrió lo suficiente como para reconocer su necesidad.

Hace algunos años, leí el conmovedor relato de un hombre en su intento de lograr que un grupo de catorce hombres y mujeres de su iglesia se comunicaran entre sí a un nivel menos superficial. Varios de ellos habían estado asistiendo a la iglesia durante años sin conocer los sentimientos personales de los otros.

En su intento por ayudarles a aprender cómo comunicarse entre sí a un nivel más profundo, el hombre propuso que varios de los del grupo contaran algunos incidentes que les habían ocurrido en el pasado, que les habían servido de ayuda en la formación de su personalidad. Para su decepción, los catorce relataron sólo experiencias y sentimientos positivos. Sin embargo, cuando se aproximaba el final de la reunión, una mujer joven comenzó a expresar sus sentimientos de inseguridad, inferioridad y angustia. Terminó diciendo que lo único que ella quería era tener lo que todas las demás personas del grupo ya habían logrado.

El hombre cuenta: "Nos quedamos anonadados por la realidad que nos había acercado irresistiblemente a esta débil y totalmente indefensa joven. Eramos nosotros quienes necesitábamos lo que ella ya tenía: La capacidad de ser sinceros, directos y honestos de una manera vulnerable. Cuando recorrí con la mirada al grupo supe que —de alguna manera, gracias a que esta honesta mujer sin ninguna sofisticación teológica había roto su silencio y su empaque y nos había comunicado una sinceridad total— a partir de ese momento habíamos comenzado a convertirnos en uno en Cristo Jesús."

David había sufrido lo suficiente como para reconocer su necesidad.

Segundo: *Porque fue lo suficientemente honesto para clamar por ayuda.* Nuestra generación ha vivido bajo una apariencia superficial por tan largo tiempo, que prácticamente no sabemos cómo clamar por ayuda. Pero Dios honra tal vulnerabilidad. Lo hizo antes... y lo sigue haciendo ahora.

Tercero: *Porque fue lo suficientemente humilde para aprender de Dios.* ¡Qué trágico es que podemos vivir en cueva tras cueva y nunca aprender de Dios! ¡Pero eso no le ocurrió a David! Me encanta la absoluta humildad de este hombre. Si hay que vivir en una cueva, aceptémoslo. ¡La convertiremos en un lugar de entrenamiento para el futuro!

Al observar la vida de David en ese tiempo, no puedo menos que reflexionar en Jesús y su venida de la gloria del cielo para acoger a una multitud de revoltosos y pecadores como nosotros.

Algunos de nosotros estamos viviendo en una cueva emocional, lúgubre y deprimente, molesta y decepcionante. Pero quizá la parte más difícil de todas sea nuestra incapacidad de decirle la verdad a los demás porque es tan desesperante... tan triste. Me desagrada la filosofía que dice que la vida cristiana es todo color de rosa. ¡No lo es! A veces la vida cristiana es también una cueva oscura y profunda.

Recordemos que la conversión de un alma es el milagro de un instante, pero que la formación de un santo es la tarea de toda una vida. Que Dios no se rinde aunque estemos en una cueva. Y que él no ha acabado de hacer su obra en nosotros, aunque hayamos descendido a la depresión más profunda.

A veces uno siente que la vida es como un viento seco e inhóspito del desierto, y que algo dentro de nosotros comienza a marchitarse. Otras veces se parece más a una fría llovizna que nos penetra los poros, que nos aturde el espíritu y que envuelve en niebla la senda que hay frente a nosotros. ¿Qué será lo que hay en el desánimo que le quita a la vida el gozo y que nos deja sintiéndonos vulnerables e indefensos?

Bueno, yo no sé todas las razones; no sé siquiera la mayoría de ellas. Pero sí sé una de las razones: Que no tenemos un refugio. Pensemos ahora en eso. En estos días resulta difícil encontrar albergues, pero todos necesitamos refugios donde cobijarnos cuando nos sentimos golpeados y abatidos por la tormenta.

Tengo un antiguo compañero de la vida militar que aceptó a Cristo como su Salvador y Señor hace varios años, después de dejar la unidad. Permítame decirle que cuando supe lo de su conversión me sentí maravillosamente sorprendido, ¡aunque anonadado sería una palabra mejor! El era uno de esos tipos que uno jamás imaginaría interesado en las cosas espirituales. Soltaba palabrotas, bebía a más no poder, era pendenciero y perseguía a las mujeres. Le encantaban las armas y detestaba los servicios de capilla. En opinión del sargento instructor, el hombre era un buen infante de marina. ¿Pero qué en cuanto a Dios? Pues bien, para no decir algo peor, él y Dios no se trataban cuando le conocí.

Cuando volvimos a encontrarnos y hablamos de su experiencia de salvación, frunció el ceño, me miró fijamente a los ojos, me puso la mano en el hombro y me dijo:

"Chuck, lo único que añoro es la vieja camaradería que solía tener con mis compañeros de uniforme en la taberna de la base. Nos sentábamos juntos, reíamos, contábamos historias, nos tomábamos unas cuantas cervezas, y abandonábamos toda reserva... ¡Era estupendo!" Tras hacer una pausa, continuó diciendo con un ligero titubeo al comienzo: "Yo... yo no he encontrado todavía nada que tome el lugar de esos buenos tiempos que solíamos disfrutar. Tampoco a nadie a quien contarle mis faltas... a alguien que me rodee con su brazo y me diga que siga adelante, que el Señor me ama, me perdona y me sigue tendiendo la mano."

¿Sabe una cosa? Se me revolvió el estómago cuando escuché esto. No porque lo que me dijo me escandalizara, sino porque realmente tenía que reconocer que era así. Este hombre necesitaba un refugio, alguien que lo escuchara.

Ese incidente me recordó algo que había leído hace varios años:

La taberna del vecindario es posiblemente la mejor mistificación que hay del compañerismo que Cristo quiere enseñarle a su iglesia. Es una imitación que ofrece licor en vez de gracia, escape en vez de realidad, pero es un compañerismo permisivo, lícito y aceptado que no es motivo de escándalo, y es democrático. Uno puede contarle sus secretos a las personas y éstas no se los cuentan a los demás, porque además no tienen el deseo de hacerlo. La taberna prospera, no porque la mayoría de las personas son alcohólicas, sino porque Dios ha puesto en el corazón humano el deseo de conocer y ser conocido, amar y ser amado y, por eso, son tantos los que buscan la imitación al precio de unas cuantas cervezas.

Creo, con todo mi corazón, que Cristo quiere que su iglesia sea... una comunidad fraternal en la que la gente pueda venir y decir: "Estoy acongojado", "Estoy por el suelo", "Ya no doy más".

Permítame ahora ser dolorosamente específico con usted. ¿A quién busca usted cuando su vida toca fondo? ¿O cuando enfrenta un problema que es embarazoso... y hasta quizá escandaloso?

Usted acaba de descubrir que su hijo es un homosexual activo. ¿A quién acude? Su pareja está hablando de separación o de divorcio. Su hija se ha fugado de la casa por cuarta vez... y esta vez usted tiene el temor de que esté embarazada. ¿Qué hace cuando ha perdido su empleo y sabe que fue por su propia culpa? ¿O que ha hecho un mal negocio que le ha costado mucho dinero? ¿A quién busca cuando su padre o su madre son alcohólicos? ¿O cuando descubre que su esposa no le es fiel? ¿A quién acude cuando reprueba el examen de ingreso o arruina la entrevista? ¿A dónde va cuando lo meten en la cárcel por haber infringido la ley?

Usted necesita un refugio. Alguien que escuche. Alguien que entienda. Necesita una cueva donde meterse.

¿Pero a quién acude cuando no tiene a nadie a quien contarle sus cuitas? ¿Dónde encuentra aliento?

David experimentó esto y se volvió al Dios vivo en quien encontró descanso y alivio. Cuando estaba arrinconado, golpeado por la adversidad, y luchando contra el desaliento y la desesperanza, escribió estas palabras en su diario de aflicción: "En ti, oh Jehovah, me he refugiado" (Sal. 31:1).

Sin fuerzas y con el alma herida, David clama ante Dios su necesidad de "refugio". La palabra hebrea habla de un lugar de protección, de seguridad, de resguardo y de aislamiento. Le dice al Señor que él —Jehovah Dios— es su refugio. En él encontró aliento el hombre angustiado.

Ahora bien, una pregunta final y de suma importancia: ¿Por qué necesitamos un refugio? Al leer en su totalidad otro salmo (el 31), hallo tres respuestas a esta pregunta.

Primera: *Necesitamos un refugio porque estamos afligidos y la congoja nos acompaña*. Usted conoce estos sentimientos, ¿verdad? Sus ojos están enrojecidos por el llanto. La pesada carga de la congoja lo presiona, y la depresión, esa serpiente de la desesperanza, se desliza silenciosamente por la puerta trasera de su alma. En ese momento es cuando necesitamos un refugio.

Segunda: *Necesitamos un refugio porque somos pecadores y el sentimiento de culpa nos acusa*. En estas palabras hay contenido mucho dolor, vergüenza y sentimientos como "es mi culpa", "la falta es mía". ¡Qué palabras tan difíciles de ahogar!

Atormentados y perseguidos por la congoja que nosotros mismos nos hemos causado, buscamos con desesperación un lugar donde escondernos. Pero quizá el golpe más devastador de todos nos lo asestan los demás.

Esto nos conduce a la siguiente razón por la cual necesitamos un refugio:

Tercera: *Necesitamos un refugio porque estamos rodeados de adversarios y la incomprensión nos asalta.*

Cuando somos torturados por la murmuración de los demás, nos sentimos como un ratón herido y sangrante en las garras de un gato hambriento. El pensar en lo que los demás están diciendo de nosotros es más de lo que podemos soportar. El chismorreo (hasta la palabra es silbante) nos da el empujón final cuando nos esforzamos por mantenernos vivos en la precariedad de la desesperanza.

La gente desanimada no necesita críticos. Ya es suficiente con lo que están sufriendo. No necesitan que aumente su sentimiento de culpa ni que se les intensifique la angustia. Lo que necesitan es aliento. En una palabra: necesitan un refugio, un lugar donde ocultarse y sanar. Necesitan a alguien bien dispuesto, solícito, disponible. A un confidente, a un compañero de lucha. ¿No pueden encontrarlo? ¿Por qué no acudir al refugio de David? A Aquel a quien él llamó "mi Fortaleza... mi Roca Fuerte... Castillo mío".

Hoy lo conocemos por otro nombre: Jesús. El sigue estando a nuestra disposición... hasta de los que moran en cuevas, de los ansiosos de compañía que necesitan de alguien que se interese por ellos.

Capítulo ocho

LA TENTACION MAS SUTIL DE LA VIDA

Aunque era grande en estatura, en carácter Saúl era pequeño. Era tan pequeño, en realidad, que no podía soportar que alguien mucho menor que él en edad y experiencia estuviera por encima de él, tanto en arrojo como en popularidad. Fue por esto que David se vio obligado a convertirse en un fugitivo en el desierto de Judea, y a dedicarse a entrenar a una banda de guerrilleros que había crecido hasta ser de 600 hombres. Mientras tanto, Saúl estaba trabajando tiempo extra para encontrar a David... y asesinarlo.

David se quedó en el desierto, en los lugares de difícil acceso; se quedó en las montañas del desierto de Zif. *Saúl lo buscaba todos los días*, pero Dios no lo entregó en su mano.
1 Samuel 23:14 (énfasis del autor)

Dios estaba preparando a David para una nueva clase de papel en el trono de Israel, pero él no lo sabía. Lo único que sabía durante estos años —no meses, sino años— es que el rey Saúl le estaba siguiendo los pasos día tras día, esperando sorprenderlo en una situación vulnerable para hacerlo desaparecer de la tierra. Y no era sólo a David a quien temía: Todo el ejército de Israel estaba comprometido a darle muerte a David.

Entonces Saúl convocó a todo el pueblo para la batalla, para descender a Queila y sitiar a David y a sus hombres.

1 Samuel 23:8

En eso, justo en el momento en que parecía que Saúl y su ejército tenían rodeado a David y a su banda, Saúl recibe la noticia de que los filisteos habían atacado por sorpresa el país. Por lo tanto, interrumpe su persecución y regresa para ocuparse del problema de los filisteos. Una vez más, los perversos planes de Saúl habían sido frustrados.

De allí David subió y habitó en los lugares de difícil acceso de En-guedi.

1 Samuel 23:29

En-guedi, que significa "el manantial de la cabra" era un escondite perfecto para David. Yo he estado en En-guedi, y el lugar no ha cambiado mucho desde los tiempos de David. Era un oasis en el desierto, donde había manantiales de agua dulce, cascadas, una vegetación lujuriante e innumerables cuevas en los rocosos riscos de caliza, en las alturas del mar Muerto. En-guedi era un lugar perfecto para esconderse, ya que ofrecía agua, protección, y un punto de observación natural desde donde se podía observar varios kilómetros a la redonda y protegerse contra la aproximación del enemigo.

David y sus hombres se refugiaron entre las rocas y cuevas de En-guedi. Estas cuevas eran como agujeros en los riscos y eran ideales para camuflar su presencia. En la batalla, los lugares altos son siempre superiores a los más bajos, y es allí donde se encontraba David: En los lugares altos.

Aquí encontramos, pues, a David, seguro y a salvo, y con abundancia de agua. Saúl termina su confrontación con los filisteos y regresa en persecución del hombre por quien su corazón arde de odio.

UNA SITUACION UNICA

Sucedió que cuando Saúl volvió de atacar a los filisteos, le avisaron diciendo: "He aquí que David está en el desierto de En-guedi." Entonces Saúl tomó a 3.000 hombres escogidos de todo Israel y fue en busca de David y de sus hombres, por las cumbres de los peñascos de las cabras monteses. En el camino, Saúl llegó a un redil de ovejas donde había una cueva, y entró allí para hacer sus necesidades. David y sus hombres estaban sentados en la parte más recóndita de la cueva. Y sus hombres dijeron a David: Este es el día del cual te dijo Jehovah: "He aquí, yo entregaré a tu enemigo en tu mano, y harás con él lo que te parezca bien."

1 Samuel 24:1-4

La Biblia es un libro que cuenta toda la verdad, y este excepcional relato es una prueba evidente. En medio de su frenético deseo de venganza, Saúl escucha el llamado de la naturaleza, por lo que se encuentra de cuclillas en la intimidad de una cueva, pero no de cualquier cueva. Llega justo a la entrada de la cueva donde están escondidos David y sus hombres. ¡Qué vulnerabilidad! El que lo vieran en ese momento era ya bastante embarazoso, pero estar en la mismísima presencia del enemigo, ¡eso sí que era terrible!

Si usted alguna vez quiere probar la carnalidad de una persona, pregúntele qué haría cuando viera que su enemigo está en una situación vulnerable. A menos que sea una persona de Dios, le dirá que hay que asestarle un golpe cuando se le presente la oportunidad.

Eso es lo que dijeron los hombres de David: "Oye, esta es tu oportunidad. Esta es la forma como Dios te ha dado la ocasión de que llegues a la posición que él te ha prometido."

Recuerden que estos hombres habían sido entrenados para pelear, y aquí estaba su enemigo en su momento más vulnerable: "¡Es todo tuyo, David! ¡Aprovecha la oportunidad!"

UNA TENTACION SUTIL

Un momento como ése es lo que yo llamo "el acicate de la voluntad de Dios". Cuando queremos realmente hallar apoyo para una de nuestras ideas, decimos: "El Señor me dirigió a hacerlo." (Al Señor se le responsabiliza de muchas cosas con las que él no tiene nada que ver.)

Ellos le dijeron: "Dios te lo ha puesto aquí, David. Aquí tienes una espada."

¿Qué hace, entonces, David? "Se levantó y cortó el borde del manto de Saúl, sin ser notado" (24:4).

¿Puede imaginarlo? (Sé que usted está sonriendo.) Saúl estaba allí haciendo sus necesidades, mirando hacia afuera de la cueva, y David se coloca a hurtadillas detrás de él y con mucho sigilo ¡le corta un pedazo del manto!

Pero en vez de contemplar con satisfacción perversa, o de gloriarse por lo que ha hecho, David se inquieta. Dice que su corazón le golpeaba, que es otra forma de decir que su conciencia lo molestaba. Lo afligía su conciencia. "¿Por qué?" se preguntarían muchos. Pudo haber matado a Saúl, pero no lo hizo. Lo único que hizo fue cortar parte del manto del rey. ¿Por qué tanto aspaviento? ¿A quién le importa una parte del manto? Bueno, el borde no iba a quedar más parejo. ¿Pero quién iba a notarlo?

Quiero decirle que así es como racionalizamos las cosas cuando cedemos a la tentación. "¿A quién le importa que usted se haya apropiado de una cosita de su empresa? Tienen bastante. Hombre, tuvieron una ganancia de millones el año pasado. No notarán la falta de estos útiles de escritorio."

Un amigo mío, que ha comenzado a caminar seriamente con Dios, me dijo: "Cuando llegué al punto de que no podía apropiarme de ni siquiera un lápiz, supe que Dios había penetrado de verdad en lo más profundo de mi vida." Lo que es de su empresa no le pertenece a usted.

No es cierto que exista un paso "pequeño" en el camino a la tentación o en la senda a la venganza y a la toma de represalias. Aun un pequeño paso en esa dirección, es un paso equivocado.

David había cortado parte de la ropa del rey y comenzó entonces a experimentar un justificado sentimiento de culpa. Lo que sucede es que, cuando queremos realmente caminar con Dios, deseamos estar bien en todos los detalles. Nos preocupan aun las cosas pequeñas. La conciencia nos molesta cuando respondemos con brusquedad, aunque se trate de una breve palabra. Tenemos que rectificar lo dicho. No podemos ser indiferentes ante lo hecho. Es cuando no hacemos nada para remediarlo, y nos decimos a nosotros mismos: "Esto no tiene importancia", que tomamos el camino que nos meterá en problemas hasta el cuello. David dijo: "Lo que hice no estuvo bien; no puedo hacer tal cosa." Se sentía preocupado.

Y David dijo a sus hombres: Jehovah me libre de hacer tal cosa contra mi señor, el ungido de Jehovah: que yo extienda mi mano contra él, porque él es el ungido de Jehovah.

1 Samuel 24:6

Hace años, cuando estaba en la Infantería de Marina, nos enseñaron lo siguiente: "Ustedes no saludan al hombre; saludan al rango. Si es un capitán, aunque sea un libertino, lo saludan por causa del rango, porque es un oficial."

Eso es lo que David está diciendo aquí: "¡Saúl es el rey! Este es el rey ungido. No importa lo injusto que haya sido conmigo, no tengo ningún derecho a hacerle un daño."

Por tanto, la segunda cosa que hizo David fue enunciar un principio justo. ¿Estaba Saúl equivocado? ¡Por supuesto que sí! ¿Era responsabilidad de David hacer justicia por su cuenta? No. *Era responsabilidad de Dios.* David lo entendió así. Se dio cuenta de que, aun con la pequeña burla cometida, había estado actuando en la carne. "Lo que hice no es correcto", dice. "Aquí hay un principio justo que estoy quebrantando."

Entonces David reprimió a sus hombres con palabras y no les permitió que atacasen a Saúl. Luego salió Saúl de la cueva y continuó su camino.

1 Samuel 24:7

Me encanta este versículo. Vemos aquí a un hombre que hizo lo correcto y que logró que todo el grupo lo apoyara. Los reprimió con sus palabras. El significado literal aquí, por extraño que parezca, es "despedazó". Los despedazó con sus palabras. Es la misma palabra hebrea utilizada en Isaías 53:5 donde dice: "Fue herido por nuestras transgresiones." Su significado es: "taladrado, desgarrado, hecho pedazos."

Tengo el presentimiento de que los hombres de David no aceptaron aquello de buena gana, diciéndole mansamente:

—¿Crees que debiste haber actuado así?

—No, en realidad no.

—Bueno, está bien, David.

No, el diálogo debió ser bastante acalorado.

—¡No seas tonto, David!

—¡Oye, lo que hiciste no estuvo bien!

—¡David, ese tipo se ha valido de todo para quitarte la vida!

—¡Oigan, yo no puedo hacer eso!

Discutieron de lo lindo, pero David defendió un principio justo hasta convencerlos.

Recuerde ésto cuando se encuentre en una situación en la que no sabe qué hacer. Quizás se le presente en su profesión, o en la manera como ha empezado alguna actividad lucrativa; o quizás en la manera como ha hecho sus estudios o mantenido un estilo de vida. Usted ha comprometido sus convicciones dejándose llevar por las sutilezas de la racionalización, y ha empezado a flaquear. Pero Dios le dice:

—No debes hacerlo. Regresa a donde debes estar.

—Bien, ¿pero qué pensarán ellos?

Oiga, ¡quién sabe a quiénes podría convencer si anduviera con Dios! Pocas cosas son más contagiosas que un estilo de vida piadoso. La gente con la que usted se codea a diario necesita esa clase de reto. Sin mogijaterías. Sin sermonear. Sólo una vida sana fuera de serie, profundamente íntegra, sin hipocresías, como Dios manda. Con obediencia auténtica a Dios.

David convenció a los hombres porque, en tercer lugar, tenía absoluta confianza en Dios. Luchó con su sentimientos de culpa, se mantuvo fiel en la defensa de un principio justo, y luego se mantuvo firme con la absoluta confianza de que Dios se encargaría de la situación, aun a pesar de la oposición. "Mía es la venganza, yo pagaré" (Deut. 32:35) dice el Señor. Y David puso su confianza en ésto.

Salomón, el hijo de David, escribiría más tarde en sus Proverbios: "Cuando los caminos del hombre le agradan a Jehovah, aun a sus enemigos reconciliará con él" (16:7). ¡Esa es una tremenda promesa! Sin embargo, la palabra "fácil" no está en Proverbios 16:7. Es cierto, pero no es fácil.

Usted me dirá:

—Chuck, a partir de hoy voy a vivir para Dios.

Y yo le respondo:

—Muy bien, magnífico, prepárese entonces para pelear la batalla, porque está rodeado por gente que no vive para él.

Aun en las universidades y seminarios cristianos, usted estará rodeado de personas que viven carnalmente. Puede involucrarse en la obra misionera transcultural y estar rodeado de personas que viven carnalmente; de gente competitiva; de personas empeñadas en lograr sus propios objetivos; de gente egoísta. Allí es donde la batalla se pone buena. "Cuando los caminos del hombre le agradan a Jehovah, aun a sus enemigos reconciliará con él." Todo el valor de este relato gira en torno a la defensa de un principio.

Observe lo que hizo luego David en cuanto a lo sucedido:

Después David se levantó, salió de la cueva y gritó detrás de Saúl diciendo: ¡Mi señor el rey! Cuando Saúl miró atrás, David inclinó su rostro a tierra y se postró.

1 Samuel 24:8

Saúl termina su asunto en la cueva, sale de ella, y quizás se dirige a la hondonada que está en el otro lado. Más o menos al mismo tiempo, David sale de la cueva respirando fatigosamente, con el pedazo de tela del manto en la mano, y le grita al rey, que se encuentra al otro lado del barranco. No sólo alerta al rey, su implacable enemigo, sino que también se inclina delante de él.

UNA CONVERSACION POCO COMUN

Entonces David preguntó a Saúl: ¿Por qué escuchas las palabras de los hombres que dicen: "He aquí que David busca tu mal"?

1 Samuel 24:9

¡Un momento! ¿Qué es lo que está haciendo?

Esto es muy, muy importante. Con David se está cometiendo una injusticia, y cuando han sido injustos con nosotros, es necesario declarar la verdad. Tenemos la responsabilidad de decirle la verdad al enemigo, quienquiera que éste sea. No podemos cambiar a nuestro enemigo, pero puede tener la seguridad de que él entenderá las evidencias objetivas.

Nuestra tendencia es decir: "Ah, dejémoslo así. Todo saldrá bien." Pero David no lo dejó así, sino que dijo: "Rey Saúl, estás escuchando malos consejos. Te están contando mentiras acerca de mí. ¿Por qué les haces caso?" Luego agregó: "¡Déjame darte una prueba, verbal y visual, oh rey!"

> He aquí, tus ojos han visto en este día cómo Jehovah te ha puesto hoy en mi mano en la cueva. Me dijeron que te matara, pero yo tuve compasión de ti y dije: "No extenderé mi mano contra mi señor, porque él es el ungido de Jehovah." ¡Mira, padre mío! Mira el borde de tu manto en mi mano. Yo corté el borde de tu manto, pero no te maté. Mira, pues, y reconoce que no hay maldad ni rebelión en mí. Yo no he pecado contra ti, pero tú andas a la caza de mi vida, para quitármela.
>
> 1 Samuel 24:10, 11

David le dice a Saúl toda la verdad pura y sencilla; se lo dice a la persona a quien más le importaba, no a sus compañeros, ni a los amigos de Saúl, ni al pueblo de Israel, sino a Saúl mismo. Le pone las cosas en claro a la persona que está peleando contra él. Luego le dice:

> Que Jehovah juzgue entre tú y yo, y que Jehovah me vengue de ti; pero mi mano no será contra ti.
>
> 1 Samuel 24:12

David no estaba exhibiendo su justicia delante de Saúl. El no era así, sino que era íntegro. Le dice: "Pude haberte quitado la vida, Saúl, pero no lo hice. Aquí está la prueba: Cuando estuviste vulnerable no te maté. Dejaré que sea Dios quien juzgue entre tú y yo."

Veamos ahora la respuesta de Saúl:

> Saúl entonces dijo: ¿Eres tú, hijo mío David? y rompió a llorar. Tú eres mejor que yo, porque me has pagado bien por mal. Sí, tú has sido muy misericordioso conmigo en este día, porque cuando Jehová me entregó en tus manos, no me mataste. ¿Quién otro dejaría escapar a su enemigo cuando lo tiene en su poder? Que Jehová te recompense bien por la bondad que me has mostrado en este día.
>
> 1 Samuel 24:16-19 (*La Biblia al Día*)

¡Qué ejemplo vivo del proverbio: "Cuando los caminos del

hombre le agradan a Jehová, aun a sus enemigos reconciliará con él."

Un momento ahora, por favor, regresemos a la realidad. Este es un caso de estudio. Quisiera poder prometerle que cuando usted hace lo correcto, el enemigo siempre verá inmediatamente el error que ha cometido, se arrepentirá y lo verá a usted con otros ojos, pero no puedo hacer esa clase de promesa. Usted tiene la responsabilidad de decirle la verdad a una persona, pero es imposible hacerla cambiar de opinión. Es posible que pase toda su vida creyendo la mentira, pero usted, en lo más profundo de su corazón, conocerá la satisfacción que da la sensación de haber actuado con justicia. Su conciencia estará limpia.

Saúl dice entonces: "Eres mejor que yo, David. Ahora lo entiendo todo."

Hasta reconoció que David sería el próximo rey. La escritura estaba en la pared.

Ahora, he aquí yo sé que tú ciertamente has de reinar y que el reino de Israel ha de ser estable en tu mano.

1 Samuel 24:20

Saúl lo reconoció: "Tú eres el hombre, David, no yo." Y luego le pidió un favor a David.

En aquellos días, cuando era derrocada una dinastía, el nuevo gobierno exterminaba a todos los miembros de la anterior. Por eso, después de reconocer que David sería el próximo rey, Saúl le rogó por su familia.

Ahora pues, júrame por Jehová que no eliminarás a mis descendientes después de mí, ni borrarás mi nombre de mi casa paterna. David se lo juró a Saúl, y Saúl regresó a su casa. Entonces David y sus hombres subieron a la fortaleza.

1 Samuel 24:21, 22

Años después, como veremos, David cumpliría con esa promesa. Por ahora, sin embargo, David no regresó con Saúl, sino que él y sus hombres se fueron a la fortaleza, y fue sabio

al hacerlo. Conocía a Saúl muy bien, y tenía razón. No trans-
curriría mucho tiempo antes de que Saúl persiguiera de nuevo
a David.

UNA ENSEÑANZA PRACTICA

Todo esto me conduce a tres principios útiles que deben
ser tomados en cuenta cuando se trata de la tentación más
sutil de la vida. Vale la pena recordarlos cuando seamos vícti-
mas del maltrato.

En primer lugar, *puesto que el hombre está corrompido,*
espere ser maltratado. La misma naturaleza que latía en el
corazón de Saúl, late en el corazón de los demás, incluso en el
nuestro. Si vivimos según las tendencias de la carne, reaccio-
naremos como Saúl.

O, si usted es la persona que está dando el maltrato o el
agravio, reconózcalo y llámelo pecado.

En segundo lugar, *puesto que el maltrato es inevitable,*
espere tener sentimientos de venganza. No estoy diciendo que
tome venganza, sino que prevea los deseos de venganza, porque puede estar seguro de que los tendrá. Es la naturaleza de
la bestia.

Manejar el maltrato no es fácil, razón por la cual la verdad de Jesús es tan revolucionaria: "Y como queréis que
hagan los hombres con vosotros, así también haced vosotros
con ellos" (Luc. 6:31), *no como ellos nos hacen sino como quere-*
mos que nos hagan. Son muy escasas las personas que no toman venganza, o que por lo menos no quieran tomarla.

En tercer lugar, *puesto que el deseo de venganza es previsi-*
ble, niéguese a luchar carnalmente. Fue por esto que David
salió ganando. Sus hombres le dijeron: "Mátalo", y él casi lo
hizo, de eso estoy convencido. Pero cuando se acercó al rey
Saúl, le entró miedo y se limitó a cortarle un pedazo del manto
en lugar de hundirle el cuchillo en la espalda. Después hizo lo
correcto.

Dejemos por ahora esta escena antigua y veamos claramente la verdad de esto en la actualidad. Si usted está resentido por la forma como ha sido tratado por alguien, si siente
rencor por esa persona, esperando la oportunidad de desquitarse o de pagarle con la misma moneda, necesita pedirle a
Dios que lo libre de esa esclavitud. ¡El secreto llano y simple

es el perdón! Reclame el poder de Dios para perdonar a través de Jesucristo. Comience por pedirle perdón a Dios por cultivar esa profunda raíz de amargura en su corazón. Pídale que se lo muestre en toda su fealdad y póngale fin. Cristo, que sufrió lo indecible por usted, puede darle el poder que necesita para vencer la peor clase de condición que hay en su vida.

El deseo de venganza o revancha —el deseo de desquitarse— es, en mi opinión, la tentación más sutil de la vida. Puede ser contra un jefe que le prometió algo y no cumplió. Puede ser contra un cónyuge que se marchó de casa cuando más lo necesitaba. Puede ser contra su padre o su madre que le fallaron. Puede ser contra un amigo a quien le dio información muy íntima y éste amigo no solamente se volvió en su contra y la divulgó, sino que ahora está diciendo mentiras de usted. O puede ser contra un entrenador que la tomó con usted y lo mandó a la banca por alguna tontería. O contra un maestro o profesor que se negó a escucharle y le rebajó la puntuación. Y usted vive hoy sufriendo los efectos del maltrato. Usted ha sido maltratado y está esperando el momento de desquitarse.

A esto nosotros lo llamamos "mis derechos", ¿no es verdad? *"¡Yo tengo mis derechos!* Yo no soy un felpudo al que se puede pisotear. No voy a permitir que me siga tratando así. *Yo tengo mis derechos!"*

O podríamos llamarlo "desquite justificado". "Fulano me ha hecho daño y me voy a desquitar."

Pero Dios lo llama de otra manera: Venganza. Y hemos visto lo que él piensa de esto en la vida de David. Ahora bien, vayamos a Romanos y veamos qué más dice Dios en cuanto a esto: Nunca devolvamos mal por mal. Respeta lo que es correcto a la vista de los hombres.

> Si es posible, en cuanto dependa de vosotros, tened paz con todos los hombres... No os venguéis vosotros mismos, sino dejad lugar a la ira de Dios, porque está escrito: *Mía es la venganza; yo pagaré, dice el Señor...* No seas vencido por el mal, sino vence el mal con el bien.
> Romanos 12:18, 19, 21

¿Con cuánta frecuencia debe usted vengarse? "Nunca", dice Dios. No generalmente. No a veces. No ocasionalmente. ¡Ni siquiera una sola vez! "No os venguéis vosotros mismos."

Ahora bien, aquí no estamos hablando de la defensa nacional. No estamos hablando de la defensa de nuestras costas cuando viene el enemigo. No estamos hablando de defender lo justo en la arena pública. Estamos hablando de ofensas personales que nos han causado algún daño, y que no nos gustó. Pertenece al pasado... pero seguimos echándole leña al fuego al negarnos a perdonar.

Dios dice "en cuanto dependa de vosotros" tened paz con todo el mundo. En otras palabras, usted no puede cambiar a los demás. Lo único que puede hacer es manejar su propio comportamiento, a través del poder de Dios. "Si hay alguien a quien culpar", dice Dios, "déjalo de mi parte. No sigas viviendo con eso. Haz todo lo que puedas por estar en paz." Y eso comienza con el perdón.

Experimentamos un proceso de tres pasos cuando queremos vengarnos. Primero: agravio. Segundo: vulnerabilidad. Tercero: acción innoble. Cuando usted mezcla estas tres cosas, toma venganza. Lo vimos en la vida de David. Primero, Saúl cometió el agravio. Segundo, se encontró con Saúl en un momento vulnerable. Tercero, de haber actuado innoblemente, conforme a la carne, pudo haberle hundido el cuchillo y se habría consumado la VENGANZA. Sus compañeros lo habrían aplaudido, pero él habría tenido que cargar esto en su conciencia por el resto de su vida.

Ahora bien, es posible que usted esté allí sentado, muy controlado y pensando: *Para mí eso no es ningún problema; yo sé cómo manejarlo.* Pero antes de que acabe el día puede suceder: sufre una ofensa y espera carnalmente que la persona esté en una situación vulnerable y le asestará un golpe, a menos que lo deje en manos de Dios.

Aprendamos esta lección de David: Cuando la tentación más sutil de la vida trate de atraerle, no se deje vencer. Créame... ¡nunca lamentará haber perdonado a alguien que no lo merecía!

Capítulo nueve

COMO CALMAR A
UN HOMBRE AIRADO

La ira es una de las emociones más debilitantes con las que nos enfrentamos. Una razón por la cual es debilitante y paralizante es porque es tan imprevisible; puede apoderarse de nosotros casi antes de que nos demos cuenta... y puede manifestarse de maneras diferentes. A veces es sólo una irritación, o el decir sin pensar una palabra que más tarde quisiéramos no haber dicho. Ocasionalmente, sin embargo, se presenta con tal fuerza que resulta en actitudes hostiles.

Otra razón por la cual es debilitante, es porque es demasiado pública. Usted no puede esconder su ira; está a la vista. Está allí para ser observada y recordada por todo el mundo.

La respuesta, por supuesto, es el autocontrol, pero una cosa es decirlo, y otra cosa es practicarlo.

La ira es una opción que se convierte fácilmente en un hábito. Alguien la ha descrito de esta manera:

La ira es una reacción aprendida, en la cual uno se comporta de manera que no quisiera. En realidad, la ira extrema es una forma de locura. Usted no está cuerdo cuando no está en control de su conducta. Por consiguiente,

109

cuando usted está airado y fuera de control, está momentáneamente loco.

Quizás le sorprenda saber con cuánta precisión describe esto al gran hombre cuya vida estamos examinando en este libro, un hombre que es el más citado en el Nuevo Testamento más que cualquier otro personaje del Antiguo Testamento, y cuya biografía es la más extensa de todo el Antiguo Testamento.

Sí, David, el admirable hombre que fue modelo de paciencia durante años bajo la lanza de Saúl, al final perdió el control y, francamente, por un período de tiempo estuvo momentáneamente desequilibrado por la ira. De no haber sido por una mujer llamada Abigaíl, David habría sido culpable de un asesinato.

VEAMOS LOS ANTECEDENTES

En aquellos días, la mayoría de las personas que trabajaban en el campo eran pastores. Cuidaban los rebaños de ovejas y las manadas de cabras, propiedad de los ricos. En nuestra historia, el problema fundamental era de tipo laboral, y este problema tuvo que ver con una relación empleador-empleado. Básicamente lo que sucede es que David, el empleado, planea matar a su jefe.

Primero que nada, imaginemos el escenario, y al hacerlo veremos que es como una obra de un acto que se desarrolla en varias escenas. Primero veremos el telón de fondo y luego conoceremos los personajes antes de ir al encuentro del conflicto.

Saúl seguía siendo rey, y mientras que oficialmente los enfrentamientos bélicos de Israel los hacía el ejército que él dirigía, David y sus 600 guerrilleros habían estado actuando tras bastidores, luchando contra diversas tribus violentas del desierto de Parán. Al hacerlo, protegían también a los pastores de los ataques de estas tribus que invadían de repente la región para robar ganado y asaltar las pequeñas aldeas.

De acuerdo con la costumbre de ese tiempo, cuando las ovejas eran esquiladas era común que el dueño de los animales apartara una parte de la ganancia que había obtenido, para darla a los que habían protegido a sus pastores mientras éstos se encontraban trabajando en los campos. Era como dar hoy una propina a un mozo de restaurante. No había ninguna ley escrita que dijera que había que hacerlo, pero era una manera de demostrar agradecimiento por un trabajo bien hecho. David y sus hombres habían protegido celosamente los rebaños de un hombre llamado Nabal, y les llegó la noticia de que él estaba esquilando sus ovejas. Era, entonces, lógicamente, día de cobro para ellos. David piensa que después de toda la cuidadosa protección dada por él y sus hombres, era muy justo que recibieran cierta remuneración. El problema es que Nabal era un cicatero que no estaba dispuesto a pagar.

CONOZCAMOS A LOS PRINCIPALES PERSONAJES

Al tener nuestro primer encuentro con Nabal, supimos que "había en Maón un hombre que tenía sus posesiones en Carmel" (1 Sam. 25:2). Eso nos dice enseguida que probablemente tenía dinero. En efecto, menciona un poco después que el hombre era muy rico. En realidad, la palabra hebrea significa "pesado", o sea, que estaba "repleto". Nabal tenía mucho dinero; muchas ovejas; muchas cabras. De hecho, consta que tenía 3.000 ovejas y 1.000 cabras. Era, indudablemente, un hombre de gran fortuna.

A propósito, su nombre le venía de perlas. Nabal significa "necio". Pero entiéndame: No significa que era una persona corta de entendederas. En la Biblia, necia es la persona que dice: "No hay Dios." Vivía una vida como si no hubiera Dios. Además, se nos dice que "el hombre era brusco" (25:3). La palabra hebrea aquí utilizada significa "inflexible, testarudo, agresivo". Dice, además, que era "de malas acciones" (25:3). Eso significa que era deshonesto. ¡Qué combinación! Nabal era exigente, embustero e injusto.

Su esposa, no obstante, era exactamente lo opuesto. Su nombre era Abigaíl, y la Biblia nos dice que era muy inteligente y bella (25:3). Dice, literalmente, que tenía buen juicio y una figura hermosa. Era hermosa por dentro y por fuera.

Abigaíl era sabia; sus decisiones eran sensatas. No eran las emociones las que la gobernaban, sino el razonamiento lógico. Era una mujer con agudeza mental e inteligente. Y como si todo eso fuera poco, era bien parecida. Volveremos a ocuparnos de ella dentro de unos momentos.

Viene ahora nuestro tercer personaje, David, cuyos bien entrenados hombres han estado haciendo un trabajo policial voluntario en los campos de Parán del desierto cerca de Carmel. En efecto, he aquí el informe verdadero que los empleados de su esposo le dieron a Abigaíl:

> Esos hombres [de David] han sido muy buenos con nosotros. Nunca nos han hecho daño, ni nos ha faltado nada mientras hemos andado con ellos cuando estábamos en el campo. Nos han servido como muro de día y de noche, todos los días que hemos estado apacentando las ovejas entre ellos.
>
> 1 Samuel 25:15, 16

Ese era un buen informe. Es evidente que David y sus hombres habían hecho un gran trabajo protegiendo a los pastores de Nabal de los asaltos de los ladrones. Eran soldados de primera línea que habían hecho su trabajo con dedicación, eficiencia y discreción. Lamentablemente, a Nabal su amo, eso le importaba poco. El vivía sólo para una cosa: agradarse a sí mismo.

CONFLICTOS NATURALES QUE SURGIERON

Notemos los conflictos naturales que surgen a medida que comienza a desarrollarse la trama. El primer conflicto, implícito en el versículo 3, es entre marido y mujer. El nombre de él era Nabal, y el de su esposa, Abigaíl... La mujer era inteligente, pero el hombre era "brusco y de malas acciones". Tenían temperamentos diferentes, conductas diferentes, actitudes diferentes, filosofías diferentes. La manera de tratar a los demás era diferente. Es interesante ver cómo esta mujer manejó el conflicto con su agresivo, testarudo, inflexible, pícaro y deshonesto esposo.

El siguiente conflicto es entre el amo y los que estaban a su servicio. Cuando era tiempo de esquilar las ovejas,

> David envió a diez jóvenes, diciéndoles: Subid a Carmel e id a Nabal. Saludadle en mi nombre y decidle así: ¡La paz

sea contigo! ¡La paz sea con tu familia! ¡La paz sea con todo lo que tienes!

1 Samuel 25:5, 6

"¡Shalom, shalom, shalom!" David le envía este cordial y pacífico saludo. "¡Shalom, Nabal! Que tu tribu, tus rebaños, tus ganancias, aumenten. Disfruta de la buena vida." También manda a sus mensajeros que le digan:

He sabido que estabas esquilando. Ahora bien, tus pastores han estado con nosotros, y nunca les hicimos daño, ni les ha faltado nada durante todo el tiempo que han estado en Carmel. Pregunta a tus criados, y ellos te lo confirmarán. Por tanto, hallen gracia ante tus ojos estos mis jóvenes, porque venimos en un día de fiesta. Por favor, da a tus siervos y a tu hijo David lo que tengas a mano.

1 Samuel 25:7, 8

Es interesante que David no se presentó ante Nabal personalmente. Quizás no quiso intimidar al hombre; no quiso hacer valer sus privilegios, ni aparecerse acompañado de centenares de soldados. Más bien, envía algunos de sus hombres y les dice: "Tomen lo que él les dé. Quizás sea unos pocos corderos; tal vez unos pocos siclos para cada uno de nosotros. Lo que sea; nos conformaremos con lo que nos mande."

Los hombres de David van entonces donde está Nabal, le dan el saludo de David y se quedan esperando recibir el pago.

Entonces Nabal respondió a los siervos de David, diciendo: ¿Quién es David? ¿Quién es el hijo de Isaí? Hoy hay muchos esclavos que se escapan de sus amos. ¿He de tomar yo ahora mi pan, mi agua y la carne que he preparado para mis esquiladores, para darlos a unos hombres que ni sé de dónde son?

1 Samuel 25:10,11

¡Qué cortés el tipo! ¿Verdad? Y observe las veces que dice "mi... mi... mis..." Adivine dónde tiene puestos los ojos: "Yo... mi... mío."

Ahora bien, es aquí donde la cosa se descompone. ¡Agárrese de su asiento! Vea lo que hace David, el mismo hombre que meses atrás se había negado a vengarse y defenderse, a pesar de que Saúl estaba tratando de matarlo; el David, modelo de paciencia.

Quizá los hombres le dieron a David la respuesta de Nabal en un mal momento. Reconozcámoslo: Cuando los hombres tienen hambre se vuelven un poco irritables. Quizá David se encontraba en el campo, con el fuego encendido, y casi podía sentir el sabor de esas ruedas de carne asada, de las cebollas y de los pimientos, de la carne asada de las ovejas. Pero sus hombres volvieron con las manos vacías. ¡Es aquí donde explota la ira y se convierte en locura momentánea!

> Los jóvenes de David se volvieron por su camino y regresaron; y cuando llegaron, refirieron a David todas estas palabras. Luego dijo David a sus hombres: ¡Cíñase cada uno su espada! Y cada uno se ciñó su espada. También David se ciñó su espada, y subieron tras David unos 400 hombres, dejando otros 200 con el equipaje.
>
> 1 Samuel 25:12, 13

¡Cuatrocientos hombres! Era probablemente una reacción exagerada contra Nabal, ¿no le parece? En mi casa, cuando alguien se excede, tenemos este dicho: "Estás matando a una cucaracha con una escopeta." Matamos la cucaracha, es cierto, pero echamos abajo la pared al mismo tiempo. Hombre, nadie se coloca una espada sólo para discutir algo, por lo que tenemos una idea muy clara de lo que está pasando por la mente de David. ¡Qué exageración! No hay necesidad de utilizar a 400 hombres para espachurrar un amarrete. David había perdido el control.

En su libro sobre la vida de David, *The Making of the Man of God* (Cómo se forma el hombre de Dios), Alan Redpath escribe:

> ¡David! ¡David! ¿Qué te está pasando, si una de las cosas maravillosas que hemos aprendido de ti últimamente es tu paciencia con Saúl? Aprendiste a confiar en el Señor; te negaste a levantar tu mano para tocar al ungido del Señor, aunque había sido tu enemigo durante tantos años. Pero ahora, ¡mírate! Tu moderación se ha hecho añicos, ¡y unas pocas palabras insultantes de un necio como Nabal te han puesto como un basilisco! ¿Qué te sucede, David?

Tengo todo el derecho de hacerlo, respondería David.
No hay ninguna razón para que Nabal me trate como lo ha
hecho. Me ha pagado con ofensas todo lo bien que me he
portado con él. Le demostraré que conmigo no se juega.
Una cosa es recibirlas de Saúl, que es mi superior hasta
ahora, pero a este tipo, a este prepotente, le voy a dar una
lección.

Este fue el tercer conflicto, entre paréntesis, entre la cólera y la intención de asesinar. Y hasta este momento, David ha
perdido la batalla; está enfurecido a más no poder.
Mientras tanto, allá en la hacienda, pongámonos en las
sandalias de Abigaíl. ¡Con toda franqueza, ésta podía ser su
oportunidad para liberarse de su desagradable y fracasado
marido!

Ella se entera por los criados que David lo va a liquidar.
Pudo haber dicho algo espiritual, por ejemplo: "Oh, mejor es
que me ponga a orar por ésto." Los estruendosos ruidos de
cascos descienden de la colina y ella se encuentra orando:
"¡Señor, llévatelo ya!" ¡Era su oportunidad! ¡Nabal se lo había
buscado! ¡Era tiempo de que aprendiera una lección!

Esa es la manera de pensar de una esposa o de un esposo
carnal; la manera como piensa un empleado carnal: "Ah, ahora es mi oportunidad. Está indefenso, y la culpa es suya, de
todas maneras. Ahora es mi oportunidad." La carne pecaminosa a la vista.

En vez de eso, observe lo que sucede:

Pero uno de los criados avisó a Abigaíl, mujer de Nabal,
diciendo: He aquí que David envió unos mensajeros desde
el desierto para que saludaran a nuestro amo, y él los ha
zaherido, a pesar de que esos hombres han sido muy buenos con nosotros. Nunca nos han hecho daño, ni nos ha faltado nada mientras hemos andado con ellos cuando estábamos en el campo. Nos han servido como muro de día y
de noche, todos los días que hemos estado apacentando las
ovejas entre ellos. Ahora pues, mira y reconoce lo que has
de hacer, porque el mal está decidido contra nuestro amo
y contra toda su casa, pues él es un hombre de tan mal carácter que no hay quien pueda hablarle.

1 Samuel 25:14-17

SOLUCIONES SOBRENATURALES

Le llega, pues, a Abigaíl, el mensaje al que nos habíamos referido antes. Observemos que los mensajeros se dirigen a ella, no a Nabal. ¿Por qué razón? Porque el hombre no era accesible. Aquí hay otra indicación de la sabiduría de Abigaíl. Ve a su esposo como realmente es; conoce sus debilidades. Por eso, en los · momentos de mayor debilidad de él, no lo riñe, sino que lo protege. ¡Qué generosidad la suya... y qué sabia!

Entonces Abigaíl se apresuró y tomó 200 panes, 2 tinajas de vino, 5 ovejas ya preparadas, 5 medidas de grano tostado, 100 tortas de pasas y 200 panes de higos secos, y los cargó sobre unos asnos. Luego dijo a sus criados: Id delante de mí, y he aquí que yo voy tras vosotros. Pero nada reveló a su marido Nabal.

1 Samuel 25:18, 19

¡Vaya! ¡Doscientos panes! Nosotros a lo sumo podemos preparar seis bocadillos si nos apuramos. ¡Qué increíble es esta mujer! Estamos hablando del mejor servicio de banquetes del mundo. ¡Y ni siquiera se lo cuenta a su marido!

Algunos de los mejores consejos que puede recibir un hombre, se los da su mujer, quien lo conoce mejor que nadie sobre la tierra. Es de nuestros esposas que, por lo general, viene la mejor clase de ayuda constructiva, dirección y exhortación que recibimos. Saben lo que hacen, cuándo hacerlo y generalmente lo hacen con buenas intenciones.

Hay veces en que una esposa tiene que actuar en favor de su esposo sin decirle una sola palabra... y aquí tenemos un ejemplo clásico. Para Abigaíl habría sido un suicidio inmediato acercarse a hablar con su terco esposo. El jamás le habría permitido llevarle todas esas cosas a David. Por eso, ella actúa por su cuenta y lo hace en favor de él. No estoy diciendo que actuó secretamente contra él, sino que actuó sin su conocimiento, pero en su favor. Se expuso por el hombre... y al hacerlo le salvó, *literalmente*, la vida.

Imagine ahora la escena. David y sus hombres están descendiendo a toda máquina de la colina, y lo único que hace más ruido que los cascos de los caballos son sus tripas gruñendo de hambre. Y la rabia les aumenta con cada kilómetro que recorren.

Y sucedió que cuando ella, montada sobre un asno, descendía por la parte opuesta de la colina, he aquí que David y sus hombres venían en dirección contraria. Y ella fue a encontrarles... Cuando Abigaíl vio a David, se apresuró y bajó del asno; y cayendo delante de David sobre su rostro, se postró en tierra.

1 Samuel 25:20, 23

Abigaíl ya había pensando muy bien lo que iba a hacer y lo que iba a decir. Ese es el lado práctico de la sabiduría. Sabía exactamente qué actitud iba a asumir cuando se encontrara con David. No iba a improvisar; era un plan muy bien pensado y del mismo sobresalen tres cosas:

Primera, su tacto; segunda, su fe; y tercera, su lealtad.

Lo primero que hace es caer sobre su rostro delante de David. Y miren su tacto: seis veces se llama a sí misma "tu sierva", y ocho veces llama a David "mi señor". La mujer es un caso digno de estudio en cuanto a sabiduría.

Se echó a sus pies y le dijo: ¡Señor mío, sea la culpa sobre mí! Pero permite que tu sierva hable a tus oídos, y escucha las palabras de tu sierva. Por favor, no haga caso mi señor de este hombre de mal carácter, Nabal. Porque como su nombre así es él: Su nombre es Nabal, y la insensatez está con él. Pero yo, tu sierva, no vi a los jóvenes de mi señor, a los cuales enviaste.

1 Samuel 25:24, 25

Conocía bien a su marido, ¿verdad? ¿Para qué ocultarlo, si todo el mundo sabía cómo era? ¿Para qué tratar de ocultar lo que él había hecho?

No lo hizo, sino que se echó encima toda la responsabilidad: "Cuando enviaste a estos diez hombres, y ellos hablaron con mi esposo, yo no estuve allí para darles otra clase de respuesta. Pero ahora estoy aquí para abogar por él. Quisiera ser mediadora entre este hombre y todos tus hombres que han sido injustamente maltratados."

Ahora pues, señor mío, vive Jehovah y vive tu alma, que Jehovah ha impedido que llegaras a derramar sangre y a vengarte por tu propia mano. Ahora, sean como Nabal tus enemigos y los que procuran el mal contra mi señor. Pero ahora, dese a los jóvenes que siguen a mi señor este regalo que tu sierva ha traído a mi señor. Te ruego que perdones la ofensa de tu sierva, pues de cierto Jehovah edificará una casa firme a mi señor, porque mi señor está dirigiendo las batallas de Jehovah. Que no sea hallado mal en ti en toda tu vida.

1 Samuel 25:26-28

¡Qué fe la suya! Dice: "Al mirarte, David, estoy mirando al próximo rey. No arruines tu trayectoria con un asesinato. Tú estás muy por encima de eso, David. Has sido tratado injustamente, pero el asesinato no es la respuesta. ¡Deténte, David, deténte! Recibe lo que te he traído, y regresa a tu lugar."

Acontecerá que cuando Jehovah haga con mi señor [David] conforme a todo el bien que ha hablado de ti y te haya designado como soberano de Israel, entonces, señor mío, no será para ti motivo de remordimiento ni estorbo para la conciencia el haber derramado sangre en vano...

1 Samuel 25:30, 31

Lo que le está diciendo, es: "Tendrás que vivir con ese historial, David. No tienes necesidad de eso."

Y cuando Jehovah haga el bien a mi señor, acuérdate de tu sierva.

1 Samuel 25:31

¡Qué discurso! ¡Qué súplica!

Cuando enfrentamos una decisión crítica, tenemos a veces que hacer cosas muy creativas. Y no hay ningún manual, aparte de la Biblia, que nos diga qué hacer cuando esa situación se presenta.

La vida de Nabal colgaba de un hilo, y dependía de la reacción que tuviera David. Su esposa lo sabía, y por eso tomó la decisión: "Les llevaré abundante comida y mi súplica para tratar de cambiarle el corazón a ese hombre ofendido."

Y podemos tener la seguridad de que durante todo el trayecto estuvo orando fervientemente para que Dios interviniera.

Muchas veces, cuando enfrentamos una crisis, la reacción normal, común y corriente es, en cierto modo, meternos el rabo entre las piernas, irnos a un rincón y dejar que nos cubran las telarañas. Pero podemos hacer algo mejor. Mientras usted tenga aire en sus pulmones, tiene un propósito para vivir, una razón para existir. No importa lo negativo que haya sido su historial personal de desobediencia y claudicación la mayor parte de su vida, usted sigue vivo, usted existe. Y Dios le dice: "Hay una razón para vivir, y yo estoy dispuesto a hacer algo creativo a través de ti para restaurarte. Puedes limitarte a compadecerte de ti mismo, si esa es tu elección, pero hay una alternativa mejor." Hará falta creatividad; hará falta determinación; hará falta que tenga su mirada puesta siempre en el Señor. Pero cuando él obra, es maravilloso.

Eso fue lo que hizo Abigaíl en esta crisis. Le dice: "Acuérdate de tu sierva cuando la suerte te sonría. Eso es lo único que te pido."

David dijo a Abigaíl: "¡Bendito sea Jehovah Dios de Israel, que te envió hoy a mi encuentro!"

1 Samuel 25:32

¡Qué hombre! ¿No es lógico que Dios escogiera a David como un hombre según su corazón? ¡Qué ser tan dócil! Tiene la espada lista para desenfundarla y, sin embargo, le presta atención a esta mujer que nunca antes había conocido, la escucha sin interrumpirla... y cambia totalmente su conducta. ¡Este sí que era un hombre según el corazón de Dios! Esa es una de las razones por las que lo fue: Estaba dispuesto a cambiar. (Además, ¿cómo puede cualquier tipo con hambre enojarse con una mujer que trae una olla llena de deliciosa comida caliente?)

Quiera Dios mantenernos siempre flexibles y dóciles. Si alguien tiene una palabra oportuna para nosotros en una situación sin salida en nuestras vidas, y no le hacemos caso, seríamos unos grandes bobos. David es aquí un modelo de humildad.

Luego añade:

Bendito sea tu buen juicio, y bendita seas tú, que hoy me has impedido ir a derramar sangre y a vengarme por mi propia mano... David recibió de su mano lo que ella le había traído y le dijo: Vuelve a tu casa en paz. Mira que he escuchado tu voz y que te he tratado con respeto.

1 Samuel 25:33, 35

¡Misión cumplida! Todo el mundo salió ganando. David y sus hombres se regresan con el estómago lleno y más sabios. ¡Fantástico! Abigaíl regresa a su casa, su esposo la abraza y le dice: "Gracias, querida, eres una gran mujer... más preciosa que un rubí." No, qué bueno si hubiera dicho eso. Por el contrario...

Abigaíl regresó a Nabal. Y he aquí que él tenía un banquete en su casa, como el banquete de un rey, y el corazón de Nabal estaba eufórico. El estaba muy ebrio, por lo cual ella no le reveló nada del asunto hasta el día siguiente. Pero por la mañana, cuando a Nabal se le había pasado el efecto del vino, su mujer le contó estas cosas. Entonces se le paralizó el corazón, y se quedó como una piedra.

1 Samuel 25:36, 37

Ella se había colocado entre su esposo y la muerte, pero el necio estaba tan borracho que ni siquiera pudo decírselo. Este se echó en la cama, se cubrió con el cobertor y se durmió. Estoy seguro de que esta mujer derramó su corazón ante Dios y arregló cuentas entre ella y el Señor, consciente de que quizás nunca sabría lo que era tener un hombre que la valorara.

La mañana siguiente, después de haberle pasado la borrachera a Nabal, le dijo lo que había sucedido. ¿Y cuál fue su reacción? Al tipo le dio un infarto. Un infarto literal. Escuchó el cuento de cómo 401 hombres habían venido a cortarle la cabeza. Inmediatamente se quedó totalmente paralizado y la mirada se le puso vidriosa, ¡lo imagino! Diez días después, "Jehovah hirió a Nabal, y él murió" (25:38).

¡Qué cosa tan admirable! Cuando uno hace lo correcto, sin rendirse, Dios se ocupa de las cosas imposibles. Como vimos en el capítulo anterior, "Cuando los caminos del hombre le agradan a Jehovah, aun a sus enemigos reconciliará con él"

(Prov. 16:7). Lo mismo, por supuesto, puede decirse de una mujer. No hay ninguna situación imposible que Dios no pueda manejar. No la manejará necesariamente a nuestra manera, pero la manejará.

Al ver su integridad, Dios le permitió a Abigaíl pasar las noches dependiendo de él. Poco después de esto enterró a su marido. Escuchemos la reacción de David al enterarse de que Nabal había muerto.

¡Bendito sea Jehovah, que juzgó la causa de mi afrenta recibida de parte de Nabal y ha preservado a su siervo del mal! ¡Jehovah mismo ha hecho caer la maldad de Nabal sobre su propia cabeza!

1 Samuel 25:39

¡Qué lección tan buena había aprendido David! "Bendito sea el Señor, que evitó que asesinara a ese tipo, que cometiera un mal. Yo no tengo que pelear batallas como esa, porque esta es un tarea del Señor. Si hay que tomar venganza, el Señor se encargará."

Tanto para Abigaíl como para David, esta historia tiene un final feliz. Cuando David se entera de que Nabal ha muerto, le envía una propuesta de matrimonio a Abigaíl, *¡y ella acepta!*

LECCIONES APRENDIDAS

Encuentro tres cosas al pensar en este incidente en la vida de David... y en nuestras vidas hoy.

Ante todo, *sea lo que sea que haga cuando surja el conflicto, sea sabio.* Si no actúa con cuidado, manejará el conflicto con la energía de la carne. Y después... lo lamentará.

¿Qué quiero decir con ser sabio? Que considere todo el panorama; que evite llegar a conclusiones precipitadas y ver sólo el lado suyo; que vea ambos lados; que evalúe las diferencias. En todo conflicto hay siempre dos lados; mírelos a ambos, y evalúe las diferencias.

La otra parte de ser sabio es orar. Escuche lo que Dios le dice. El nos da la sabiduría que necesitamos cuando se la pedimos.

En segundo lugar, *enfrente los conflictos...* *y trátelos uno* *por uno.* Es posible que usted haya ganado una batalla ayer, pero eso no cuenta para las escaramuzas del día de hoy. Es posible que tenga mucha paciencia hoy, pero eso no le servirá mañana cuando reciba los ataques. Dios no nos da la paciencia por anticipado. Cada día es un nuevo día.

La tercera lección que podemos sacar de esta experiencia en la vida de David, *es que siempre que se percate de que no* *hay nada que usted pueda hacer, espere.* Espere con paciencia. Las dificultades insuperables exigen una aplicación firme de los frenos. Detenga la marcha. Evite los apresuramientos. Siempre que le sea posible, ¡aplique los frenos! Aminore la marcha. Yo rara vez he hecho una decisión sabia actuando de prisa. Además, rara vez he tenido que lamentar las cosas que *no dije.*

Es obvio que David aprendió bien esta lección, pues canta en el Salmo 40:

Pacientemente esperé a Jehovah,
y él se inclinó a mí y oyó mi clamor.
Y me hizo subir del pozo de la desesperación,
del lodo cenagoso.
Puso mis pies sobre una roca y afirmó mis pasos.

Salmo 40:1, 2

El Salmo 40 no dice en ninguna parte que la situación de David cambió, sino que David cambió. Cuando espere, es posible que su situación no cambie, pero usted sí cambiará. En realidad, es posible que descubra que la razón de la espera fue para su provecho, porque era usted quién necesitaba cambiar.

Capítulo diez

DIAS NUBLADOS...
NOCHES DE OSCURIDAD

Uno de los libros más famosos jamás escritos, fue escrito por un hombre que se hallaba cumpliendo su tercer encarcelamiento, pero el libro que escribió ha cambiado la vida de literalmente millones de personas. El hombre se llamaba Juan Bunyan, y su libro *El progreso del peregrino*.

En cierto punto de su relato, mientras que Peregrino se encuentra haciendo un viaje largo y difícil a la Ciudad de Dios, cae en un pantano cenagoso llamado el Pantano del Desaliento del que no puede salir por sus propios medios. Pero cuando comienza a clamar, Auxilio —una alegoría del Espíritu Santo— le da la mano y lo saca de su desaliento.

Si tradujéramos el Pantano del Desaliento de Bunyan a palabras modernas, llamaríamos a ese pantano cenagoso "el foso"... y es allí donde encontramos a David en este capítulo.

No hay nada malo ética, moral o espiritualmente en que experimentemos días nublados y noches de oscuridad. Son inevitables. Es por eso que Santiago dice: "Tenedlo por sumo gozo *cuando* os encontréis en diversas pruebas" (1:2, énfasis del autor). Pero eso no es lo que nos preocupa de David.

Nuestra preocupación es por lo que hace después de caer

123

en el fango. Había una bifurcación en el camino, y él tomó el equivocado. El resultado fue desdicha, concesiones y, de hecho, dieciséis largos meses de desobediencia.

¿POR QUE SE ORIGINARON LAS NUBES Y LA OSCURIDAD?

Hubo ciertas causas que llevaron a David a vivir esos días de oscuridad. No cayó en "el foso" por casualidad. Le sucedió por tres razones:

Notemos que 1 Samuel 27:1 comienza diciendo: "David se dijo a sí mismo..." (*La Nueva Biblia Latinoamericana*) Sí, allí estuvo su primer problema. Es muy importante que cuando hablemos en nuestro corazón nos digamos lo correcto. Pero David no lo hizo. Así pues, la primera razón por la que cayó en "el foso" es lo que yo llamaría su *perspectiva humanística*. Vio la situación y la evaluó estrictamente desde una perspectiva horizontal. A David no lo vemos orando ni siquiera una vez en este capítulo. En realidad, jamás levantó sus ojos al cielo sino mucho después. No escribió salmos, no buscó ayuda, simplemente apretó el botón de alarma.

David estaba saliendo muy bien de un éxtasis espiritual y emocional. Recordemos que pudo haber matado a Saúl en dos ocasiones, pero no lo hizo. Después estuvo a punto de matar a Nabal, pero felizmente Abigaíl lo convenció de que no lo hiciera. Así, pues, estuvo andando victoriosamente durante un largo tiempo. Ahora desciende de la cima de la victoria y, como todos sabemos, esa es una situación muy vulnerable.

La segunda razón que dio lugar al problema de David fue su *razonamiento pesimista*. Veamos lo que se dice a sí mismo: "Ahora bien, algún día voy a perecer por la mano de Saúl" (27:1).

David estaba equivocado. Notemos que dice: "*Voy* a perecer." Está hablando de algo que pertenece al futuro... pero los hombres no conocen el futuro. ¡Nadie lo sabe! Pero el razonamiento pesimista siempre se concentra en los problemas potenciales del futuro, y esto genera ansiedad. En la mente de los pesimistas, el futuro es inevitablemente sombrío. Por tanto, no nos sorprende escuchar su presagio: "Voy a morir."

Samuel lo había ungido con aceite y le había asegurado

que algún día sería el rey. Dios le habló a través de Abigaíl cuando ésta le dijo que el Señor lo designaría "soberano de Israel" (25:30). Dios le habló más de una vez a través de Jonatán, asegurándole: "Tú reinarás sobre Israel" (23:17). Hasta Saúl, su enemigo, le había dicho: "Yo sé que tú ciertamente has de reinar y que el reino de Israel ha de ser estable en tu mano" (24:20). Pero David hizo caso omiso de todas estas promesas que Dios le había dado. Ahora se dice a sí mismo: "Voy a morir. Jamás reinaré sobre Israel... ¡jamás!"

¿Por qué razón nos volvemos pesimistas? Porque ponemos la mirada en nosotros mismos. El Señor jamás ha puesto en usted y en mí pensamientos pesimistas, ni siquiera una sola vez. Estos pensamientos vienen exclusivamente de nuestra mente carnal... y pueden ser devastadores.

Hay una tercera razón por la que David cayó en este profundo desaliento. Es lo que pudiéramos llamar la *lógica de la racionalización*.

David dijo en su corazón: "Ahora bien, algún día voy a perecer por la mano de Saúl. Nada será mejor para mí que escapar de inmediato a la tierra de los filisteos..."

1 Samuel 27:1

¿Puede creer lo que está diciendo? Eso no es más que racionalización. David piensa: "Los tiempos son difíciles. Dios me ha abandonado. Pensé que podía ser rey, pero jamás lo seré. Voy a morir si sigo enfrentado al ejército de Saúl. Finalmente me capturarán. Tengo que escapar. La mejor solución será que me vaya a Filistea."

¡La verdad es que Saúl no lo buscaría en territorio filisteo porque el adversario vivía allí! ¡Qué alegoría tan adecuada del cristiano que deliberadamente opta por la carnalidad!

De los cristianos carnales no oímos mucha predicación, ¿verdad? De quien sí oímos hablar mucho es de la persona que jamás ha tenido un encuentro con Jesucristo. También oímos hablar a montones de la persona que está andando en victoria. Pero no se habla mucho del creyente que decide desobedecer a Dios y llevar una vida de carnalidad. En este momento de su vida, David es un patente ejemplo de alguien que es creyente por dentro, pero que por fuera se parece a un inconverso por su estilo de vida.

El psicólogo Rollo May ha dicho: "El hombre es el único animal que corre más de prisa cuando se encuentra extraviado." ¿No es admirable que cuando nos extraviamos, nos movemos más rápidamente en la dirección equivocada, haciéndole el juego al adversario? Eso es *exactamente* lo que David hizo. Ahora bien, usted podría pensar que una decisión como esa no afecta a nadie, sino sólo a usted mismo. Yo he escuchado, aun a cristianos, decir: "Sufriré el resultado de mis acciones. Escogeré este camino y aceptaré las consecuencias." Pero aguarde un momento: Nadie sufre solo el resultado de sus acciones; usted arrastra a otros con usted. Si es cierto que nadie vive para sí, y que nadie muere para sí... podemos entonces tener la seguridad de que nadie peca sólo para sí.

¿CUAN GRANDES FUERON LAS CONSECUENCIAS?

Veamos lo que pasó después que David tomó su decisión:

Se levantó pues David y se pasó, con los 600 hombres que estaban con él, a Aquis hijo de Maoc, rey de Gat. David habitó con Aquis en Gat, él y sus hombres, cada uno con su familia, y David con sus dos mujeres: Ajinoam... y Abigaíl...

1 Samuel 27:2, 3

Cuando David abandonó su hogar en el desierto de Israel y se retiró a territorio filisteo, no se marchó solo. Recordemos que era el comandante de una tropa guerrillera, y los hombres que había entrenado en la cueva de Adulam estaban unidos a él por lazos de afecto. Habían vivido juntos y habían luchado juntos en el desierto contra las tribus circundantes. David sabía con toda seguridad que lo seguirían.

Pero no son sólo sus guerreros quienes lo siguen, sino que éstos se hacen acompañar de sus familias. Ajinoam y Abigaíl, las dos esposas de David, también lo acompañan. Así pues, tenemos ahora a David y su familia, y otras 600 familias más.

¿Usted piensa que puede actuar según las conveniencias y no afectar a su familia? Nadie vive independientemente de los demás. Cuando usted toma una decisión equivocada; cuando escoge un curso de acción que no es conforme al plan de Dios, eso afecta también a los que confían en usted y dependen de usted; a los que le respetan y creen en usted. Aunque son inocentes, sufren las consecuencias de su decisión pecaminosa. ¿A dónde se marchó David? Huyó a Gat. ¿Se acuerda de Gat? Ya estuvimos allí antes con David. ¿Recuerda al gigante y dónde nació? El era conocido como Goliat de Gat. Aunque parezca mentira, es hacia allá donde David se encamina. ¿Puede creerlo? Sólo pocos años antes, había matado a Goliat en el valle de Ela. Ahora huye a Gat, precisamente el lugar de procedencia de ese gigante, y decide que vivirá allí con el rey Aquis, el archienemigo de los israelitas. El relato dice:

> A Saúl le llegó la noticia de que David había huido a Gat, y no lo buscó más.
>
> 1 Samuel 27:4

La primera consecuencia de la pésima decisión de David fue, entonces, que creó *una falsa sensación de seguridad* porque Saúl había dejado de perseguirlo. "Vean, aquí ahora estoy a salvo. Saúl ha dejado de vigilar cada uno de mis movimientos y de acecharme y perseguirme. ¡La presión ha desaparecido, qué alivio!"

El pecado proporciona placeres efímeros; la desobediencia tiene momentos estimulantes. Seríamos unos tontos si lo negáramos. Hay ocasiones cuando aflojamos y disfrutamos siendo desobedientes por el placer que eso nos proporciona... pero son pasajeros, efímeros... y jamás dan satisfacción verdadera. ¡Jamás!

Este es un buen ejemplo. A menudo pensamos que los placeres que proporciona el pecado son placeres claros y evidentes. Pero a veces no es más que un alivio de la presión. Si sentimos la intensidad de la responsabilidad en nuestro andar con Dios, y optamos por una dirección equivocada, se produce de repente un alivio de la presión y pensamos: *¡Esto es maravilloso! Vale la pena.* Cuando eso sucede, tenga mucho cuidado porque la catástrofe está a las puertas.

La segunda consecuencia de la decisión de David se encuentra en el versículo 5. Es difícil de creerlo, pero aquí encontramos al liquidador del gigante hablando con el rey de Gat. Escuchemos sus palabras:

Entonces David dijo a Aquis: Si he hallado ahora gracia ante tus ojos, por favor, que se me dé un lugar en alguna de las ciudades en el campo, para que habite allí. ¿Por qué ha de habitar tu siervo contigo en la ciudad real?

1 Samuel 27:5

La segunda consecuencia fue *la sumisión a la causa del adversario*. Cuando optamos por un estilo de vida desobediente; cuando nos entregamos a la carnalidad y no a la espiritualidad, comenzamos a servir a la causa del adversario; realmente nos sometemos al enemigo y servimos voluntariamente a su perversa causa. ¡Qué cosa! No puedo creer que David se llame a sí mismo el "siervo" de Aquis, pero es exactamente lo que es.

Aquel día Aquis le dio la ciudad de Siclag. Por esto Siclag pertenece a los reyes de Judá, hasta el día de hoy. Y el tiempo que David habitó en la tierra de los filisteos fue de un año y cuatro meses.

1 Samuel 27:6,7

Así pues, la tercera consecuencia fue *un prolongado período de avenencia*. Usted podría decir: "Ah, eso no me hará ningún daño; en un día o dos vuelvo a tomar el ritmo. ¿Qué es un par de meses de carnalidad frente a toda una vida de obediencia?" Pero la cosa no funciona así. Hay algo magnético en la caída súbita en el desaliento y comienzo de un estilo de vida disoluto. La atracción es fatal. En nuestro propio recuerdo (y en el de los demás) se forman cicatrices.

Cuando Abraham descendió a Egipto, se quedó allí por largo tiempo; y cuando Lot, su sobrino, se dirigió a Sodoma, montó su tienda cerca, pero muy pronto se fue a vivir a la ciudad. Y allí comenzó el deterioro. Por último, Lot se convirtió en uno de los ancianos que se sentaban a la puerta de la ciudad. Finalmente se identificó con Sodoma, deslumbrado por el desvergonzado estilo de vida de la ciudad.

Cuando David llega a Gat, termina quedándose allí por *dieciséis meses*. Este es el hombre al que conocemos como "el dulce salmista de Israel" (2 Sam. 23:1). Sin embargo, no hay ningún salmo atribuido a esos días que pasó con Aquis en Gat y Siclag. ¡Por supuesto que no! El dulce salmista de Israel había enmudecido. No escribió ninguna alabanza cuando se encontraba en esta depresión. ¡No podía cantar las alabanzas del Señor en una tierra extraña sometido a la influencia del enemigo! Como los cautivos judíos en Babilonia preguntarían después: "¿Cómo cantaremos las canciones de Jehovah en tierra de extraños?" (Sal. 137:4). De la vida de David no fluye mucho gozo durante su paréntesis carnal en Gat. Hasta Aquis se dio cuenta de que la decisión de David era una deserción, una defección. Después de haber caminado con Dios, David está ahora andando lejos de él. ¡Qué tragedia! Poco después, Aquis lo precisa de la manera siguiente:

> Entonces los jefes de los filisteos preguntaron: ¿Qué hacen aquí estos hebreos? Aquis respondió a los jefes de los filisteos: ¿No es éste David, siervo de Saúl rey de Israel, que ha estado conmigo por días y por años, y en quien no he hallado nada malo desde el día en que se pasó a mí, hasta el día de hoy?
>
> 1 Samuel 29:3

DAVID "SIEMBRA VIENTOS"

Al decidirse David por este estilo de vida, los vientos y las tempestades comienzan a aumentar en una rápida sucesión de incidentes.

Primero que todo, la *duplicidad* comienza a caracterizar el andar de David. El diccionario nos dice que duplicidad es el "engaño por fingimiento". La persona finge tener una serie de sentimientos, pero en realidad tiene otros totalmente distintos.

En lo más profundo de su ser, David es un israelita y siempre será un israelita. Pero está tratando de hacer creer a los filisteos que se ha pasado a su lado. Eso es lo que sucede cuando una persona pasa el tiempo en lo que un pastor amigo mío llama el "encierro carnal". Por dentro, es creyente, pero por fuera quiera parecerse al resto del mundo. Hay una falta absoluta de lealtad, y este infeliz dilema crea la necesidad de actuar contrariamente a sus convicciones.

Y eso es precisamente lo que David comienza a hacer:

> David subía con sus hombres, y hacían incursiones contra

los de Gesur, los de Gezer y los de Amalec; pues desde antaño éstos habitaban en aquella tierra... David atacaba la tierra y no dejaba vivo hombre ni mujer...

1 Samuel 27:8, 9

Los gesuritas, los gezeritas y los amalequitas eran enemigos de Israel, pero no de los filisteos. No obstante, tampoco eran sus aliados, algo parecido al dilema ruso en la Segunda Guerra Mundial: A pesar de que los rusos eran enemigos de la Alemania nazi, no eran en realidad aliados de los Estados Unidos. Así pues, cuando David mata despiadadamente a estos gesuritas, gezeritas y amalequitas, mata a personas que no eran enemigos ni aliados de los filisteos.

Parece que David daba cuenta a Aquis de sus incursiones, por lo que al regresar a la ciudad, el rey le pedía un informe: "¿Dónde has estado? ¿Dónde hiciste tus correrías hoy?" La duplicidad lleva a la *imprecisión*. David le responde: "Contra el Néguev de Judá" (27:10). *Néguev* es un término hebreo muy general que significa "sur", por lo que David está diciendo: "Ah, estaba peleando en la parte sur de Judá", implicando que estaba atacando a la gente de Judá, que eran israelitas. Pero él no estaba matando israelitas, sino amalequitas, gesuritas y gezeritas.

David, sin embargo, es más que impreciso. Le dice que había estado peleando contra el Néguev de Judá, y "contra el Néguev de Jerameel" y "contra el Néguev de los queneos". Eso era una mentira. El no estaba luchando contra estos pueblos. Esa es la razón por la que exterminaba totalmente a los que atacaba, para que no se corriera la voz de lo que había hecho en realidad. No dejaba huellas para que nadie supiera lo que él era, o exactamente lo que había hecho.

David no dejaba que llevaran a Gat con vida ni hombres ni mujeres, porque decía: "No sea que informen acerca de nosotros diciendo: Esto hizo David." Así fue su manera de proceder todo el tiempo que vivió en la tierra de los filisteos.

1 Samuel 27:11

Cuando alguien funciona en el "encierro carnal", también actúa bajo un manto de misterio. No quiere rendirle cuentas a nadie. No quiere que nadie le haga preguntas. Por tanto, oculta la verdad.

Debió haber manejado bien la situación, porque Aquis le creyó.

> Aquis creía a David y pensaba: "El ha llegado a hacerse odioso a su pueblo Israel, de modo que será mi siervo para siempre."
>
> 1 Samuel 27:12

DAVID "RECOGE TEMPESTADES"

Al optar David por el camino equivocado al hallarse en la encrucijada, comenzó a vivir un estilo de vida que desembocó en un gran desasosiego interior. Vea el desgarramiento y la devastación que se produjo en el interior de David como consecuencia, hasta llegar al punto de la desesperación.

En primer lugar, *David pierde su identidad.*

Aquis comienza a ser muy criticado por la gente de Filistea. Quieren saber por qué David y sus hombres, y todas sus familias, están viviendo en medio de ellos. "¿Qué demonios hacen todos estos israelitas viviendo en Siclag?"

Estas personas eran sus enemigos jurados, y David era en realidad el hombre que había matado a su paladín Goliat.

Aquis defiende a David, diciendo: "Oigan, todo está bien. David es ahora uno de los nuestros."

Pero el pueblo le responde: "No, no lo queremos por aquí. No le tenemos confianza."

Por tanto, Aquis tiene que confrontar a David con el hecho de que ya no puede tenerlo cerca suya.

> Entonces Aquis llamó a David y le dijo:
> —¡Vive Jehovah, que tú has sido recto! Me ha parecido bien tu salir y tu entrar en el ejército conmigo, pues ninguna cosa mala he hallado en ti desde el día que viniste a mí, hasta el día de hoy. Pero a los ojos de los gobernantes tú no eres grato. Ahora pues, vuelve y vete en paz, para no desagradar a los gobernantes de los filisteos.
> David preguntó a Aquis:
> —Pero, ¿qué he hecho?...
>
> 1 Samuel 29:6-8

David se convierte en un apátrida, en un refugiado. La pérdida de identidad es el primer cambio que se produce en su espiral descendente de carnalidad. ¿Quién soy? ¿Cuál es mi misión? ¿A dónde estoy yendo? ¿Qué es lo que de verdad creo en la vida? ¿A quién le soy realmente leal? Preguntas difíciles... sin respuesta.

David está enfrentando una crisis de identidad; es un expatriado. No es ni filisteo ni israelita. Al igual que el cristiano carnal, no se siente cómodo en las cosas de Dios, pero ahora está perdiendo interés en la vida que vive en "el foso". Es una batalla en busca de su propia identidad.

En segundo lugar, *David pierde su satisfacción.*

David preguntó a Aquis: Pero, ¿qué he hecho? ¿Qué has hallado en tu siervo, desde el día que vine a estar contigo hasta hoy, para que yo no vaya y luche contra los enemigos de mi señor el rey?

1 Samuel 29:8

David tiene ahora que enfrentarse a la decepción. Los escasos beneficios de la carnalidad están siendo eclipsados por las muchas desventajas. Cuando alguien comienza a alejarse de Dios, tiene una sensación placentera y liberadora. Pero después llegan las cuentas y hay que pagar. Es cuando la persona tiene que pagar las cuentas resultantes de la decepción.

Después de convertirse en un apátrida y sufrir la decepción, *David cae en la depresión.*

Cuando David y sus hombres llegaron a Siclag al tercer día, los amalequitas habían hecho una incursión en el Néguev y en Siclag. Habían atacado Siclag y la habían incendiado. También se habían llevado cautivas a las mujeres y a todos los que estaban en ella, desde el menor hasta el mayor. Pero no mataron a nadie, sino que los tomaron cautivos y siguieron su camino. David y sus hombres llegaron a la ciudad, y he aquí que estaba incendiada y que sus mujeres, sus hijos y sus hijas habían sido llevados cautivos. Entonces David y la gente que estaba con él alzaron su voz y lloraron hasta que les faltaron fuerzas para llorar.

1 Samuel 30:1-4

Póngase usted en el lugar de David. Este llega a caballo a la colina y allá, a lo lejos, ve la ciudad donde él y sus hombres habían vivido durante el último año y medio... destruida totalmente por el fuego hasta sus cimientos. Sin embargo, peor que la destrucción física era el costo personal. Todas sus esposas e hijos habían sido tomados por el enemigo, los amalequitas, el mismo pueblo que antes había sido asaltado por David. David y sus hombres lloraron hasta quedarse sin lágrimas. Si usted ha llorado alguna vez así, puede comprender la profundidad de esa depresión.

Veamos ahora lo que sucedió:

> David estaba muy angustiado, porque el pueblo hablaba de apedrearlo. Todo el pueblo estaba con ánimo amargado, cada uno por causa de sus hijos y de sus hijas.
>
> 1 Samuel 30:6

El cuarto paso hacia abajo fue *la desconfianza*. Las mismas personas que habían visto en David a un guía y amigo, lo rechazan disgustados por los resultados. Los hombres que él había entrenado en la cueva, sus excelentes soldados de Parán, son los que ahora están rezongando. "Ya no le tenemos confianza a David", dicen. Al autobús de la carnalidad se había subido también el amotinamiento.

David había llegado al punto donde algunos piensan en quitarse la vida. Había descendido tanto en la escalera de la desesperación, que había llegado al último peldaño, a la última parada. Al punto donde la persona, o cae en el desasosiego o clama a Dios implorándole perdón y que lo salve. Lo maravilloso es que no tenemos que llegar a esa decisión, porque Dios nunca abandona a sus hijos.

David tomó la decisión correcta:

> David estaba muy angustiado... Pero David se fortaleció en Jehovah su Dios.
>
> 1 Samuel 30:6

¡Así se hace, David! Esa es la manera de manejar el Pantano del Desaliento. El foso puede parecer no tener fondo, pero arriba hay esperanza. ¡Levanta tus brazos, porque allí hay esperanza!

Por primera vez en dieciséis meses, David levanta sus ojos al cielo y dice: "¡Oh, Señor, ayúdame!" Y el Señor lo hace. Siempre lo hará, porque él es "nuestro pronto auxilio" (Sal. 46:1) en los momentos de necesidad. Los días de oscuridad exigen claridad de pensamiento y un enfoque vertical. Esto es lo que David aprende en este momento de su vida. Descubre que el Pantano del Desaliento no ha sido hecho para que caigamos en él de espaldas y nos trague... sino para ponernos de rodillas y obligarnos a mirar hacia arriba.

Es posible que usted conozca el gozo y el éxtasis de caminar con Cristo, pero en un momento de desaliento ha optado por la senda equivocada en la bifurcación del camino, y se encuentra ahora en el terreno de la carnalidad... viviendo en el "encierro carnal". En las palabras del profeta, usted ha sido como los que, por haber "sembrado viento, cosecharán torbellino" (Oseas 8:7).

Pero, al igual que David, ya está cansado de sentirse como un apátrida. La decepción se ha convertido en desconfianza... y la presión lo está matando.

¡Levante sus manos y venga al Señor! El Padre le espera a la puerta, listo para perdonarle y dispuesto a restaurarle. Es tiempo de regresar... de hallar fuerzas una vez más en el Señor su Dios.

Capítulo once

DOS MUERTES...
UN CONTRASTE

¿**Q**ué cree usted que le escribirán como epitafio los que le sobrevivan? ¿Qué dirá la nota necrológica sobre usted? ¿Qué palabras utilizarán en el homenaje que sintetice su vida, carácter y actividad?

El epitafio de Saúl fue uno bien triste, que resumía la trágica vida de este hombre que jugó un papel tan importante en la vida de David. Fue un rey que pudo haber sido un ejemplo a imitar por parte de David, y su guía, pero en vez de ello casi se convirtió en su asesino.

El epitafio de Saúl, en tres palabras, aparece en el capítulo 26 de 1 Samuel:

> Entonces Saúl dijo: He pecado.Vuelve, David, hijo mío, porque ningún mal te haré en adelante, pues hoy mi vida ha sido estimada preciosa ante tus ojos. He aquí que *he actuado neciamente* y he cometido un grave error.
> 1 Samuel 26:21 (énfasis del autor)

"He actuado neciamente." ¡Con qué acierto describen estas palabras la vida de Saúl! "Tuve a Dios de mi parte, pero

viví como si él no existiera. Hubo un amanecer grandioso y
glorioso en mi carrera en el que él me ungió como rey, o por lo
menos el pueblo lo hizo. Era el mejor de todos en Israel, y
sobresalía por una cabeza sobre todos los demás hombres. Era
un tipo encantador, fuerte y un líder natural. Era el hombre
ideal para el cargo. El pueblo me escogió para que lo liderara,
pero no conocían mi interior. He actuado neciamente."

J. Sidlow Baxter describe lo que significa actuar neciamente.

Un hombre actúa neciamente cuando descuida a sus amigos temerosos de Dios, como Saúl descuidó a Samuel. Un
hombre actúa neciamente cuando se lanza a empresas
para Dios antes de haber sido enviado por él, como lo hizo
Saúl. Un hombre actúa neciamente cuando desobedece a
Dios, aun en las cosas aparentemente pequeñas, como lo
hizo Saúl al comienzo; porque tal desobediencia casi siempre induce a rebeliones mayores. Un hombre actúa neciamente cuando trata de ocultarle a Dios su desobediencia
presentando excusas religiosas, como hizo Saúl. "El obedecer es mejor que los sacrificios" (1 Sam. 15:22). Un hombre actúa neciamente cuando trata de convencerse a sí
mismo, cuando todo el tiempo, en lo más profundo de su
corazón, sabe que no tiene razón. Un hombre actúa neciamente cuando permite que los celos o el odio lo dominen,
lo esclavicen y lo perviertan, como lo hizo Saúl, contra
David. Un hombre actúa neciamente cuando deliberadamente se enfrenta a Dios, como lo hizo Saúl al perseguir a
David, para mantener su posición. Un hombre actúa neciamente cuando se aparta de Dios, del Dios que ha entristecido, y busca una alternativa en el espiritismo, consul-
tando a espíritus del más allá. El resultado de todas estas
formas de pecado y de locura, es el suicidio moral y espiritual. En ese recorrido cuesta abajo sólo podemos terminar
con el lastimoso lamento de Saúl: *He actuado neciamente.*

Saúl hizo todas estas cosas, y en ese momento lo sabía.
Desobedeció deliberadamente y ofreció estas palabras para su
lápida: "He actuado neciamente." La gente me ve y dice: *¡Oh,
qué rey!*, pero Dios me ve bien adentro y dice de mí: "¡Qué necio! ¡Qué vida tan necia y vacía!"

Pero Saúl no sólo vivió una vida necia, sino que además

tuvo una muerte trágica. Cuando usted lee el relato, casi no puede creer que sea el mismo Saúl de quien Samuel dijo una vez:

¿No te ha ungido Jehovah como el soberano de su heredad?... el Espíritu de Jehovah descenderá sobre ti con poder... y serás cambiado en otro hombre. Y sucederá que cuando te hayan acontecido estas señales, haz lo que te venga a mano, porque Dios está contigo.

1 Samuel 10:1, 6, 7

EL FINAL DE SAUL: UNA TRAGEDIA DOLOROSA

He aquí la triste relación del final de la vida de Saúl:

Los filisteos combatieron contra Israel, y los hombres de Israel huyeron delante de los filisteos y cayeron muertos en el monte Gilboa. Los filisteos siguieron de cerca a Saúl y sus hijos; y mataron a Jonatán, a Abinadab y a Malquisúa, hijos de Saúl. La batalla arreció contra Saúl, y los hombres que tiran con el arco lo encontraron; y fue herido gravemente por los arqueros. Entonces Saúl dijo a su escudero: "Saca tu espada y atraviésame con ella, no sea que vengan esos incircuncisos y me atraviesen, y hagan mofa de mí." Pero su escudero no quiso, porque tenía mucho miedo. Entonces Saúl tomó la espada y se dejó caer sobre ella... Así murieron aquel día Saúl..."

1 Samuel 31:1-4, 6

La escena corresponde a lo que siguió a la batalla: Fue una masacre, un lugar de horror inconcebible. Hay cadáveres desparramados por todas partes. Los filisteos han venido a acabar con lo que queda del enemigo y a terminar el trabajo. ¡Qué banda tan sádica esos filisteos! Les encantaba derramar sangre y ahora tenían al enemigo en la mira.

La batalla se había vuelto totalmente en contra de Saúl. El y el ejército israelita huyen a la desbandada antes de la arremetida del enemigo, y son abatidos. Los filisteos matan a sus tres hijos (entre ellos a Jonatán, el amigo íntimo de David). Es posible que todos ellos fueran masacrados ante los ojos de Saúl, aunque eso no lo sabemos. Después los arqueros le tiran al rey, quien es mortalmente herido. La Vulgata La-

tina dice: "Fue herido en el abdomen; fue una herida mortal."
Saúl no podía escapar, porque estaba moribundo. Las flechas de los filisteos le habían atravesado el cuerpo; y sus hijos
yacían a su lado. Era un espectáculo doloroso.

En ese momento, le dice a su paje de armas, que ha permanecido fiel a su lado: "Saca tu espada y remátame."

Saúl no quiere sufrir la humillación final de que los odia-
dos filisteos se burlen de su cuerpo o que lo ridiculicen antes
de morir. ¿No resulta interesante que esté tan preocupado por
su imagen ante el enemigo, pero que muestre tan poca preocupación por su relación con Dios, con quien está a punto de
encontrarse?

Eso es lo que sucede cuando la desobediencia nos embota
los sentidos. Nos preocupa muchísimo lo que los demás digan,
pero de alguna manera hemos perdido contacto con lo que
Dios piensa y con lo que él pueda decir. No hay ni una sola palabra en el relato de la muerte de Saúl que tenga que ver con
la oración. Sólo dice que Saúl cayó sobre su espada y murió
(31:4).

Saúl tuvo una muerte ignominiosa, pero la escena que
sigue es aun peor:

> Y al ver los hombres de Israel que estaban al otro lado del
> valle, y los del otro lado del Jordán, que los hijos de Israel
> habían huido, y que Saúl y sus hijos habían muerto, aban-
> donaron las ciudades y huyeron. Entonces los filisteos fue-
> ron y habitaron en ellas.
>
> 1 Samuel 31:7

Así pues, los filisteos no sólo saquearon el territorio, sino
que también comenzaron a vivir en las ciudades que antes
habían sido habitadas por los israelitas.

> Aconteció que al día siguiente, cuando los filisteos fueron
> para despojar a los muertos, hallaron a Saúl y a sus tres
> hijos caídos en el monte Gilboa.
>
> 1 Samuel 31:8

Eso es lo normal en una batalla. Cuando el enemigo es
derrotado, le son quitadas todas las armas y el bagaje. Esto
puede significar la supervivencia del vencedor en el futuro si

el enemigo se reagrupa y la batalla continúa. Cualquier cosa que se les quite, no podrá ser usada de nuevo, en el futuro, contra el vencedor. Así pues, cuando los filisteos comenzaron a despojar a los muertos, se encontraron con Saúl. Veamos lo que sigue.

Ellos le cortaron la cabeza y le despojaron de sus armas, y enviaron mensajeros por toda la tierra de los filisteos para dar la buena noticia en el templo de sus ídolos y al pueblo.

1 Samuel 31:9

Saúl, el hombre que una vez supo lo que era la alegría y las bendiciones del reino; el hombre que fue el representante de Dios ante el pueblo escogido; el hombre tan preocupado por su imagen, yace ahora muerto. Le mutilan el cuerpo, y su cabeza, que le ha sido cortada, es llevada de un lugar a otro. Los filisteos se mofaron del hombre, se burlaron de su muerte, y también, sin duda alguna, hicieron comentarios blasfemos acerca de Jehovah, el Dios de Saúl y de los israelitas.

Después pusieron sus armas en el templo de Astarte, y clavaron su cadáver contra el muro de Bet-seán.

1 Samuel 31:10

Alfred Edersheim, en sus escritos históricos, expresa excelentemente y con breves palabras elocuentes, la verdad de escenas como ésta. Dice así:

La noche había llegado. Los cuerpos decapitados de Saúl y de sus hijos, abandonados por todos, son mecidos por el viento sobre las paredes de Bet-seán, en medio de la áspera cacofonía de los buitres y de los chacales.

¡Qué escena tan trágica y espantosa! Pero la mayor tragedia de todas es que no tenía que haber sucedido. Este hombre no tenía necesidad de morir como lo hizo, pero la verdad es que él mismo escogió su propio destino. Escogió palmo a palmo, y día tras día, entrar en componendas y vivir a la luz de la desobediencia. Y escupió en la cara de Aquel que le dio su gracia, como diciéndole: "No te necesito. Yo viviré y moriré como me plazca." Saúl escogió su senda carnal y por eso no debe sorprendernos el desenlace. Pero fue en verdad un sufrimiento que bien pudo haberse evitado. F. B. Meyer dice:

Esto es lo más cruel de todo: saber que pudo haberse evitado ese sufrimiento; que es el resultado del desatino y de la contradicción; que es la cosecha de lo que uno mismo siembra; que a los buitres que se alimentan de nuestras tripas los hemos criado en nuestras propias entrañas. ¡Oh, Dios, qué dolor tan grande!

Esto es lo que sucede cuando el acomodo o la desobediencia se apoderan lentamente de nuestra vida, días tras día, haciendo nulo nuestro testimonio cristiano, viviendo en la mediocridad, tomando el camino fácil, y viviendo como el mundo perdido.

Cuando Saúl apagaba las luces en la noche, la habitación se llenaba de sentimientos de culpa, desesperación y amargura, que corroían su interior como un ácido. Pero lo subrayo otra vez: El mismo fue quien *escogió* esa clase de vida. Pudo haberlo evitado.

Es interesante que al hacer un poco de estudio geográfico, uno ve que Bet-seán no estaba en realidad muy lejos de donde Saúl fue investido como rey. ¿No es eso sorprendente? En sus cuarenta años, en sus cuatro décadas completas como rey, hizo pocas conquistas territoriales para la nación de Israel. Su vida terminó a unos pocos kilómetros de donde había iniciado su reinado, con el cuerpo colgado, proyectado contra la noche iluminada por la luna, a escasa distancia a caballo de donde, en su día de gloria, resonaron las trompetas anunciándolo como el rey de Israel. Es una triste realidad; pero considerando lo que él mismo había escogido, no nos sorprende. Algunos, sin embargo, le tuvieron lástima a este hombre: Los habitantes de Jabes, un pueblo al oriente del río Jordán.

Cuando todos los habitantes de Jabes, en Galaad, oyeron lo que los filisteos habían hecho con Saúl, todos los hombres valientes se levantaron, caminaron toda aquella noche y tomaron del muro de Bet-seán el cadáver de Saúl y los cadáveres de sus hijos. Cuando llegaron a Jabes, los incineraron allí. Luego tomaron sus restos y los sepultaron debajo del tamarisco en Jabes, y ayunaron siete días.

1 Samuel 31:11-13

LA MUERTE DE CRISTO: UNA ANALOGIA CLASICA

En la gran tragedia de la vida de Saúl hay una analogía muy interesante, una analogía entre la muerte de Saúl y la muerte de Cristo. A primera vista, pudiéramos decir: "¿Qué pueden tener en común Saúl y Cristo?" En realidad, hay seis analogías que vale la pena observar.

Primera: *La muerte de Saúl pareció ser el fin de toda esperanza nacional.* Cuando Saúl murió, muchos pensarían: *Este es el fin de Israel. Es seguro que los filisteos nos conquistarán ahora.* De manera parecida, la muerte de Cristo pareció ser el fin de toda esperanza nacional y espiritual. Póngase usted mismo en el lugar de los que estaban rodeando la cruz. Algunos de éstos, observando desde la seguridad de las sombras, pudieron pensar: *¡No hay ningún reino! ¡Estamos liquidados!* Otros dijeron: "Creímos en un engaño. Nuestro sueño no fue sino una fantasía. Estamos liquidados." Parecía el fin de toda esperanza nacional y espiritual.

Segunda: *La muerte de Saúl pareció ser la victoria final del adversario.* Los filisteos marcharon triunfantes, exhibiendo las cabezas de Saúl y de sus hijos, y meciendo sus cuerpos para que los vieran, probablemente en medio de gritos: "¡Ganamos la victoria!" Cuando Cristo murió, parecía como si el Adversario de nuestras almas hubiera triunfado. Este debe haberse pavoneado en cada una de las puertas del infierno, diciendo: "El triunfo es mío. Soy el vencedor. El Mesías ha muerto."

Tercera: *La muerte de Saúl preparó el terreno para un plan de operación totalmente nuevo, y marcó el comienzo del linaje real de David,* que desembocó en el Mesías. Cuando Jesucristo murió, se puso en movimiento toda una nueva operación y dio inicio a nuestra gran salvación.

Cuarta: *La muerte de Saúl significó la oportunidad para alguien que, de otra manera, no habría sido incluido en el linaje bendito de Dios,* o sea, David. La muerte de Cristo significó la misericordiosa oportunidad de la bendición de la salvación para los gentiles que, de otra manera, no habrían podido entrar y presentarse ante el trono de gracia.

Quinta: *La muerte de Saúl puso fin a una era de insatis-factión y fracaso.* La muerte de Cristo puso fin a una era de ley y culpa, estableciendo un arreglo completamente nuevo basado en la gracia.

Sexta y última: *La muerte de Saúl exhibió la necedad del hombre.* La muerte de Cristo exhibió, en términos humanos, la "necedad" de Dios. A través de la "necedad" del plan de Dios, él hace que ocurra lo increíble, tomando la palabra predicada y cambiando las vidas gracias a la muerte de su Hijo. Hirieron y ridiculizaron el cuerpo de Jesús y, poco después de su muerte, fue colocado apresuradamente en una tumba porque el día de reposo —el sábado— se acercaba. Qué poco sabían que Dios estaba a punto de hacer el milagro más grande jamás visto por el hombre.

Ruth Harms Calkin toca profundamente nuestros sentimientos cuando pasamos por tiempos semejantes a los que vivió Saúl y en los que le tocó morir. Ella simplemente lo llama: "Toma el control."

Al comienzo, te pedí, Señor
que te pusieras de mi parte.
Con David, el salmista,
hice un círculo y subrayé:
"El Señor está por mí..."
"Mantén mi derecho, oh Señor..."
"Sálvame de mis enemigos..."
No obstante, a pesar de todas mis súplicas,
yacía en la oscuridad,
hasta que en absoluta confusión clamé:
"No, no te pongas de mi parte, Señor,
sólo toma el control."
Y de repente se hizo de mañana.

Es muy posible que el Señor les esté diciendo "no" a algunos Saúles que se hallan en el proceso de vivir esa clase de vida que bien pudieran evitar. "Ahora es el tiempo de detenerse." Es hora de decir: "Señor, no te pongas de mi parte: sólo toma el control." Nosotros, en efecto, venimos ante el Señor como ovejas, no pidiéndole que se ponga de nuestra parte, sino que simplemente tome el control.

LA MUERTE: UNA REALIDAD INEVITABLE

Al igual que Saúl y sus hijos, nosotros también moriremos. Es inevitable. Significa que en vez de negar la muerte, debemos enfrentarla.

A veces, la muerte se presenta en forma repentina. A veces tarda mucho en llegar. De vez en cuando es hermosa, dulce y tranquila. Otras veces es violenta y espantosa, sangrienta y repugnante. A veces, desde nuestro punto de vista, llega demasiado pronto. En otras ocasiones, parece que los fríos dedos de la muerte se mueven muy despacio cuando un ser querido soporta dolor y tristeza, soledad y senectud. Pero, no importa cómo llegue... nos llega a todos. No podemos escapar de ella.

Peter Marshall, cuando era capellán del Senado de los Estados Unidos, contó una vez esta historia que pone de relieve la inevitable realidad de la muerte:

Una vieja leyenda cuenta de un mercader de Bagdad que un día envió a su criado al mercado. No había pasado mucho tiempo cuando el criado regresó, pálido y tembloroso, y muy nervioso le dijo a su señor: "En el mercado fui empujado por una mujer que estaba en la multitud, y cuando me volví a ver era la Muerte la que me había empujado. Me miró y me hizo un gesto amenazador. Señor, préstame tu caballo porque tengo que apresurarme para huir de ella. Me iré a Samarra, allí me esconderé y la Muerte no me encontrará."

El mercader le prestó el caballo y el criado se marchó al galope a gran velocidad.

Más tarde ese mismo día, el mercader se dirigió al mercado y allí vio a la Muerte de pie en medio de la multitud. Se le acercó y le dijo:

—¿Por qué asustaste a mi criado esta mañana? ¿Por qué le hiciste un gesto amenazador?'

—No fue un gesto amenazador —dijo la Muerte—. Fue sólo un gesto de sorpresa. Me sorprendió verlo en Bagdad, porque tengo una cita con él esta noche en Samarra.

Cada uno de nosotros tiene una cita en Samarra. Pero eso es causa de regocijo, no de temor, siempre y cuando hayamos puesto nuestra fe en Aquel que tiene las llaves de la vida y de la muerte.

Sí, todos tenemos nuestra propia cita en Samarra, una cita que no podemos evitar o evadir. Pero hay buenas noticias para los cristianos: Los que conocemos al Señor Jesucristo como nuestro Salvador tenemos dentro de nosotros una alma y un espíritu renovados, esa parte nuestra que Dios ocupó en el momento que nacimos de arriba, cuando aceptamos la salvación que él nos ofrece. El ha hecho su morada allí y nos ha dado una nueva naturaleza. Y aunque nuestro cascarón exterior sufre y gime de dolor, y está pereciendo, nuestro ser interior está lleno de vida, esperando su morada con el Señor. Esa unión se produce en el momento —sí, en el mismo momento— que morimos.

> Por tanto, no desmayamos; más bien, aunque se va desgastando nuestro hombre exterior, el interior, sin embargo, se va renovando de día en día. Porque nuestra momentánea y leve tribulación produce para nosotros un eterno peso de gloria más que incomparable; no fijando nosotros la vista en las cosas que se ven, sino en las que no se ven; porque las que se ven son temporales, mientras que las que no se ven son eternas.
>
> 2 Corintios 4:16-18

¿Qué papel está usted jugando hoy? ¿Es auténtico? ¿Es un papel genuinamente cristiano? Si es así, permítame volver a las preguntas que le hice al comenzar este capítulo: ¿Qué cree usted que le escribirán como su epitafio los que le sobrevivan? ¿Qué dirá la nota necrológica sobre usted?

Capítulo doce

UN NUEVO REY, UN NUEVO TRONO, EL MISMO SEÑOR

Ya que hemos llegado casi a la mitad en nuestro estudio de la vida de David, conviene detenernos aquí y dar un vistazo panorámico al tema. Al considerar los detalles de la vida de David, hemos llegado al punto donde él tiene unos treinta años de edad. Pero antes de que estudiemos los próximos cuarenta años de su vida, echemos un vistazo general a su vida.

Un buen lugar para comenzar este estudio panorámico sería los últimos tres versículos del Salmo 78. Aunque breves, nos proporcionan un diagnóstico general de la vida de David.

> Eligió a su siervo David;
> lo tomó de los rediles de las ovejas.
> Lo trajo de detrás de las ovejas recién paridas,
> para que apacentase a su pueblo Jacob,
> a Israel su heredad.
> Los apacentó con íntegro corazón;
> los pastoreó con la pericia de sus manos.
>
> Salmo 78:70-72

Podemos encontrar los setenta años de la vida de David

condensados en estos tres versículos: "Eligió a su siervo David" cuando tenía unos diecisiete años. "Lo tomó de los rediles de las ovejas" cuando mató al gigante Goliat y se apartó por primera vez de las ovejas. "Lo trajo de detrás de las ovejas para que apacentase a su pueblo Jacob" a la edad de treinta años. Entre los diecisiete y los treinta años, como recordará, David estuvo huyendo de Saúl. Luego, por fin, a los treinta llega a ese momento de apogeo en su vida cuando toma el trono de Israel. ¿Qué sucede entonces? "Los apacentó con íntegro corazón; los pastoreó con la pericia de sus manos" los últimos cuarenta años.

En los primeros cincuenta años de su vida, David anduvo en la integridad de su corazón. Y aunque hubo unas pocas excursiones en la carne, la mayoría de los años de adulto joven fueron años de triunfo. Vino entonces la tragedia de los últimos veinte años de su existencia. La primera parte de su vida es un ejemplo de carácter e integridad; y la última, de descenso, hasta morir, en mi opinión, como un hombre quebrantado por la pena.

Sin embargo, hay mucho más en una vida que la pura cronología. Cuando leemos un versículo como "David tenía 30 años cuando comenzó a reinar, y reinó 40 años" (2 Sam. 5:4), es fácil olvidar lo que lo llevó a ser exaltado como rey, porque tenemos la tendencia a concentrarnos en el momento presente y a olvidar el ayer y el mañana. Algunos de los eventos del ayer necesitan ser olvidados y algunos de los del mañana, dejados al Señor sin ninguna ansiedad, pero necesitamos tener una perspectiva de la vida semejante a la que Dios tiene.

Nuestro pasado es como una galería de arte. El recorrer los corredores de nuestra memoria es como recorrer una galería de arte. Sobre las paredes están todas las pinturas del ayer: Nuestro hogar, nuestra niñez, nuestros padres, nuestra crianza, los sufrimientos, las dificultades, los triunfos y alegrías, y también los abusos e injusticias de nuestra vida. Puesto que Jesucristo nuestro Señor es el mismo ayer, hoy y por los siglos, podemos tomar al Cristo de hoy y volver al ayer acompañados de él, y pedirle que quite las pinturas que nos producen recuerdos de sufrimiento o de derrota. En otras palabras, el cristiano puede permitirle a Jesús invadir el ayer para que se encargue de esos años de aflicción, de esos años comidos por la oruga (Joel 2:25, 26), y para que quite esas escenas de los corredores de nuestra vida. Yo las tengo; usted también las tiene. Necesitamos permitirle al Señor dejar los murales que nos producen placer y victoria, y descolgar de las paredes las cosas que nos traen desazón y derrota.

Por las muchas acciones heroicas de David y por el legado que dejó, es fácil olvidar que por doce o más años vivió como un fugitivo y que vivió muchas horas de desaliento en el desierto. Durante esos años, fue un hombre quebrantado y humillado. Aprendió mucho de esos años amargos, pero de poco bien le habría servido revivir el dolor que le trajeron a su vida.

Al final, sin embargo, se convierte en rey, el segundo rey de Israel, escogido y ungido por Dios mismo. ¿Cómo llegó al trono? ¿Lo tomó por asalto y exigió que todo el mundo se sometiera a su autoridad? No. David era un hombre *inteligente*. Había aprendido a dirigir y a cómo lograr la adhesión de los demás en torno suyo, por sus aflicciones pasadas... especialmente cuando tuvo que vivir en la cueva, ¿lo recuerda?

Muchas veces manejamos mejor las aflicciones que las promociones. Thomas Carlyle dijo: "Por cada hombre que sabe afrontar la prosperidad, hay cien que saben afrontar la adversidad." Pero David era un hombre de cara al éxito. Su predecesor había muerto por su propia mano. Si hubo alguna vez la oportunidad de que un hombre tomara la vida con sus manos y exigiera ser seguido, esta era la ocasión. Pero él no lo hizo.

Después de enterarse de la noticia de la muerte de Saúl,...

> David consultó a Jehovah diciendo:
> —¿Subiré a alguna de las ciudades de Judá?
> Jehovah le respondió:
> —Sube.
> David volvió a preguntar:
> —¿A dónde subiré?
> Jehovah le respondió:
> —A Hebrón. 2 Samuel 2:1

DE FUGITIVO A MONARCA

David recordó cuando Samuel lo ungió y le susurró al oído: "Tú serás el próximo rey." Lo recordó de muchos años atrás cuando era sólo un adolescente, y por eso preguntó: "Señor, ¿subiré a alguna de las ciudades?" Lo que realmente quería saber, era: "¿Ahora es el momento, Señor?" El no se apresuró a tomar posesión del trono, sino que esperó pacientemente que Dios le diera más instrucciones, y Dios le reveló su plan. Lo que le dijo, en realidad, fue: "Comienza tu reinado en Hebrón."

En aquellos días, el Señor les hablaba audiblemente a sus siervos. Hoy nos habla con su Palabra escrita. Quizás usted se encuentra ahora en una situación en la que se está diciendo: "Dios evidentemente ha abierto una puerta, y estoy a punto de entrar por ella. Pero... ¿es eso lo que debo hacer?" Nuestra inclinación es dispararnos cuando vemos que podemos lograr algún beneficio en ello. Pero a veces es mejor comenzar muy calmadamente... dar con mucho cuidado los primeros pasos.

Aquí vemos que el Señor le dice al nuevo monarca, David:

—¡No, espera! Aunque vas a ser el rey, sé humilde... anda con cuidado. *Sé inteligente.*

—¿Debo subir?

—Sube.

—¿A dónde iré?

—Ve a Hebrón.

Y eso fue precisamente lo que hizo David. La Biblia nos dice cuánto tiempo se desempeñó en ese carácter limitado.

> El tiempo que David fue rey en Hebrón sobre la casa de Judá fue de siete años y seis meses.
>
> 2 Samuel 2:11

David tiene cerca de treinta años cuando Saúl muere, pero no se dirige inmediatamente a Jerusalén para convertirse en el gobernante de toda la nación. En vez de eso, por instrucciones de Dios, va a Hebrón donde tiene un reinado restringido sobre el pueblo de Judá por siete años y medio. Pero no se queja; no está ansioso; ha aprendido a esperar en Dios.

Sin duda alguna, en ese tiempo había algunos adláteres aspirantes al trono, pájaros de cuenta autoelegidos que dependían de Saúl, esperando una oportunidad... y David pacientemente dejó que el Señor se encargara de cada uno de ellos. Simplemente se fue a Hebrón y se estableció allí, sabiendo que tenía la capacidad de gobernar a toda la nación, pero no hasta que Dios le señalara el momento. Una humildad tal es algo que todo el mundo admira.

Lamentablemente, mientras estuvo allí, David tomó algunas decisiones que después lamentó. Si vamos a 2 Samuel 3, veremos un par de ellas.

Fue larga la guerra entre la casa de Saúl y la casa de David. Pero David se iba fortaleciendo, y la casa de Saúl se iba debilitando.

2 Samuel 3:1

Luego sigue lo que puede sonar como una genealogía poco interesante, pero a través de ella aprendemos algo acerca del lado débil del carácter de David:

A David le nacieron hijos en Hebrón. Su primogénito fue Amnón, de Ajinoam, de Jezreel. El segundo fue Quileab, de Abigaíl, que fuera mujer de Nabal, de Carmel. El tercero fue Absalón, hijo de Maaca hija de Talmai, rey de Gesur. El cuarto fue Adonías, hijo de Haguit. El quinto fue Sefatías, hijo de Abital. El sexto fue Itream, de Egla, mujer de David. Estos le nacieron a David en Hebrón.

2 Samuel 3:2-5

¿Qué nos dice esto? Que David no tuvo simplemente seis hijos... sino que tuvo seis hijos con seis esposas diferentes. Esta poligamia fue una de las manchas negras en la vida de David, que después pagó caro.

Si uno traza la genealogía de la familia inmediata de David, su tamaño era enorme. Veamos las esposas que tuvo en Hebrón: Ajinoam, Abigaíl, Maaca, Haguit, Abital y Egla. Y eso sin contar a Mical, hija de Saúl, que fue su primera esposa. Cuando David se vio obligado a huir para salvar su vida, Saúl la dio a otro hombre. Después, durante la guerra entre la casa de Saúl y la casa de David, mencionada antes, David exigió que Mical le fuera devuelta, aunque estaba casada con otro. Después que se marcha a Jerusalén, sólo se menciona a una esposa (además de Mical) y esa es Betsabé, la madre de Salomón. Sin embargo, de acuerdo con 2 Samuel 5:13-16 y 1 Crónicas 3:1-9, David tuvo muchas otras esposas y concubinas que le dieron hijos en Jerusalén, pero de la mayoría de ellas no sabemos nada.

Si mi cálculo es correcto, David tuvo un total de veinte

hijos varones y una hija, Tamar, quien es mencionada entre los hijos de Maaca tenidos en Hebrón: Maaca fue también la madre de Absalón.

LA FAMILIA INMEDIATA DE DAVID

I. Hijos nacidos en Hebrón. Edad de David: 30-37 años (2 Sam. 3:2-5, 13, 14; 13:1; 1 Crón. 3:1-4)

Esposas:	Hijos:
Ajinoam	Amnón
Abigaíl	Quileab (o Daniel)
Maaca	Absalón y Tamar
Haguit	Adonías
Abital	Sefatías
Egla	Itream
Mical (estéril)	

II. Hijos nacidos en Jerusalén. Edad de David: 37-70 años (2 Sam. 5:14-16; 1 Crón. 3:5-8; 2 Crón. 11:18)

Esposas:	Hijos:
Betsabé (o Bet-súa)	Samúa (o Simea), Sobab Natán, Salomón, Yedidías
Esposas no identificadas	Ibjar, Elisúa (o Elisama) Elifelet, Noga, Néfeg, Jafia, Elisama, Eliada (o Beeliada) Elifelet, Jerimot

* El número total de hijos fue de veinte varones y una hija (sin contar las concubinas y los hijos tenidos con ellas, que no están identificados en la Biblia. Véanse 2 Samuel 5:13; 15:16; 1 Crón. 3:9).

Quiero que tenga esto presente, porque la enorme familia de David se convirtió en una cuestión importante más tarde en su vida, especialmente después de su adulterio con Betsabé. David tuvo, además de sus esposas, algunas de las cuales ni siquiera son mencionadas, un cierto número de concubinas no identificadas. Esta numerosa familia comenzó durante sus años en Hebrón, donde reinó con carácter limitado durante siete años y medio.

Entonces vinieron todas las tribus de Israel a David, en Hebrón, y le hablaron diciendo: "He aquí nosotros somos hueso y carne tuya. En tiempos pasados, cuando Saúl aún reinaba sobre nosotros, tú eras quien sacaba y hacía volver a Israel. Y Jehovah te dijo: 'Tú pastorearás a mi pueblo Israel, y tú serás el soberano de Israel.' " Fueron, pues, todos los ancianos de Israel al rey, en Hebrón. Y el rey David hizo un pacto con ellos en Hebrón, delante de Jehovah. Entonces ungieron a David como rey sobre Israel. David tenía 30 años cuando comenzó a reinar, y reinó 40 años. En Hebrón reinó sobre Judá siete años y seis meses, y en Jerusalén reinó 33 años sobre todo Israel y Judá.

2 Samuel 5:1-5

LA AUTORIDAD DE DAVID

Con su cuartel general en Jerusalén, David tuvo por fin el reinado ilimitado que le había sido prometido como líder ungido por Dios. Su poder y las bendiciones de Dios eran grandes.

Entonces el rey, con sus hombres, fue a Jerusalén, contra los jebuseos que habitaban en aquella tierra... David tomó la fortaleza de Sion, que es la Ciudad de David [o sea, Jerusalén]... David habitó en la fortaleza, y la llamó Ciudad de David. Luego David la edificó alrededor, desde Milo hacia adentro. David iba engrandeciéndose más y más, y Jehovah Dios de los Ejércitos estaba con él. Entonces Hiram, rey de Tiro, envió mensajeros a David; también madera de cedro, carpinteros y canteros para los muros; y edificaron una casa para David. Entonces David comprendió que Jehovah le había confirmado como rey sobre Israel y que había enaltecido su reino por amor a su pueblo Israel.

2 Samuel 5:6-12

Cuando comenzaron las bendiciones, éstas rebosaron la copa de David. Pocos monarcas han tenido tanto poder y prestigio.

G. Frederick Owen, un excelente historiador que escribe

más como un novelista, describe al reinado de David de la manera siguiente:

Todo favorecía la prosperidad nacional de Israel. No había ninguna gran potencia en Asia occidental proclive a evitar que Israel se convirtiera en una poderosa monarquía... Los hititas habían sido humillados; y Egipto, que era gobernado por los últimos reyes de la vigésimaprimera dinastía, había perdido su prestigio y casi se había derrrumbado. Los filisteos fueron reducidos a una estrecha porción de sus antiguos dominios, y el rey de Tiro buscó una alianza de paz con David.

Con mano firme, David logró contener y derrotar a los enemigos de Israel, que constantemente habían hostilizado, molestado y agredido a los hebreos. Moab y Amón habían sido conquistados. Luego los edomitas, alarmados por el poder cada vez mayor de Israel, se levantaron contra David, pero fueron derrotados por Abisai, quien se adentró en Petra y se convirtió en el jefe de ese país.

...Se abrieron las rutas comerciales de par en par y con ello llegaron las mercaderías, la cultura y la riqueza de Fenicia, Damasco, Asiria, Arabia, Egipto y de naciones más distantes. Para su pueblo, David fue rey, juez y general, pero para las naciones a su alrededor era el potentado de todo el mundo del Cercano Oriente, el monarca más poderoso de su tiempo.

Dicho sencillamente, eso era mucho poder para ser manejado por un líder, especialmente para un hombre tan impetuoso como David. Son muy pocos los hombres a los que se puede confiar tal poder, porque con él vienen aparejadas tentaciones extraordinarias que muy pocos saben cómo manejar. Como decimos: "El poder corrompe... pero el poder absoluto corrompe absolutamente." Recordemos, sin embargo, que la mano de Dios estaba con David. No obstante, seguía siendo un hombre que podía fracasar. Pero de eso nos ocuparemos después. Por ahora, disfrutemos de las bendiciones que él se encuentra disfrutando. ¡Bien merecidas las tenía, después de tanto tiempo!

Los logros de David fueron extraordinarios. Desde el punto de vista territorial, ensanchó los límites de Israel de 15.540 a 155.400 kms². ¡Increíble! Además, estableció grandes rutas comerciales que conectaban a Israel con todo el mundo conocido. Como resultado, vinieron a la nación riquezas como nunca había conocido antes.

David también unificó a la nación bajo Jehovah Dios, creando un interés nacional por las cosas espirituales. No era sacerdote, era un rey... pero realzó el papel del sacerdocio de manera que el judaísmo pudo funcionar libre y abiertamente en toda la nación. Además, destruyó los altares idolátricos.

Repito: David fue un hombre admirable: Brillante organizador, buen administrador, brillante planificador. Fue también un excelente estratega de la guerra, que siempre estuvo a la vanguardia en cuanto a la defensa militar.

LAS FLAQUEZAS DE DAVID

David fue también humano, muy humano. En realidad, tuvo tres grandes fracasos en su vida, tres dolorosos defectos.

Primero: *Se involucró tanto en la actividad pública que perdió el control de su familia.* Como vimos anteriormente, este hombre tuvo demasiadas esposas y demasiados hijos a quienes liderar y criar debidamente. Por ser un hombre de gran pasión viril, se entregó apasionadamente a estas mujeres. El resultado fue que tuvo demasiados hijos que fueron dejados a su suerte en cuanto a su crianza. Hay poca diferencia entre la vida en los barrios pobres y la vida en el palacio de un rey si no hay suficiente dirección y guía paternas. Un rey o una reina pueden tener hijos pródigos y rebeldes tan fácilmente como aquellos que carecen de riqueza y posición social.

Eso fue exactamente lo que le ocurrió a David. En el apogeo de su reinado, cuando se están produciendo todos estos admirables acontecimientos, es evidente que David se había desconectado de su familia. Sus hijos eran unos indisciplinados. Y como veremos en el capítulo 18, Absalón se rebeló contra él. Engañó a su padre y lo echó del trono. David tuvo, trágicamente, que huir como un animal herido.

Otro de sus hijos, Amnón, violó a Tamar, su propia media hermana. Este horroroso hecho dio como resultado un asesinato y grandes relaciones disfuncionales dentro de la familia real. De acuerdo con el texto sagrado, la única reacción de David fue que "se enojó mucho". Eso fue todo. Sólo se indignó. Quizás su propio pecado y fracaso con Betsabé le impidió saber qué hacer. O, si sabía lo que debía hacer, no lo hizo. Ante la opinión pública, David era un hombre decidido y brillante; pero entre bastidores, dentro de las paredes de su propia casa, era pasivo e indiferente. De esto nos ocuparemos más adelante, pero permítame mencionarle ahora que en sus últimos años, cuando David ya era viejo, su hijo Adonías, al igual que Absalón, trató también de usurparle el trono.

> Entonces Adonías, hijo de Haguit, se enalteció diciendo: "¡Yo seré rey!" Y se consiguió un carro, jinetes y cincuenta hombres que corriesen delante de él. En toda su vida, su padre no le había contrariado diciéndole: "¿Por qué has actuado así?"
>
> 1 Reyes 1:5, 6

¡Vean esta afirmación! David jamás había *contrariado* a su hijo. Literalmente, jamás lo había entristecido. ¿Qué significa esto? Bien, ¿cómo entristece usted a su hijo? Es evidente que David no lo había castigado como debía; no lo había disciplinado cuando era necesario. Nunca lo contrarió, preguntándole: "¿Por qué has actuado así?" Así como fracasó con Absalón, tampoco ejerció control sobre Adonías. Yo podría seguir (lo haré después), pero el punto que quiero enfatizar es claro: David fue absorbido de tal manera por la vida pública que perdió el control de su familia.

El segundo fallo de David fue *que se entregó a excesos de pasión.* Todo lo que hizo, lo hizo con todo su corazón. Cuando peleaba, lo hacía hasta el final para aniquilar al enemigo. Cuando amaba, amaba con todo su corazón; las numerosas esposas y concubinas que tuvo son ejemplos de esta pasión.

Sus apetitos lo llevaron asimismo a tener rachas de ocio impropias. Una primavera, la época del año cuando los reyes solían estar en el frente de batalla, David se quedó en su casa de Jerusalén. En su pasión por el ocio, estuvo dando vueltas ese día por toda la casa, ¡y qué día tan ignominioso fue! Como usted recordará, fue el día que cayó en pecado con Betsabé. David se había vuelto indolente, desidioso, abúlico. Lo consumía la lujuria. Y el no poder controlar su urgencia sexual lo llevó a un deseo incontrolable... que dio como resultado el que se acostara con Betsabé. Luego le mintió a todo el mundo. Cuando estemos en el capítulo 16, veremos esto con mayor detalle. J. Oswald Sanders lo sintetiza correctamente: "La mayor falta de David consistió en ceder a las pasiones de la carne." La tercera falta trágica de David fue ésta: *Se convirtió en víctima de la autosuficiencia y la soberbia*. Dicho con palabras sencillas, comenzó a creer en su propia importancia. El dijo:

—Censa al pueblo, Joab.

Joab le respondió:

—¿Qué necesidad tenemos de hacer esto?

David le contestó con dureza:

—No me vengas con insolencias; no seas insubordinado. ¡Haz lo que te digo!

Joab lo hizo, y 70.000 personas murieron como juicio de Dios, un juicio contra la soberbia del rey. Veremos todo esto en detalle en el capítulo 23.

Una vez escuché a un pastor veterano hacer una advertencia a un grupo de pastores en cuanto a estas cosas. Decía que junto con el tipo de temperamento, simpatía y carisma que hacen falta para ser un líder espiritual dinámico, hay también una serie de faltas corrientes en las que se puede caer. Para que fuera fácil recordarlas, utilizó cuatro palabras que comenzaban con la misma letra: "F": Finanzas, flojera, faldas y fama. Detengámonos y pensemos en los líderes dinámicos que han caído. Casi sin excepción, una o más de estas cuatro cosas mencionadas fue la vía de la caída.

DOS VERDADES IMPERECEDERAS QUE SOBREVIVEN AL REY DAVID

Hay, por lo menos, un par de principios imperecederos que podemos aprender del reinado de David, que se aplican directamente a nuestras vidas:

Primero: *Ninguna actividad es más importante que el cultivo de una familia piadosa*. Segundo: *Ningún rasgo del carácter es tan necesario como la verdadera integridad*.

En su autobiografía titulada *One Life* (Una vida), Christian Barnard, el brillante cirujano pionero de los trasplantes de corazón y quien realizó el primero de ellos, cuenta cómo en el apogeo de sus descubrimientos y de su destacada profesión, perdió a su familia.

Era una radiante mañana de abril cuando salí de Minneápolis en mi automóvil, en dirección a Nueva York. Parecía que había pasado un siglo desde que llegara la primera vez... y un tiempo mucho más largo que todos los años anteriores. Al llegar a Nueva York, puse al automóvil en un barco y tomé un avión para Sudáfrica. En Ciudad del Cabo soplaba un viento del noroeste, y llegamos al aeropuerto casi tocando las olas.

[Mi esposa] estaba allí con los niños. Le había escrito poco en los últimos dos meses, pero, a pesar de eso, no estaba preparado para el recibimiento que me dio.

—¿Por qué regresaste? ¿Por qué mejor no te quedaste en los Estados Unidos, y no volver jamás a estar con tu familia?

Ya no había una sonrisa en sus ojos, y sus labios no parecían esperar nada. "Oh, Dios mío", pensé, "he cometido el error más terrible de mi vida."

—No te sientas tan sorprendido —me dijo—. Ya renunciamos a ti. Ya decidimos que jamás volverías.

—Fue sólo una pequeña tardanza —respondí—. Te lo dije en una carta; estábamos haciendo válvulas, válvulas para las aortas.

—También estabas haciendo una familia —contestó—. Es decir, una vez estuviste haciendo una, hasta que me dejaste plantada con toda la carga; nosotros ya hemos dejado de existir para ti.

Quise decirle que había vuelto a casa porque amaba a mis hijos y porque creía amarla a ella; que lo hice porque lo sentía. Pero, ¿que podía decir ahora que no sonara anodino?

Había comenzado a llover y la ciudad se veía gris bajo un cielo gris. Era invierno en Ciudad del Cabo, mientras que en Minneápolis era tiempo de primavera. ¿Cómo era posible que me perdiera toda una primavera?

David perdió también toda una primavera... y mucho, mucho más.

Sin embargo, cuando Dios midió el árbol de la vida de

David, no lo condenó a ser cortado y convertido en leña. En vez de eso, por su gran amor, por su gran misericordia y por su inmensa gracia, honró los numerosos esfuerzos de este hombre en favor del pueblo de Dios y del nombre de Jehovah, y también por la integridad de su corazón.

Después de tantos años, David sigue proyectando su sombra en nuestras vidas. A veces, en los monótonos meses del invierno, después de las copiosas lluvias y de los cielos grises, necesitamos mirar muy bien y con detenimiento los aspectos de nuestra vida que demandan nuestra atención... los aspectos donde somos vulnerables a las tentaciones. Necesitamos pedirle al Señor que despeje esos caminos que nos han dejado una cicatriz con los desechos del ayer. Necesitamos ser personas íntegras para quienes lo que quedó atrás es importante de modo que no nos ocurra lo mismo con nuestros hijos hoy.

No hay persona o causa digna que el enemigo de nuestras almas no quiera destruir, y a él le encanta multiplicar sus victorias. Pero si David estuviera aquí nos diría que tuviéramos mucho cuidado, porque el Enemigo está siempre en acecho, buscando obstinadamente destruirnos.

TRES LECCIONES PERMANENTES
APRENDIDAS A COSTA DE DAVID

Hay tres lecciones permanentes, al dejar atrás las páginas de 2 Samuel, capítulos 1 al 5:

1. *La prosperidad y la comodidad son peligrosas, no sólo bendiciones.* C. S. Lewis dice en su libro *Cartas a un diablo novato*: "Los largos, tediosos y monótonos años de prosperidad o de adversidad cuando se llega a la mitad de la vida, constituyen una oportunidad excelente [para el diablo]"

¿Ha llegado usted a esa etapa de la vida cuando ya no tiene que preocuparse de aquellas cosas que suelen ocupar mucho tiempo para conseguirlas? La prosperidad y la comodidad son momentos peligrosos más frecuentemente de lo que parece.

2. *El pecado escandaloso es la culminación de un proceso, no un acto repentino.* Recordará que en 2 Samuel 3,

David aumentaba cada vez más su fortuna y también su número de esposas. Pero, ¿cuándo es bastante lo bastante? ¿Cuando tuviera un harén lleno de ellas y no se sintiera satisfecho, y buscara más para satisfacer su lujuria? El pecado escandaloso no es un acto repentino, sino un proceso que llega a un punto de culminación. Y quien lo comete se dice a sí mismo en las primeras horas del día siguiente: "No puedo creer que yo haya hecho eso." Eso, con toda seguridad, debió ser lo que dijo David.

3. *La confesión y el arrepentimiento ayudan a sanar una herida, pero jamás borran todas las cicatrices.* Si somos lo suficientemente honestos como para admitirlo, a veces, cuando sentimos la tentación de pecar, decimos: "Bueno, puedo hacer esto ahora y después se lo confieso a Dios y me arrepiento, y él me perdonará", y eso es cierto. Pero debo advertirle que jamás podrá borrar las cicatrices. El Señor curará la herida, pero dejará las cicatrices. Y sus hijos, y los hijos de éstos, pueden sufrir las consecuencias. Eso lo más doloroso de todo. La paga del pecado es terrible.

La única esperanza que tenemos es la dependencia diaria del Dios vivo. Es la única manera como podemos salir victoriosos. El se conmueve por nuestras flaquezas, nuestras debilidades, nuestra impotencia en los momentos de oscuridad y soledad, y no nos niega su ayuda. A él le conmueve todo esto, y nos dice: "Estoy listo a ayudarte con todo el poder que necesitas. Clama a mí y yo te responderé."

¿Entonces qué? ¡Clame a él! Deténgase en este momento y clame a él. El escuchará y atenderá su clamor. Sé por qué se lo digo. Hace pocos días lo hice... y me dio la fortaleza que necesitaba para seguir adelante.

Capítulo trece

DAVID Y EL ARCA

Si uno menciona a David, la mayoría de las personas inmediatamente hará la relación: "Ah, sí, David y Goliat." O pensarán en David como el hombre que cayó en pecado con Betsabé. Cuando algunos escuchan el nombre "David", piensan en la oportunidad cuando Samuel lo ungió para ser rey, siendo apenas un adolescente. Algunos piensan en David el guerrero, o en David y Saúl. O en la gran y fiel amistad que tuvo con Jonatán. Como padre, tengo la tendencia a pensar en David como un hombre deshecho y bañado en lágrimas después de enterarse de la prematura muerte de su hijo Absalón.

Pero ninguna de estas cosas son las que Dios recuerda acerca de su fiel rey, su escogido, su hombre. Si usted quiere saber lo que Dios recuerda en cuanto a David, tendrá que ir al Nuevo Testamento, al libro de los Hechos, capítulo 13, versículo 22. Quien habla allí es Pablo, que se está dirigiendo a un grupo de personas que conocían su propia historia judía. Estaba desarrollando un mensaje que iba a concluir con la persona de Cristo, pero al hacerlo también les recuerda escenas del pasado. Les dice cómo pidieron los israelitas un rey y Dios les dio a Saúl. Después les dice:

Después de quitarlo [Dios a Saúl], les levantó por rey a David, de quien dio testimonio diciendo: He hallado a David hijo de Isaí, hombre conforme a mi corazón, quien hará toda mi voluntad.

Hechos 13:22

¡Qué magnífico epitafio! No dice: "He hallado a David para que sea un gran guerrero", ni "He hallado a David para que sea un fiel pastor", ni "He hallado a David para que sea un rey brillante", nada de estas cosas. Lo que el versículo dice, es: "He hallado a David interesado en las mismas cosas por las que yo me intereso. Es un hombre cuyo corazón late en sincronía con el mío. Cuando miro a la derecha, David mira a la derecha. Cuando miro a la izquierda, David mira a la izquierda. Y cuando le digo: 'Me interesa eso', David dice 'A mí también me interesa'." Eso es ser un hombre, una persona, conforme al corazón de Dios.

Hay quienes al reflexionar sobre la vida, dicen: "Bueno, a veces se gana y a veces se pierde. Hay que tratar de sacarle el mejor provecho. Nadie es perfecto." Y hay otros que dicen: "Si Dios lo dice, quiero hacerlo." Estos últimos son "conforme al corazón de Dios".

En la familia de Dios hay dos categorías de personas. Los del primer grupo pasan un tiempo considerable en el "encierro carnal", mucho tiempo lamentándose y quejándose, para después recuperarse de las aventuras que están muy alejadas del plan y de la voluntad de Dios. Pero los otros no van muy lejos antes de que comiencen a advertir dónde se encuentran. Estos tienen sus cuentas al descubierto, y vuelven rápidamente al buen camino porque son "conforme al corazón de Dios". Para estas personas, nada que tenga que ver con su relación con Dios carece de importancia. Sin embargo, los que viven la mayor parte de su vida en la segunda categoría son escasos. No abundan las personas que tienen un corazón ardiente para Dios, que obedecen sus preceptos y que honran sus principios. Pero David era una de ellas.

Cuando usted va conduciendo en su coche y ve una señal que dice: "Límite máximo de velocidad 80 kms/hora", eso es un precepto. Significa que la velocidad debe ser 80 kms/hora, no importa que se trate de las 3:00 de la madrugada o las 3:00 de la tarde, o que sea en la carretera desierta o en medio del tráfico de más afluencia en las horas punta. El límite máximo es claramente 80 kms/hora. Eso es un precepto; sin discusión. Pero si la señal dice: "Conduzca con cuidado" eso es un principio. Significa una cierta velocidad cuando hay tráfico pesado en una autopista, y significa algo completamente diferente en una carretera desierta de las llanuras de los estados de Nevada o Montana. Usted manejará con cuidado y de una cierta manera en medio del tráfico, y de otra manera completamente diferente en una autopista desierta. Eso es un principio. Y los principios necesitan aplicarse con sabiduría.

Cuando se trata de la vida espiritual, los que son conforme al corazón de Dios se preocupan mucho, tanto por los principios como por los preceptos. Y cuando encuentran un precepto claramente delineado, dicen: "Al observar mi vida, me doy cuenta de que no se adapta a ese precepto. Necesito ordenar mi vida de acuerdo con ese precepto." Y hacen exactamente eso. Eso fue lo que hizo David, de acuerdo con 2 Samuel, capítulo 6... ejemplo clásico de por qué era un hombre "conforme al corazón de Dios".

UNA PREOCUPACION DE DAVID: EL ARCA

El escenario es Jerusalén y, como sabe, David es rey. En realidad, es un nuevo rey. Saúl ha muerto, pero las secuelas de su vida todavía siguen. En la última parte de su reinado de cuarenta años, Saúl abandonó sus convicciones y coqueteó con todo tipo de cosas ajenas a su cargo. Pero sobre todo (a diferencia de David) no le importaban las cosas de Dios.

ALGUNOS DETALLES QUE VALE LA PENA SABER EN CUANTO AL ARCA

Tengamos claro que en el tiempo de David la parte más importante en la adoración no era la persona sino el tabernáculo. Bajo el reinado débil y negligente de Saúl, el énfasis sobre el tabernáculo en cierto modo se debilitó. En ese tiempo, una parte particular del mobiliario sagrado se encontraba separada del tabernáculo. Resulta increíble, pero el enemigo se había apoderado del arca del testimonio.

Ahora bien, eso no significa mucho para el mundo gentil

de hoy. Pero en aquel tiempo, la pérdida del arca significaba que ya no se contaba con la presencia de Dios, porque el Señor moraba en su gloria sobre el arca del testimonio. El arca era tan importante para el Señor que dio a Moisés detalles muy específicos de cómo construirla y hacerla transportable, a fin de que los israelitas pudieran llevar esta morada de Dios a través del desierto hasta la tierra de Canaán, como lugar central de adoración. Dondequiera que era colocada el arca, allí resposaba la gloria de Dios. Es decir, la luz, la gloria del *shekinah* o presencia visible de Dios en forma de nube, estaba sobre el arca del testimonio. Era esencial en la adoración a Jehovah. Puesto que representaba la presencia de Jehovah, era lo más sagrado de toda la tierra.

Luego que David ascendió al trono, se dio cuenta de que no estaba el arca del testimonio... de que no estaba el símbolo de adoración. Por tanto, la vida espiritual del pueblo de Israel se había vuelto mediocre. El pueblo había perdido el fervor por Dios. Como líder que era del pueblo, David sabía que tenían que volver a colocar esa parte del mobiliario sagrado en su debido lugar. Era necesario que volviera a estar donde Dios lo había designado. Su corazón era conforme al corazón de Dios, hasta el punto de querer encontrar esa pequeña arca y colocarla en un determinado lugar. Para David, cuando se trataba de las cosas de Dios, ningún detalle era insignificante.

En 2 Samuel 6 se nos dice cómo logró que el arca del testimonio fuera a Jerusalén:

> David volvió a reunir a todos los escogidos de Israel, 30.000 en total. Entonces David se levantó, y con él todo el pueblo que estaba con él, partió de Baala de Judá para subir desde allí el arca de Dios, sobre la cual es invocado el nombre de Jehovah de los Ejércitos, que tiene su trono entre los querubines. Luego colocaron el arca de Dios sobre una carreta nueva y se la llevaron de la casa de Abinadab, que estaba en la colina. Ajío iba delante del arca. David y toda la casa de Israel se regocijaban delante de Jehovah, con toda clase de instrumentos de madera de ciprés: arpas, liras, panderetas, sistros y címbalos.
>
> 2 Samuel 6:1-5

Aquí vemos a David regocijándose y celebrando, y teniendo el momento más gozoso, sabiendo que el arca del testimonio regresaba al lugar donde debía estar: con el pueblo de Israel. El sonido de la música y el gozo de la obediencia palpitaban en el corazón de David. *¡El arca está de vuelta! ¡Aleluya! ¡Aleluya!* O quizás: *¡Shalom! ¡Shalom! ¡Shalom!* Este es un buen momento para hacer una pausa y explicar en qué consistía el arca del testimonio porque algunos de los lectores pudieran pensar que era como el arca de Noé que parecía una casa flotante. No, no se parecía absolutamente en nada a esa otra arca. El nombre mismo significa "caja" o "cofre". Fue Dios mismo quien le dio el modelo a Moisés. El arca estaba hecha de madera, tenía forma rectangular y estaba cubierta por dentro y por fuera con láminas de oro. Tenía además una moldura de oro por todo su contorno.

Otra parte importante del arca era su cubierta. En la parte superior de este cofre abierto había una lámina, un cubierta transparente hecha de oro, llamada propiciatorio, que se adecuaba perfectamente a las dimensiones del cofre. A cada lado de la cubierta había un querubín de oro martillado (la palabra querubín significa "ángel"). Estos ángeles de oro estaban frente a frente, con sus alas extendidas sobre la cubierta de oro, y miraban el cofre. Aparentemente, estos querubines eran pequeños porque una pieza de oro sólido sería extremadamente pesada. De haber sido muy grandes, la parte superior del arca habría sido muy pesada, y también difícil de llevar de un lugar a otro. Todo tenía que ser transportable.

Siga leyendo porque hay más. Por debajo de la chapa que estaba dentro del arca había tres objetos: Un vaso de oro que contenía el maná del desierto, la antigua vara de Aarón, y las tablas del pacto, es decir, las tablas de piedra. Dios había prometido que se encontraría con su pueblo sobre el propiciatorio.

Para nosotros, todo esto suena extraño, porque toda nuestra adoración es abierta y realista. Pero lo entendemos todo, ahora que Cristo vino y murió. Antes del Calvario, muchas de las cosas de Dios eran símbolos, tipos e imágenes, como mirarse el rostro en un espejo nebuloso o brumoso. Se ve la imagen pero no se ven los detalles. Así es como ellos adoraban. Tenían un cofre, y sobre ese cofre brillaba la mismísima gloria de Dios sobre esa lámina, sobre ese propiciatorio.

Por cierto que el arca era absolutamente santa, separada para Dios. Tan cuidadoso fue Dios con sus instrucciones acerca de ella, que hasta les dijo cómo debía ser transportada. En la base de cada uno de los cuatro extremos había unas argollas de oro, y a través de estas argollas unas varas doradas con las cuales debían transportar el arca, de manera que ninguna mano humana la tuviera que tocar. Además, Dios había establecido claramente que el mobiliario del tabernáculo sólo podía ser manejado por los levitas, y que las varas tenían que ser puestas sobre sus hombros. Cada aspecto de la adoración era importante para Dios, aun la forma de transportar al arca de un lado a otro. Y fue en este punto que David se metió en problemas.

David era un hombre práctico y realista. Era el rey, alguien que tomaba decisiones. Sabía que, para que el pueblo adorara, necesitaban tener el arca del testimonio. A fin de bajar el arca desde la colina donde se encontraba, en la casa de Abinadab, la mejor y más rápida manera de hacerlo era utilizando una carreta. Por tanto, David les mandó que consiguieran una carreta; que colocaran sobre ella el cofre; y a unos pocos hombres les dijo, en efecto: "Llévenla a Jerusalén."

Descendían de esa manera, con dos hijos de Abinadab, Uza y Ajío, dirigiendo la carreta, cuando sucedió algo terrible:

> Cuando llegaron a la era de Nacón, Uza extendió su mano al arca de Dios y la sujetó, porque los bueyes tropezaron. Entonces el furor de Jehovah se encendió contra Uza, y Dios lo hirió allí por el atrevimiento. Y murió allí, junto al arca de Dios.
>
> 2 Samuel 6:6, 7

Uza extendió su mano para mantener firme al arca y evitar que se cayera. Eso fue todo lo que hizo. Después de todo, digo: ¿No era lógico que lo hiciera? En vez de dejar que el arca se cayera de la carreta y posiblemente se partiera o doblara, había que agarrarla, ¿correcto?

Bueno, ¿qué es lo correcto? Permítame que le diga qué es lo correcto. El arca no habría estado en peligro si la hubieran transportado exactamente como Dios lo había ordenado. Los levitas eran los que debían llevar el arca, utilizando las varas colocadas a través de las pequeñas argollas que estaban en el fondo del cofre, ¿recuerda? Y estas varas debían ser colocadas sobre los hombros de estos hombres especialmente designados, quienes debían mantener en equilibrio este cofre sagrado al transportarlo de un lugar a otro. Pero David no hizo esto, sino que hizo lo que le pareció oportuno y cambió los detalles para acomodarse a la conveniencia del momento.

Es como un dicho que escuché hace varios años: "No importa lo que hagas, pero hazlo, ¡aunque lo que hagas sea malo!" Ese es el consejo más estúpido que he escuchado en toda mi vida. ¡Nunca haga algo que sea malo!

No haga nada a menos que sea correcto. Entonces hágalo con todas sus fuerzas. Este sí es un consejo sabio.

Pero David dijo:

—¡Necesitamos bajarla hasta aquí! ¿A quién le importa cómo lo hagamos, con tal que la pongamos aquí?

A Dios le importa y para demostrarlo, le quitó la vida a Uza. Entonces vemos a David, enfadado, parado junto a un cadáver.

> Entonces David se enojó porque el Señor había estallado en ira contra Uza...
> 2 Samuel 6:8 (*Biblia de las Américas*)

¡Espere un momento! ¿Qué es eso de poner la carreta delante del caballo? ¿Es que no es al revés? David se molesta con el Señor cuando, en realidad, es el Señor quien está molesto con David.

A estas alturas, usted puede estar pensando: "Bueno, yo recuerdo que usted ha dicho que David era un hombre conforme al corazón de Dios." Sí, lo dije; más bien, es Dios quien lo dijo. ¿Significa eso que David era perfecto? No. Ser conforme al corazón de Dios no significa ser perfecto; significa ser sensible a las cosas de Dios. Significa que cada detalle es importante. Que cuando hace algo malo, lo reconoce. Que acepta su responsabilidad.

El versículo 9 dice:

> Pero ese mismo día David tuvo mucho miedo ante el Señor, y exclamó: "¡Ni pensar en llevarme el arca del Señor!"
> 2 Samuel 6:9 (DHH)

El problema era que David no había cumplido con su tarea. Muchas veces nos metemos en problemas cuando no hacemos nuestra tarea, cuando creemos estar muy seguros de cuál es la voluntad del Señor, y por oportunismo o conveniencia (por lo general apresuradamente) nos lanzamos a hacer las cosas a nuestra manera. Pero el Señor nos dice: "Mira, he escrito un montón de cosas en Mi Libro en cuanto a la decisión que acabas de hacer, y quiero que te asesores conmigo. Es por eso que la cosa no está funcionando. Si quieres ser conforme a mi corazón, entonces constata mi palabra y encontrarás un precepto o un principio que te servirá de guía. Si lo haces, te daré un gozo increíble. Pero si no lo haces, te amargaré la existencia." En realidad, en el caso de David, el Señor le dijo: "Hasta me llevaré algunas vidas."

Varios siglos después, Ananías y Safira hicieron algo parecidísimo. Obraron presuntuosamente ante el Señor y no lo tomaron en serio. Uza hace lo mismo, y fue sacado de este mundo porque tocó un mueble santísimo que no debía ser tocado, especialmente por alguien que no era un levita. ¿A quién le importan los levitas? A Dios le importan. ¿A quién le importan esas pequeñas argollas y esas varas doradas que van a través de las argollas? A Dios le importan. Si no le importaran, no habría dicho nada acerca de ellas. Y porque a él le importan, también a nosotros deben importarnos.

A eso se reduce todo el asunto. Cuando comienzan a importarnos las cosas que le importan a Dios, nos convertimos en personas conforme al corazón de Dios, y sólo entonces comenzamos a tener verdadera libertad y verdadera felicidad.

Pues bien, David tuvo mucho miedo.

David ya no quiso llevar consigo el arca de Jehovah, a la ciudad de David.

2 Samuel 6:10

¡Como lo oye! La última vez que lo intentó le costó la vida a un hombre. Por tanto David dice: "Déjenla." Y la colocaron en la casa de un hombre llamado Obed-edom.

Transcurren tres meses. No hay arca en Jerusalén y David, todo preocupado, se pregunta que será lo que estará ocurriendo: "Quiero que el arca del Señor esté aquí, y Obed-edom la tiene allá. ¿Qué sucede? ¡Obed-edom está disfrutando de lo lindo, acaparando todas las bendiciones!"

Se le informó al rey David diciendo: "Jehovah ha bendecido la casa de Obed-edom y todo lo que tiene, a causa del arca de Dios." Entonces David fue e hizo subir con regocijo el arca de Dios de la casa de Obed-edom a la Ciudad de David.

2 Samuel 6:12

¡Bueno, un momento! Yo pensaba que se había dicho que no podía ser tocada. Pero aquí dice que David la hizo subir. ¿Por qué unos versículos antes dicen que no debía ser tocada, y unos versículos después dicen: "Tráiganla"?

Le diré por qué. En un pasaje paralelo de 1 Crónicas 15, vemos lo que sucedió entre bastidores. Cuando no podía entender esto y lo descubrí después, ocurrió uno de esos momentos en que grito: "¡Gloria!" (Esto por lo general hace saltar a mi secretaria, pero no hay ningún problema.)

David... edificó un lugar para el arca de Dios y le levantó una tienda. Entonces dijo David: "El arca de Dios no debe ser traída sino por los levitas, porque a ellos ha elegido Jehovah para que lleven el arca de Jehovah y le sirvan perpetuamente." David reunió... a los hijos de Aarón y a los levitas... Entonces David llamó a los sacerdotes Sadoc y Abiatar, y a los levitas... y les dijo: "Vosotros que sois los jefes de las casas paternas de los levitas, purificaos junto con vuestros hermanos, y haced subir el arca de Jehovah Dios de Israel al lugar que he preparado. Porque por no haber estado vosotros la primera vez, Jehovah nuestro Dios irrumpió contra nosotros; pues no le consultamos de acuerdo con lo establecido."

1 Crónicas 15:1-13

¿Qué había sucedido? Bien, que uno de los consejeros de David, sin duda, o el Señor mismo le habló y le dijo:

—Tú sabes que la ley dice que cuando el arca o cualquier otro mobiliario sea trasladado, tiene que hacerse de cierta manera y por un cierto grupo de personas.

David, que es un apasionado de Dios, responde:

—¿De veras? Eso yo no lo sabía.

—Sí, David, tiene que ser hecho a mi manera.

—Bien, ¿cuál es tu manera?

—Hay unas pequeñas argollas en las cuales debes colocar unas varas. Hay que llevar estas varas sobre los hombros. Y tienes que dejar que sean los levitas quienes la transporten. Si haces eso, David, habrás cumplido.

¡A pesar de ser un hombre conforme al corazón de Dios, David recibió una reprimenda! ¡Ajá! Por no haber consultado antes al Señor, salió disparado como un rayo para hacer el trabajo y fue allí cuando se metió en problemas.

David dijo entonces:

—El Señor lo hizo porque no lo consultamos previamente.

¿Qué es lo importante, el gran mensaje, acerca de las varas y las argollas? El mensaje es nuestra vida. Son los detalles —las varas y las argollas— los que nos sacan de nuestras casillas en nuestra vida carnal. No queremos tomarnos el tiempo para buscar las varas, o no queremos tomarnos la molestia de ponernos las varas sobre los hombros. Lo que quiero decir es que, para nosotros, resulta mucho más fácil utilizar una carreta. Después de todo, somos personas pragmáticas, y al Señor no pueden importarle los detalles pequeños, ¿cierto? ¡Falso!

Le diré algo: Si al Señor le importó lo suficiente como para escribirlo, y si le importó bastante como para preservarlo, le importan bastante los detalles como para que usted y yo hagamos las cosas exactamente a su manera.

Eso fue, en realidad, lo que David hizo. Me encanta eso de él.

> Y sucedió que cuando los que llevaban el arca de Dios habían dado seis pasos, David sacrificó un toro y un carnero engordado.
>
> 2 Samuel 6:13

"Uno, dos, tres, cuatro, cinco, seis. ¡Alto! ¿Alguien tiene un fósforo? Traigan al toro, traigan al carnero, y préndanles fuego" (¡El fuego comienza a hacer su trabajo!) Los hombres están allí, observando el holocausto, y David actúa con sumo cuidado: "No se les ocurra divertirse con algo que Dios ha sido bien claro, señores." ¿Por qué lo dice? *¡Porque él es un hombre conforme al corazón de Dios!* Le importa lo que a Dios le importa. Por eso, cuando se enteró de la verdad, quiso hacerla, tal como Dios había dicho: "Seis pasos, el carnero. Seis pasos, el carnero."

Finalmente introducen el arca en Jerusalén. Observemos lo que hace David:

> David danzaba con toda su fuerza delante de Jehovah, y David estaba vestido con un efod de lino. David y toda la casa de Israel subían el arca de Jehovah con gritos de júbilo y sonido de corneta.
>
> 2 Samuel 6:14,15

¿Por qué razón les causa tanta emoción el arca? Porque ahora son libres. Cuando uno obedece, es libre; pero cuando desobedece, es un prisionero. A todo nuestro derredor vemos personas en servidumbre porque están viviendo en pecado y de lo único que hablan es de la libertad. *Pero no son libres.* La persona obediente que está danzando de gozo es una persona libre. Más específicamente, por haber metido la vara en la argolla, por haber puesto las varas en los hombros de los hombres debidos, y porque nadie tocó el sagrado cofre, David es libre.

El sistema de este mundo dice: "No te preocupes por esos pequeños detalles, Dios es más grande que esas pequeñas argollas doradas." No, no es correcto. Porque Dios ve todo el escenario, pone a prueba nuestra obediencia en cosas tan pequeñas como una argolla, una vara y un hombre.

Quisiera advertirle algo: Cuando usted es verdaderamente libre, las personas que no son tan libres se sentirán incómodas con su libertad. Observe lo que hace la esposa de David en el versículo 16. Su esposo está allá abajo danzando, cantando y gritando, y su esposa Mical lo observa desde su apartamento del segundo piso, con una mirada de desagrado.

> Sucedió que cuando el arca de Jehovah llegó a la Ciudad de David, Mical hija de Saúl miró por la ventana; y al ver al rey David saltando y danzando delante de Jehovah, lo menospreció en su corazón.
>
> 2 Samuel 6:16

David se está regocijando delante de Dios en obediencia, ofreciendo holocaustos y bendiciendo al pueblo. Luego distribuye comida entre todos los que están participando de la celebración. Inmediatamente después se va a su casa extasiado hasta más no poder; sube las escaleras, abre la puerta, y esto es lo que escucha de la buena de Mical:

> ¡Qué bien ha quedado hoy el rey de Israel, mostrándose delante de las esclavas de sus criados como un desvergonzado cualquiera!
>
> 2 Samuel 6:20 (DHH)

¡Sarcasmos y más sarcasmos, y después un golpe y otro más! ¡Qué pareja más desavenida! (¡No debieron haberse casado!)

Notemos la respuesta de David. Se niega a dejar que se imponga la reacción de su mujer. Por eso le dice a Mical:

> Es verdad; he estado bailando, pero ha sido delante del Señor, que me escogió en lugar de tu padre y de toda tu familia para ser el jefe de su pueblo Israel. Por eso bailo delante de él. Y aún me humillaré más que ahora; me rebajaré, según tu opinión, pero seré honrado por esas mismas esclavas de que tú hablas. Y Mical no tuvo hijos en toda su vida.
>
> 2 Samuel 6:21-23 (DHH)

David también se valió un poco del sarcasmo al referirse al padre de Mical, pero dijo la verdad. Por otra parte, no sabemos exactamente la razón por la que Mical no tuvo hijos. Quizás David no volvió a tener relaciones íntimas con ella. Pero cualquiera que sea la razón, fue estéril hasta el día de su muerte. Ser estéril, entre paréntesis, era el mayor estigma que podía sufrir una mujer judía.

LA ENSEÑANZA: CIERTAS LECCIONES QUE VALE LA PENA RECORDAR

Hay dos cosas aquí que me llaman la atención, y ambas tienen que ver con el asunto del enfoque: Una es horizontal y la otra, vertical. Los ojos de David estaban puestos en el Señor, los de Mical, en los demás. Cuando los opuestos se mezclan, lo más seguro es que ocurra una explosión.

En primer lugar, *cuanto más sepa usted cómo está su relación con el Señor, mayor libertad tendrá*. Si uno hace su "tarea", si hace como el Señor manda, si sabe cómo está su relación con él, y obedece su plan, será libre. ¡Realmente libre! Muchos no lo entenderán, por supuesto. Para algunos, usted será visto como alguien detestable. Será malinterpretado, como lo fue David por su propia esposa. Pero no hay que hacerle mucho caso a la opinión pública. Lo que debe importarle es la opinión del Señor. Ningún libertad es comparable a la que él ofrece. En una palabra, eso se llama gracia.

En segundo lugar, *cuanto más libre sea delante del Señor, más confiado se volverá*. Si usted está seguro delante de Dios, sabe lo que es la verdadera seguridad.

Es posible que algunos de ustedes estén absorbidos por un estilo de vida carnal y estén pensando: *Esto sí que es verdadera libertad*. Olvídenlo... no son libres. Están sufriendo la peor clase de servidumbre. Otros pueden estar pensando: *¡Vaya, si quiero ser tan formal en estas cosas de la vida cristiana, tengo que lograr unos cuantos adelantos en mi vida espiritual!* Es posible que así sea; pero si es tan importante para Dios, tiene también que ser importante para usted. Si Dios se tomó el tiempo para escribirlo como un precepto, será mejor que crea que cuando él dice 80 kms por hora significa exactamente 80 kms por hora. Nunca quiere decir 85, ni tampoco 90; significa 80. Dios nunca cambia, y siempre habla en serio.

Algunos de ustedes pudieran ser como Mical, tan pendientes de lo que los demás digan o piensen, que lo único que saben hacer es envidiar lo que hacen los que son verdaderamente libres, y decir: "Todo lo bueno es para ellos." Pero escuche esto: Dios le extiende su favor a todos aquellos que tienen un corazón obediente para seguirlo. El honra a los que honran su Palabra, y los hace sumamente felices.

Quiero animar a todos aquellos que se preocupan por los pequeños detalles de su vida de relación con Dios. Deseo felicitarlos por eso. Ustedes son los que resultan ser esposos y esposas piadosos; compañeros y compañeras de habitación piadosos; trabajadores piadosos; pastores piadosos; músicos piadosos; profesionales piadosos. Ustedes se preocupan tanto por su relación con Dios que no importa a qué se dediquen, cuando escuchan algo ordenado por la Palabra de Dios, piensan:

¿Cómo puedo incorporar eso a mi vida? ¡Magnífico! ¡Siga adelante, no se detenga! Ni afloje el paso.

Hubo un período en mi propia vida cuando tonteé un poco con la vida cristiana. Era selectivo en la obediencia. Aceptaba lo que me parecía más conveniente, pero rechazaba lo que era doloroso. Hasta que alguien se interesó lo suficiente como para decirme la verdad: "Eres el ejemplo clásico de un cristiano irreflexivo." Consideré eso un insulto porque yo era muy orgulloso y no quería escuchar lo que esa persona tenía que decirme. Luego añadió: "Antes de que te marches, quiero decirte que tienes todos los ingredientes para salir adelante, pero todavía te falta mucho. Quiero estar cerca de ti durante algunos meses para ayudarte en este proceso, para que veas cómo puedes lograrlo, tanto ante los demás como en privado." Esta persona se interesó en hacer eso en aquellos difíciles años de mi vida.

Ahora bien, al igual que usted, yo todavía sigo en el proceso de mejorar. Pero gracias a Dios por ese amigo que me ayudó a corregirme cuando me dijo: "Necesitas poner a funcionar esos preceptos en tu vida. Deja ya de seguir justificando tu desobediencia."

Saber que uno está bien en su relación con Dios, lleva a la verdadera libertad. Saberse libre delante del Señor genera confianza, y esto significa verdadera seguridad.

¿Le ha dirigido claramente el Señor a hacer algo, pero todavía le sigue diciendo "No" o "Por ahora no"? Quizás esté tratando de regatear con él, sustituyendo con algo su consejo directo. Escúcheme: No espere más. ¡Obedezca ya! ¡Obedezca hoy mismo!

¿Tiene usted un rasgo testarudo en su carácter que lo lleva a protestar, a llevar la contraria, o a devolver golpe por golpe, aunque sabe que eso va contra la voluntad de Dios? Quizá ha hecho alarde de su fuerte voluntad o ha cultivado el hábito de no dar su brazo a torcer. Escúcheme: No se siga rebelando. ¡No se rebele más! ¡Obedezca hoy mismo!

O quizás ha desarrollado una técnica engañosa para ocultar su desobediencia tras las máscaras humanas de las mentiras y de la justificación de sí mismo, de la manipulación, o de hacer sentir culpables a los demás. Escúcheme: No siga engañando. ¡Obedezca, obedezca hoy mismo!

La mejor prueba de su amor al Señor es su obediencia... nada menos y nada más.

¿Quiere ser como David? ¿Quiere llegar a ser un hombre o una mujer "conforme al corazón de Dios"?

Para esto no hace falta ser demasiado inteligente. Ponga atención a las cosas que Dios considera importantes, y afénese en cumplirlas. Dicho con una sola palabra: Obedezca.

Capítulo catorce

CUANDO DIOS DICE "NO"

Hay una estrofa de un himno que dice: "Lo que él nos quita o nos da, es prueba del amor gloriosísimo de Jehovah."

Ahora bien, es fácil para nosotros cantar: "Lo que él nos da, es prueba del amor de Jehovah." Pero nos resulta difícil cantar la otra parte: "Lo que él nos quita, es prueba del amor de Jehovah." Pensamos en el amor como algo que da, pero a veces el amor implica quitar algo que no sería lo mejor.

Piense en sus sueños rotos. Piense en las veces que sintió que algo era el plan de Dios para su vida, sólo para que no se llevara a cabo y tuviera el Padre celestial que revelárselo de alguna manera: "Ese no es mi plan. Puede ser un propósito noble. En realidad, es una gran aspiración, pero no es mi plan para ti."

Escuchar esto no es fácil. El rey David aprendió lo duro que era.

UN INTERLUDIO DE TRANQUILIDAD

Por ser David un hombre de guerra —de hecho, fue un valeroso guerrero— se vio involucrado muchas veces en batallas y situaciones de mucha tensión. Sin embargo, hubo un interludio de quietud y tranquilidad en su vida. A veces una gran obertura se mueve de un acorde arrebatado a otro, sólo para hacer una pausa en el medio, antes de su último gran final. Así es como imagino al rey en este período. Hubo un lapso de tiempo cuando las cosas estuvieron calmadas y serenas.

> Aconteció que cuando el rey habitaba ya en su casa, y Jehovah le había dado descanso de todos sus enemigos en derredor...
>
> 2 Samuel 7:1

Antes que nada, David tenía *paz hogareña*. Sobre la chimenea de su casa, David pudo haber escrito: "Shalom." Todo estaba en paz, todo estaba bien con su alma. Los chicos jugaban en las habitaciones de la casa, las esposas estaban felices, y David tenía paz en su corazón. Quizá éste fue el período cuando se sentaba frente al fuego en la noche y lo veía crepitar; al hacerlo, se ponía a reflexionar, a meditar. Esos son algunos de los mejores tiempos de nuestra vida: Los breves interludios, los tiempos de tranquilidad. Ellos nos ofrecen tiempo para reflexionar, para pensar con profundidad.

Además, David tenía *descanso nacional*, porque "Jehovah le había dado descanso de todos sus enemigos en derredor". Debo decirles que David no tuvo esa clase de paz muy a menudo. El antiquísimo enfrentamiento con los filisteos estaba temporalmente liquidado. Reinaba la paz, por lo menos durante un tiempo. No había gigantes en el escenario vociferando blasfemias. Tampoco había movimiento de tropas ni estrategias para invadir ningún territorio. Las toscas carretas no estaban transportando implementos de guerra hasta el muro de Jerusalén, nada de eso. Había un interludio de paz.

David, al ponerse a reflexionar en ese período de paz, dentro de su preciosa casa con paredes revestidas de cedro en la cual vive, comienza a soñar. Y comienza a compartir su sueño con Natán, un profeta.

Esta es la primera mención del profeta Natán en la Biblia. Era una persona de confianza de David, y el hombre que, en efecto, apuntaría después con su dedo al rey adúltero, diciéndole: "Tú eres ese hombre. Tú eres el pecador." Natán es, pues, un amigo íntimo. Es también profeta. Pero por ahora es un consejero.

David llama a Natán y le dice:

—Mira; yo habito en una casa de cedro, mientras que el arca de Dios habita en una tienda.
Y Natán dijo al rey:
—Anda, haz todo lo que está en tu corazón, porque Jehovah está contigo.

2 Samuel 7:2, 3

Bueno, eso es ser un buen amigo. Los buenos amigos nos estimulan y reciben nuestro estímulo. Natán animó a David a seguir adelante con lo que había en su corazón. ¿Qué era exactamente eso?

En el capítulo anterior vimos cómo David llevó el arca de Dios a Jerusalén y de nuevo al pueblo de Israel. Pero había empezado a inquietarlo el hecho de que el arca del Señor estaba en una tienda mientras que él vivía en una casa hermosa. Así, pues, tuvo la idea de construirle una residencia permanente al Señor en la cual estaría todo el mobiliario sagrado. David dijo: "No está bien que el rey viva en esta hermosa vivienda de cedro, mientras que el arca, la mismísima presencia de Dios, esté allí en una tiendita. Le construiré una casa a Dios. Quiero construir un templo en su honor." Dios nunca había habitado en una casa permanente, pero Dios decidió que eso debía cambiar.

Deseo enfatizar, por todo lo que sabemos acerca de él, que David no tenía ningún motivo oculto en esto; no tenía ninguna ambición egoísta; no tenía el deseo de alcanzar notoriedad. En realidad, no quería ensalzar ningún otro nombre que no fuera el de Dios, al construir esta casa.

Es durante los interludios de la vida que tenemos tiempo para apoderarnos de un sueño o de un objetivo elevado. Algunos de ustedes, en un momento de tranquilidad en su vida tuvieron conciencia de la vocación a la cual Dios los estaba llamando. Pudo haber sucedido en un campamento o en un retiro, en el que hizo una promesa alrededor de una fogata, tras haber determinado seguir una meta. Puede ser que se haya producido en la quietud de su propia habitación después de un servicio nocturno de la iglesia. O quizás fue en sus tiempos de estudiante en la residencia universitaria donde vivía. No podía dormir, por tanto se puso a leer la Biblia y tuvo unos pensamientos que comenzaron a tener sentido. Muy pronto, estos pensamientos lanzaron una flecha directa a un objetivo nuevo y emocionante, y usted dijo: "¡Eso es! A eso me dedicaré; esa será mi meta."

Es en esos interludios de la vida que ocurren esas cosas, y usted tiene que hacer una pausa y tener tranquilidad en esos momentos especiales para escuchar la voz de Dios y para sentir su dirección.

Pero permítame añadir esto: Algunas veces los sueños provienen de Dios, pero otras no. Ambos son grandes propósitos, ambos son ideales, pero si no son de Dios no se cumplirán... ni tampoco deben cumplirse. A menudo no es fácil determinar su origen; es muy difícil hacerlo. De hecho, usted tendrá amigos como Natán que le dirán: "Anda, haz todo lo que tengas en mente, porque el Señor está contigo", sólo para que Dios le demuestre después que ese no era su plan. Es interesante observar que eso fue exactamente lo que le ocurrió a David.

UNA RESPUESTA ENVIADA DESDE EL CIELO

Veamos la respuesta divina de parte de Dios. En realidad, vino a través de Natán, pero es un mensaje de Dios:

> Pero aconteció que aquella noche vino la palabra de Jehovah a Natán, diciendo: "Vé y di a mi siervo David que así ha dicho Jehovah: '¿Me edificarás tú una casa en la que yo habite?' "
>
> 2 Samuel 7:4, 5

En un pasaje paralelo de 1 Crónicas 17, aparece dicho de forma más directa:

> Pero aconteció que aquella noche vino la palabra de Dios a Natán, diciendo: "Vé y di a mi siervo David que así ha dicho Jehovah: 'No serás tú el que me edifique una casa en la que yo habite.' "
>
> 1 Crónicas 17:3, 4

¡Qué respuesta tan dura era esa para comunicarla al rey! Antes, ese mismo día, Natán le había dicho a David: "El Señor está contigo, David. Sigue adelante con tus planes." Pero ahora, sólo unas pocas horas después, Natán escucha al Señor decir: "¡De ninguna manera! ¡Ni pensarlo!"

Lo que sucedió es que horas antes, Natán no estaba escuchando la voz correcta. No era el plan de Dios que David construyera un templo. Era una gran idea, un gran plan del corazón de David... pero no era el plan de Dios. Y eso es duro de aceptar.

Sin embargo, junto con la negación de esa petición, Dios le da a David su aprobación.

> Ahora pues, dirás a mi siervo David que así ha dicho Jehovah de los Ejércitos: "Yo te tomé del prado, de detrás del rebaño, para que fueras el soberano de mi pueblo Israel."
>
> 2 Samuel 7:8

No había ahora ninguna duda al respecto: "David, yo te he designado para que seas rey. Te he dado poder y te he escogido para que dirijas a mi pueblo, no para que me construyas un templo."

> He estado contigo por dondequiera que has andado. He eliminado a todos tus enemigos de tu presencia, y haré que tu nombre sea grande, como el nombre de los grandes de la tierra.
>
> 2 Samuel 7:9

"David, tú eres un hombre de guerra. Tu corazón está en el campo de batalla. Eres un soldado, no un constructor. Eres un hombre para las trincheras y yo te he bendecido de tal manera que todos tus enemigos han sido sometidos."

> Cuando se cumplan tus días y reposes con tus padres, yo levantaré después de ti a un descendiente tuyo, el cual procederá de tus entrañas, y afirmaré su reino. El edificará una casa a mi nombre, y yo estableceré el trono de su reino para siempre.
>
> 2 Samuel 7:12, 13

¡Ah, qué gran triunfo! "David, tú experimentarás el gozo de tener un hijo a través de quien será construido este templo. No a través de *tus* propios esfuerzos, sino a través de *tu* hijo se cumplirá ese sueño."

Recuerde ahora, por favor, que no se trata aquí de una cuestión de pecado. Dios no está juzgando a David por haber hecho algo malo. Es simplemente Dios cambiando la dirección del plan de David, y diciéndole: "El tuyo es un gran propósito, pero a ti te digo 'no', y a tu hijo le digo 'sí'. Acéptalo."

Bueno, para empezar, ¿es que David estaba equivocado al pensar en construir el templo?

No es una cuestión de estar equivocado o no. Es una cuestión de aceptar el "no" de Dios y de vivir con el misterio de su voluntad. Los que habitamos en este mundo lo empaquetamos y lo arreglamos todo, y esperamos igualmente que Dios también empaquete su plan para nosotros. Queremos que la lógica que utilizamos sea también su lógica, y cuando no la es nos preguntamos qué sucede porque las cosas no están saliendo como nosotros quisiéramos.

Para resolver este asunto, veamos por un momento la sección paralela de 2 Crónicas 6. Repito: No es que haya pecado involucrado aquí. En realidad, el Señor aprueba a David por haber tenido la idea y, al hacerlo así, lo exime de toda culpa. Salomón, el hijo de David, es quien habla aquí:

> Estuvo en el corazón de mi padre David el anhelo de edificar una casa al nombre de Jehovah Dios de Israel. Pero Jehovah dijo a mi padre David: Por cuanto ha estado en tu corazón el anhelo de edificar una casa a mi nombre, has hecho bien al tener esto en tu corazón. Sin embargo, tú no edificarás la casa, sino tu hijo que te nacerá, él edificará la casa a mi nombre.
>
> 2 Crónicas 6:7-9

La última parte del versículo 8 es profunda, porque Dios le dice a David: "Has hecho bien al tener esto en tu corazón." En vez de ver su deseo de construir el templo como algo malo, Dios le dice: "Te felicito por la idea que has tenido. Te felicito por tener un corazón tan sensible para mí al desear construirme una casa de adoración para mi gloria. Fue bueno que tuvieras esto en tu corazón. No es mi plan que tú lo hagas, pero te felicito por esa idea.

UN POCO DE SABIDURIA COMUN

Cuando Dios dice "no", ello no es necesariamente disciplina o rechazo. Puede ser simplemente redirección. Usted ha buscado con afán su voluntad, ha querido hacer su voluntad. Lanzó ese pedazo de madera en el fuego y vio sus deseos egoístas convertirse en humo. Con toda la buena intención usted dijo: "Por la gracia de Dios, voy a buscar con afán esto." Pero después de treinta o cuarenta años, o quizá sólo cinco años después, todo sigue igual.

Ahora bien, si usted escucha a ciertas personas, le harán sentir culpable: "¿Ves? Confiaste en Dios, pero te has apartado de él. Estás fuera de su voluntad."

No sé con cuántas parejas he hablado, que al comienzo de su matrimonio tenían trazado todo el plan de su vida, pero que no les funcionó. A pesar de lo mucho que se empeñaron por hacerlo funcionar, no se movió en la dirección que ellos habían planeado. Por regla general, están viviendo con las consecuencias de su sentimiento de culpa por pensar que ya no están andando en la voluntad de Dios. Pues bien, lo que pensaron era bueno, pero ¿quién puede decir que era, en realidad, la voluntad de Dios? Quizá la mismísima senda que están hoy transitando sea la voluntad de Dios para ellos... por lo cual fue necesario que Dios les dijera "no" para ponerlos en esa senda correcta que él tenía para ellos.

Lo que tenemos que hacer en nuestro andar con Dios es prestarle atención día tras día; no volver a una decisión y decir: "No la cambiaré por nada del mundo, pase lo que pase." Es necesario examinarla cada día, mantenerla fresca, mantener el fuego ardiendo, dejarla en suspenso de vez en cuando y decir: "Señor, ¿es éste tu designio? ¿Tu plan? Si no lo es, hazme sensible a él. Es posible que estés dándole un nuevo rumbo a mi vida."

Lo segundo que yo diría es que *Dios no llama a todo el mundo a construir templos.* A algunos los llama a ser soldados. A algunos los llama al trabajo difícil en las trincheras. A otros llama para que lo representen en tierras extrañas, pero no llama a todo el mundo. Dios tiene toda clase de maneras creativas de utilizarnos, maneras que no podemos imaginar ni remotamente y que, con toda seguridad, no se presentan ante nuestros ojos en el próximo recodo del camino. Permítame añadir que una de las cosas que por lo general nunca oímos, es que Dios va a utilizar a alguien para lograr algo que esa persona creyó que era el objetivo para su propia vida. Eso es lo que David tenía que oír: "No serás tú, David... será tu hijo Salomón."

Haga una pausa por unos pocos segundos y reflexione en el párrafo que acaba de leer. Hay quienes necesitan dejar que ésto les penetre bien adentro.

Bien, ¿cuál fue la reacción de David? Fue una reacción hermosa:

> Entonces entró el rey David, [y] se sentó delante de Jehovah...
>
> 2 Samuel 7:18

Observemos la postura: Simplemente se sentó. ¿No es interesante? Quizás entró a su dormitorio en su casa, o quizás a su estudio. Pudo haberse sentado en el piso y mirado en silencio hacia arriba. Acababa de oírle decir a Dios: "La respuesta es 'no'. Tú no vas a llevar a cabo ese sueño. Me agrada saber que tuviste ese noble deseo en tu corazón, pero no es mi plan."

Entonces David se sienta, y al igual que un niño comienza a expresar sus preguntas de agradecimiento al Señor. Le dice:

> Oh Señor Jehovah, ¿quién soy yo, y qué es mi casa para que me hayas traído hasta aquí? Y aun esto te ha parecido poco, oh Señor Jehovah, pues también has hablado del futuro de tu siervo... ¿Qué más puede añadir David al hablar contigo? Pues tú conoces a tu siervo, oh Señor Jehovah.
>
> 2 Samuel 7:18-20

¿No está hablando como un niño? Cuando un niño se refiere a sí mismo, muchas veces se llama a sí mismo por su nombre: "Papi, ¿puede Noé montarse en su bicicleta un poco más de tiempo antes de ir a cenar?"

Eso es lo que mi nieto le diría a su papá.

David se sienta, entonces, como un niñito delante del Señor y le dice, en efecto: "Papá, ¿quién es David, para que hayas bendecido su casa, hayas bendecido su vida, y lo hayas traído de conducir a un pequeño rebaño de ovejas para darle este magnífico trono? ¿Quién soy yo?"

Es importante que de vez en cuando nos sentemos, demos una buena mirada a nuestra breve vida y nos pongamos a contar nuestras bendiciones. ¿Quiénes somos nosotros para haber sido protegidos de las lluvias que cayeron, dejando a centenares sin hogar? ¿Quiénes somos nosotros para que Dios haya bendecido nuestras casas, poniéndolas a salvo? ¿Y para que estemos protegidos del frío en el invierno y del calor en el verano...? ¿Quién soy yo, Señor, para que me hayas dado salud y fuerzas para poder tener un trabajo, o para prepararme en una carrera, o para haber obtenido este título? ¿O para tener padres que me han animado? ¿O para tener estos niños y verlos crecer? ¿Quién soy yo?

"Iluso o no", dice David, "soy una persona que ha sido bendecida."

¡Qué momento tan grande es éste! ¡Qué palabras tan llenas de alabanza le ofrece David a Dios, aun en este momento que debe haber sido de mucha frustración para él!

> Tú eres grande, oh Jehovah Dios; porque no hay nadie como tú, ni hay Dios aparte de ti... Confirma para siempre la palabra que has hablado acerca de tu siervo y de su casa... Sea engrandecido tu nombre para siempre... tú eres Dios, y tus palabras son verdad... Ten a bien bendecir la casa de tu siervo...
>
> 2 Samuel 7:22-29

¡Qué hombre tan agradecido! Sin embargo, casi tenemos que preguntarnos: ¿Fue David realmente sincero en lo que dijo? Estamos inclinados a pensar: *Bueno, eso es grande en teoría, pero ¿apoyó en realidad David a su hijo en este proyecto que fue originalmente su propio sueño?*

Sí, lo hizo. En 1 Crónicas 22, David dijo:

> Aquí estará la casa de Jehovah Dios, y aquí estará el altar del holocausto para Israel.
>
> 1 Crónicas 22:1

¿Sabe lo que creo que está ocurriendo aquí? David ha desenrollado los planos que ha estado estudiando detenidamente, y dice mientras se encuentra recorriendo la ciudad: "Es aquí donde será construida la casa, y esta será el área del altar." Sabiendo que no será él quien en realidad le construirá la casa a Dios, ofrece todo su apoyo.

> Después David mandó que se reuniesen los extranjeros que habitaban en la tierra de Israel, y designó canteros que labrasen piedras para edificar la casa de Dios. También preparó David una gran cantidad de hierro para los clavos de las hojas de las puertas... La madera de cedro era incalculable, porque los sidonios y los tirios habían llevado a David gran cantidad de madera de cedro. Entonces dijo David: "Mi hijo Salomón es joven e inmaduro, y la casa que se ha de edificar a Jehovah ha de ser grande y sublime, para renombre y gloria en todos los países. Yo, pues, haré los preparativos para él." Y antes de su muerte David hizo muchísimos preparativos.
>
> 1 Crónicas 22:2-5

¡Qué padre tan maravilloso! David pudo haber sido débil en otras ocasiones, pero en este momento su actitud es increíble: "Señor, yo sé que tú no quieres que sea yo quien realice el sueño. Pero, Señor, voy a contribuir con lo más que pueda para apoyar a mi hijo en el cumplimiento de ese sueño que hubo en mi corazón." ¡Qué reacción tan noble! "Y me ocuparé de que los clavos estén aquí; que la madera y las piedras estén allá. Que estén todos los materiales que mi hijo necesitará. Y después de esto pasaré a un segundo plano y diré: 'Magnifica tu nombre a través del esfuerzo de otro.' "

ESPERANZA UTIL PARA UNOS SUEÑOS ROTOS

En todo esto veo dos verdades sencillas.

Primera: *Cuando Dios dice "no" significa que tiene algo mejor, y espera mi contribución.*

Segunda: *Mi mejor reacción deben ser la cooperación y la humildad.* El no llama a todos a construir el templo, pero sí llama a todos a ser fieles y obedientes. Algunos de ustedes, que leen este libro, están viviendo con sus sueños rotos. En un momento del pasado tuvieron grandes esperanzas de que sus vidas irían en cierta dirección. Pero el Señor, por alguna razón misteriosa, ha dicho ahora "No" y ustedes han seguido viviendo y envejeciendo, encontrándose ahora poco a poco cada vez más desechados mientras que los jóvenes toman las riendas. ¡Con qué rapidez se produce el relevo!

James Dobson lo expresa maravillosamente bien: "Más o menos cuando nuestro rostro se despeja, nuestra mente se ofusca." Más o menos cuando "nos ponemos las pilas" ya somos demasiado viejos para hacer las cosas. Es entonces cuando nos volvemos a los Salomones de nuestra vida. Pero hace falta tener verdadera humildad para decirle a esa persona: "Que el Señor sea contigo. Haré todo lo que esté de mi parte para ayudarte a ver realizado ese proyecto."

Esta fue la actitud que vi en el doctor Richard Seume, un hombre de Dios que, para mí, es ejemplo de lo que debe ser un pastor. Por más de doce años pastoreó la Iglesia Bautista Emanuel de Richmond, Virginia, y Dios lo bendijo. Era miembro de varias juntas directivas de organizaciones misioneras y era muy dotado como predicador y escritor. Cuando dejó el pastorado en Richmond fue a pastorear la Iglesia Bíblica de Wheaton.

Sin embargo, no transcurrió mucho tiempo antes de que fuera atacado por una extraña enfermedad renal, lo que significó que tuvo que vivir conectado a un dializador seis horas diarias, tres o cuatro veces a la semana. Todos sus planes se vinieron abajo en el momento cumbre de su carrera. No pudo ya seguir con los rigores del pastorado y, como resultado, algunos lo malinterpretaron y otros lo criticaron. Dejó, pues, el pastorado, casi deshecho. Pero en vez de rendirse, aceptó la invitación del doctor John Walvoord para que regresara a su universidad a ser el capellán del Seminario Teológico de Dallas, un cargo que desempeñó hasta que murió en un accidente de tránsito hace varios años.

En cierta ocasión, en esos últimos años de su vida, cuando estaba muy enfermo, sumamente pálido y encorvado, me dijo: "Chuck, algún día me gustaría escribir un artículo para el *Reader's Digest*, porque creo que de esa manera podría alcanzar a mayor número de personas. Me gustaría llamarlo: 'Enchufado a la vida.'" Y me agregó con una hermosa sonrisa:

"Nunca sabrás lo que es esto, a menos que vivas lo que yo he vivido, yéndote a la cama en la noche sin estar seguro de que despertarás mañana. *Cada día me enfrento a la muerte.*" ¡Qué gran hombre fue el doctor Seume! Este hombre, cuyos sueños para su vida se habían frustrado, decidió invertir sus últimos años en las vidas de hombres más jóvenes, los Salomones del futuro, para que construyeran los templos que él jamás vería construidos. Y abrazó el plan alterno de Dios con todas sus fuerzas. Con sus manos vacías y dependiendo de su Dios, se invirtió a sí mismo en cientos de jóvenes pastores, que ahora están dedicados a ver realizados algunos de los sueños que una vez él tuvo la esperanza de realizar.

Uno de mis poemas favoritos de todos los tiempos me viene a la mente en momentos como éstos:

> Una a una el Señor me quitó,
> todas aquellas cosas estimadas por mí,
> hasta que, con las manos vacías,
> todo lo rutilante que en mis manos había
> el Señor se lo llevó.

> Transité la senda terrenal, afligido,
> pobre, desnudo, sin nada sobre mí,
> hasta que oí su voz invitadora:
> "Levanta hoy esos brazos, y esas manos vacías,
> y ven en pos de mí."

> Entonces levanté mis manos hacia el cielo,
> y el Señor las llenó con grande provisión
> de sus grandes riquezas, de inmensa profusión,
> hasta más no poder
> contener en mis manos lo que él me concedió.

> Y por fin comprendí,
> con mi mente embotada, lerda y adormecida,
> que el Señor NO PODIA derramar más riquezas
> en estas manos, que rebosaban, llenas,
> ¡y que antes estuvieron por un tiempo vacías!

¿Se identifica usted con David? ¿Tuvo alguna vez las manos llenas de sueños y visiones, listas para presentarlas al

Señor en el altar del sacrificio? ¿Tuvo sus planes preparados y cuidadosamente pensados, sólo para verlos derrumbarse a sus pies, y ahora se ha quedado con las manos vacías?

Quiero decirle que Dios está listo para llenar sus manos vacías como usted jamás lo creería, si sólo las levanta a él en obediencia y alabanza, como lo hizo David. Dios sigue estando vivo y sabe lo que hace.

A algunos, él les dice: "Sí", y a otros: "No." Pero en cualquier caso, su respuesta es siempre la mejor. ¿Por qué? Porque las respuestas de Dios, aunque nos sorprendan, jamás dejan de tener una razón.

Capítulo quince

GRACIA EN UNA TIERRA ARIDA

La palabra gracia significa muchas cosas para muchas personas. Esto lo resume muy bien el ingenioso título del libro de Lofton Hudson: "Gracia no es una rubia de ojos azules."

Cuando hablamos de un bailarín o bailarina de ballet decimos que tiene gracia. Damos gracias en las comidas. Decimos que la reina de Inglaterra le comunica gracia a los eventos que asiste. Gracia puede significar coordinación de movimientos; puede significar una oración; o puede referirse a dignidad y elegancia. Pero más importante aún, gracia puede significar favor inmerecido, o sea, extender un favor especial a alguien que no lo merece, que no lo ha ganado, y que nunca podrá pagarlo. De vez en cuando vemos en la Biblia escenas que ilustran de manera hermosa esa clase de gracia, de una gracia maravillosa que nos llena de asombro.

Encontramos uno de esos momentos en la vida de David. En mi opinión personal, es la más grande ilustración en cuanto a la gracia en todo el Antiguo Testamento. Involucra a un hombre desconocido con un nombre casi impronunciable: Mefiboset. Es una historia bella e inolvidable.

VEAMOS UN EJEMPLO DE GRACIA

En el capítulo anterior vimos un interludio de paz y quietud en la vida de David, en el cual invirtió tiempo pensando en su pasado y en todas las bendiciones que había recibido. Tengo la seguridad de que, cuando David lo hacía, pensaba específicamente en el amor que sintió por su amigo Jonatán, muerto en batalla, y en Saúl, el antecesor de David y padre de Jonatán. Mientras pensaba en estos dos hombres y en el impacto que habían hecho en su vida, David se puso también a pensar en una promesa que había hecho. Meditó en ella y después hizo algo:

> Entonces David preguntó: ¿Hay todavía alguno que haya quedado de la casa de Saúl, a quien yo muestre bondad por amor a Jonatán?
>
> 2 Samuel 9:1

En realidad, esta es una traducción poco afortunada, porque la palabra "bondad" sabe a ternura blanda, pero lo que David está expresando es algo más profundo. La palabra hebrea original utilizada aquí puede y debe ser traducida como "gracia": "a quien yo muestre gracia por amor a Jonatán", comunica mejor la idea

Gracia es una aceptación positiva e incondicional a pesar de la falta de méritos de la otra persona. Gracia es una demostración de amor inmerecido e impagable. Por eso David reflexiona y pregunta: "¿Hay alguien en el país a quien yo pueda mostrarle esta clase de aceptación positiva, a quien pueda mostrarle esta clase de amor?"

¿Por qué quería hacerlo? Bueno, porque había hecho una promesa. En realidad, había hecho dos.

Anteriormente, en 1 Samuel 20, cuando David se halla todavía huyendo para salvar su vida de manos de Saúl, a pesar de que está obviamente destinado al trono, Jonatán le dice:

> Pero si mi padre quiere hacerte daño, ¡así haga Jehovah a Jonatán y aun le añada, si no te lo hago saber! Así te despediré y te marcharás en paz; y que Jehovah esté contigo, como estuvo con mi padre. Y si quedo vivo, muéstrame la

misericordia (aquí aparece de nuevo la palabra "gracia")
de Jehovah, para que yo no muera.
1 Samuel 20:13,14

Era costumbre en las dinastías orientales que cuando un
rey tomaba el poder, todos los miembros de la familia de la
dinastía anterior eran exterminados para evitar la posibilidad
de una revuelta. Por tanto, lo que Jonatán está diciendo aquí,
es: "David, cuando tengas el trono, como seguramente ocurrirá, ¿le mostrarás gracia a mi familia? ¿Preservarás nuestras
vidas, a diferencia de lo que acostumbran hacer otros reyes?
¿Te ocuparás de nosotros y nos protegerás, para que nuestra
familia no sea borrada de la tierra?"

Sin pensarlo un segundo, David se muestra de acuerdo.
Su amor por Jonatán lo mueve a hacer este pacto obligante
con su amigo.

Así Jonatán hizo un pacto con la casa de David, y dijo:
¡Jehovah lo demande de la mano de los enemigos de David! Jonatán hizo jurar de nuevo a David, a causa de su
amor por él; porque le amaba con toda su alma.
1 Samuel 20:16, 17

Más adelante, como se recordará, después que David le
perdona la vida a Saúl en la cueva, éste le dice:

Ahora, he aquí yo sé que tú ciertamente has de reinar y
que el reino de Israel ha de ser estable en tu mano. Ahora
pues, júrame por Jehovah que no eliminarás a mis descendientes después de mí, ni borrarás mi nombre de mi casa
paterna. David se lo juró a Saúl...
1 Samuel 24:20-22

David hizo, pues, una promesa tanto a Jonatán como a
Saúl. Más tarde (como lo registra 2 Samuel 9) lo encontramos
pensando en esa promesa. Comienza preguntándole a la gente
de su corte: "¿Hay alguien a quien yo pueda mostrarle gracia
por amor a Jonatán?"

Creo que vale la pena advertir que la pregunta que hace,
es: "¿Hay alguno?" No está preguntando: "¿Hay alguien calificado?" o "¿Hay alguien digno?" Lo que dice es: "¿Hay alguno?"

Independientemente de lo que sean, "¿hay ALGUNO todavía vivo que deba ser el receptor de mi gracia?" Esto es una aceptación incondicional basada en un amor incondicional. Pues bien, identificaron a uno:

> Había un siervo de la casa de Saúl que se llamaba Siba, al cual llamaron a la presencia de David. Y el rey le preguntó:
> —¿Eres tú Siba?
> El respondió:
> —Tu siervo soy.
> El rey le preguntó:
> —¿No queda nadie de la casa de Saúl a quien yo pueda mostrar la bondad de Dios?
> Siba respondió al rey:
> —Aún queda un hijo de Jonatán, lisiado de ambos pies.
>
> 2 Samuel 9:2, 3

Si lee entre líneas, sentirá la implicación que se halla en el consejo que en realidad Siba le está dando al rey. Creo que implicaba lo siguiente: "David, será mejor que lo pienses un par de veces antes de hacerlo, porque este tipo no va a lucir en tu corte. No cuadra con el ambiente, con esta sala del trono, con esta hermosa casa nueva en Jerusalén. Ese hombre tiene un serio impedimento físico." David había preguntado: "¿Hay alguno?" Y Siba le respondió: "Sí, pero está lisiado."

La reacción de David es maravillosa. Se mueve en la dirección correcta y dice: "¿Dónde está?" No pregunta: "¿Cuán mal está?" Ni siquiera pregunta por qué está en esa condición. Solamente dice: "¿Dónde se encuentra ese hombre?"

Así es como actúa la gracia. La gracia no es puntillosa. La gracia no busca las cosas realizadas que merezcan amor. La gracia funciona aparte de la respuesta o de las aptitudes del individuo. La gracia es unilateral. Repito: La gracia es Dios dándose a sí mismo en aceptación total a alguien que no lo merece, que nunca podrá ganarlo, que nunca podrá pagarlo. Esto es lo que hace tan digna de recordar la historia de David y Mefiboset: ¡Un rey famoso y poderoso se inclina para extenderle la mano a uno que representa todo aquello que no era David!

El rey simplemente pregunta: "¿Dónde está?"

Siba respondió al rey: He aquí que está en la casa de Maquir hijo de Amiel, en Lo-debar.

2 Samuel 9:4

Este último término geográfico es interesante. *Lo* significa en hebreo "no" y *debar* tiene su raíz en una palabra que significa "pastos o apacentadero". Así pues, este descendiente de Jonatán está en un lugar donde hay una desolación inimaginable; en una zona retirada, yerma e inhóspita de Palestina.

Ya que la costumbre era quitarle la vida a cualquiera de la dinastía anterior, esas personas eran exterminadas o tenían que permanecer escondidas por el resto de su vida. Y eso es lo que este hombre había hecho. Se había ocultado muy lejos, y el único que conocía su paradero era un viejo sirviente de Saúl llamado Siba.

David no pregunta cómo quedó lisiado de ambos pies este hombre, pero somos curiosos y encontramos la respuesta en el capítulo 4. Es realmente una historia que sólo aumenta el patetismo de la situación. Regresemos allí por breves momentos.

Jonatán hijo de Saúl tenía un hijo lisiado de los pies. Tenía cinco años cuando la noticia de la muerte de Saúl y de Jonatán llegó de Jezreel, y su nodriza lo tomó y huyó. Y sucedió que cuando huía apresuradamente, el niño se cayó y quedó cojo. El se llamaba Mefiboset.

2 Samuel 4:4

Cuando se enteró de que Saúl y Jonatán habían muerto, la niñera levantó al niño que estaba a su cargo y salió huyendo para protegerlo. Pero en su prisa, probablemente tropezó y el niño se le cayó de los brazos. Como resultado de esa caída, quedó permanentemente tullido y, desde entonces, había permanecido oculto, temiendo por su vida. Lo último que hubiera querido este hombre era ver a un enviado del rey llamando a la puerta. Pero eso fue exactamente lo que sucedió.

¿Puede imaginarse el susto del hombre? No sabemos qué edad tenía Mefiboset, pero probablemente ya tenía su propia familia, porque más tarde leemos que tenía un hijo pequeño que se llamaba Micaías. Después de responder al toque de su puerta, Mefiboset ve el rostro de los soldados de David, quienes le dicen: "El rey quiere verte." Lo más probable es que haya pensado: *Bueno, me llegó el fin*.

Entonces los hombres lo llevaron a Jerusalén, a la misma presencia del rey. ¡Me encantan estas escenas tan dramáticas que presenta la Biblia!

> Entonces Mefiboset hijo de Jonatán, hijo de Saúl, vino a David, y cayendo sobre su rostro se postró. David le dijo:
> —¿Mefiboset?
> Y él respondió:
> —He aquí tu siervo.
>
> 2 Samuel 9:6

¡Qué momento tan patético debió haber sido ese! El hombre, todo asustado, pone de lado sus muletas, y se postra ante el rey que tiene todo el derecho, el soberano derecho, de disponer de su vida. El rey le dice:
—¿Eres tú Mifeboset?
El le responde:
—Es cierto, soy Mefiboset
No tenía la más mínima idea de lo que le podría suceder. Con toda seguridad, esperaba lo peor.

> No tengas temor, porque ciertamente yo te mostraré bondad [gracia] por amor a tu padre Jonatán. Te devolveré todas las tierras de tu padre [es decir, abuelo] Saúl, y tú comerás siempre a mi mesa.
>
> 2 Samuel 9:7

¿Puede usted imaginar lo que debe haber sentido Mefiboset en ese momento? Esperando que una espada le cortara la cabeza, escucha estas increíbles palabras del rey David.

El doctor Karl Menninger habla en su libro *The Vital Balance* (El equilibrio vital) de lo que él llama la "personalidad negativista", de esa clase de personalidad que al comienzo dice "no" a casi todo. "Son pacientes perturbados", dice Menninger. "Estas personas perturbadas nunca han hecho un préstamo poco seguro; jamás han votado por una causa liberal; jamás han patrocinado nada fuera de lo convencional. No pueden permitirse el placer de dar." Las describe como personas "rígidas, crónicamente infelices, amargadas, inseguras y muchas veces con tendencias suicidas."

Para ilustrarlo, cuenta la historia de Tomás Jefferson [el tercer presidente de los Estados Unidos], que estaba con un grupo de amigos montando a caballo a campo traviesa cuando llegaron a un río crecido. Un caminante esperó hasta que varios del grupo habían cruzado y luego llamó al presidente Jefferson para preguntarle si podía montarlo en su caballo para llevarlo hasta la otra orilla. Jefferson lo montó en la grupera y lo pasó a la otra orilla.

—Dígame —le preguntó uno de los hombres—, ¿por qué escogió al presidente para pedirle el favor?

—¿El presidente? —respondió el hombre—, no sabía que fuera el presidente. Lo único que sé es que en algunos de los rostros estaba escrita la respuesta "no" mientras que en otros estaba escrita la respuesta "sí". En el rostro del presidente estaba escrito un "sí".

Como digo en mi libro *El despertar de la gracia*, las personas que entienden cabalmente lo que significa la gracia, tienen un rostro que dice "sí". Quiero insinuar que cuando Mefiboset levantó el rostro vio un "sí" escrito en la cara de David. ¿No quisiera usted haber estado allí en ese momento tan grandioso?

David lo miró y le dijo: "Oh, mi amigo, vas a tener un lugar de honor como nunca lo tuviste antes. Te convertirás en un miembro de mi familia... siempre comerás a mi mesa."

Después todo se puso aun mejor. Veamos lo que sucede:

El se postró y preguntó:

—¿Quién es tu siervo, para que mires a un perro muerto como yo?

Entonces el rey llamó a Siba, siervo de Saúl, y le dijo:

—Yo he dado al hijo [es decir, nieto] de tu señor todo lo que pertenecía a Saúl y a toda su casa. Labrarás para él la tierra, tú, tus hijos y tus siervos, y almacenarás los productos para que el hijo de tu señor tenga provisiones. Pero Mefiboset, el hijo de tu señor, comerá siempre a mi mesa.

Siba tenía quince hijos y veinte siervos. Y Siba respondió al rey:

—Tu siervo hará conforme a todo lo que mande mi señor el rey a su siervo.

Y Mefiboset comía a la mesa de David como uno de los hijos del rey.

Mefiboset tenía un hijo pequeño que se llamaba Micaías. Todos los que habitaban en la casa de Siba eran siervos de Mefiboset. Pero Mefiboset habitaba en Jerusalén, porque comía siempre a la mesa del rey. El era cojo de ambos pies.

2 Samuel 9:8-13

¡Qué descripción tan estupenda de la gracia! Cada vez que leo este relato tengo un "sí" en mi rostro, porque veo una demostración de lo que en realidad significa la gracia.

Imaginemos lo que sería la vida en los años siguientes, con David a la mesa listo para comer. La comida está servida, la campana llama a comer y comienzan a llegar los miembros de la familia y sus invitados. Amnón, inteligente e ingenioso, llega el primero. Luego Joab, uno de los invitados —musculoso, masculino, atractivo, con la piel bronceada por el sol— caminando derecho y erguido como un soldado avezado. Después llega Absalón, ¡tan apuesto como el que más! Desde la coronilla hasta la planta del pie no hay imperfección en él. Luego llega Tamar, la hermosa y tierna hija de David. Y después, pudiéramos añadir a Salomón. Este ha estado estudiando en su biblioteca todo el día, pero finalmente se escapa de ella y se dirige a la mesa.

Pero después escuchan el sonido de unos pies que se arrastran: Es Mefiboset que llega renqueando. Sonríe, y humildemente se une a los demás, tomando su lugar en la mesa como uno de los hijos del rey. Y el mantel de la gracia cubre sus pies. ¡Oh, qué escena tan maravillosa!

COMPRENDIENDO EL ALCANCE DE LA GRACIA

Pero éste no es en realidad el fin de la historia. Esa historia continúa y se refleja en las vidas de los hijos de Dios. Puedo pensar en, por lo menos, ocho analogías para expresarlo:

1. Una vez, Mefiboset disfrutaba de compañerismo ininterrumpido con su padre, el hijo del rey Saúl. Lo mismo sucedió con Adán, que caminaba con el Señor en el frescor de la tarde y disfrutaba de comunión ininterrumpi-

da con el Padre Creador. Al igual que Adán, Mefiboset supo lo que era estar en íntima relación con el rey.

2. Cuando se produjo la tragedia, la nodriza huyó atemorizada y Mefiboset sufrió una caída, lo cual lo dejó lisiado para el resto de su vida. Asimismo, cuando entró el pecado en el mundo, Adán y Eva huyeron atemorizados. La primera respuesta del ser humano fue esconderse de Dios, encontrar razones para no estar con Dios. Por consiguiente, la humanidad se convirtió en una lisiada espiritual, y lo será por siempre mientras viva en la tierra.

3. David, el rey, por puro amor a Jonatán, mostró gracia a su hijo minusválido. De igual manera Dios, por amor a su hijo Jesucristo, y gracias al castigo que éste pagó en la cruz, muestra su gracia al pecador que confía en él. Sigue buscando a las personas espiritualmente discapacitadas y muertas por causa de la corrupción, que se encuentran perdidas en delitos y pecados, huyendo de Dios, acabadas, temerosas y confundidas. Nosotros estamos caminando hoy con Dios porque él nos mostró su gracia por amor a su Hijo.

4. Mefiboset no tenía nada, no merecía nada, no podía pagar nada. De hecho, ni siquiera hizo nada por ganarse el favor del rey. Se encontraba huyendo de él. Lo mismo puede decirse de nosotros: no merecíamos nada, no teníamos nada, no podíamos ofrecerle nada a Dios. Estábamos huyendo de él cuando nos encontró.

Algunos de ustedes pueden remontarse en el recuerdo a los días cuando fueron adictos a las drogas; cuando estaban metidos en una vida vacía, yendo de una escaramuza a otra, de una experiencia de culpa a otra, pasando de una noche de desbarajuste a otra, en un encuentro sexual tras otro, preguntándose a dónde los iba a llevar todo esto. Nada podían ofrecerle a Dios. Nada podían darle, ni siquiera una buena obra que pudieran decir que revelara justicia de su parte. Y, sin embargo, el Rey los anhelaba tenazmente. ¿No es eso grande? No, es algo mejor que eso: Es gracia. Eso es lo que

Dios hace por nosotros, mostrándonos un amor y un perdón que no podemos ganar, que no merecemos, y que nunca seremos capaces de pagar. Sí, eso es gracia. Y hay algo liberador en cuanto a la gracia: Anula todas las exigencias y pone toda la respuesta sobre los hombros de Dios, al venir y decirnos: "Tú eres mío. Te tomo tal como estás: con tus muletas, problemas, impedimentos y todo lo demás."

5. David restauró a Mefiboset de un lugar de abandono a un lugar de honor. Tomó a este desamparado e imposibilitado del refugio donde se hallaba y donde no habían pastos, y lo trajo al lugar de abundancia, nada menos que a la corte misma del rey. La analogía es clara. Dios nos ha tomado de donde estábamos y nos ha traído a donde él está: a un lugar de compañerismo con él. Nos ha restaurado lo que una vez tuvimos en Adán.

6. David adoptó a Mefiboset incluyéndole en su familia, y se convirtió en uno de los hijos del rey. Eso es lo que el Señor ha hecho por el pecador que pone su fe en él: nos ha adoptado en la familia del Rey celestial. Nos ha escogido, nos ha hecho miembros de su familia, y nos ha dicho: "Siéntate a mi mesa; disfruta de mi mesa; yo te doy mi vida." Todo cristiano es adoptado como un miembro de la familia de Dios.

7. La invalidez de Mefiboset era un recordatorio constante de la gracia. El no tenía sino muletas, pero había recibido la abundancia del rey. Cada vez que cojeaba de un lugar a otro y de un paso a otro, recordaba: "Me encuentro en este magnífico lugar, disfrutando de los placeres de esta posición, por la gracia del rey y nada más."
Así es como actúa el Padre. Nuestro problema perenne con el pecado es un recordatorio constante de su gracia. Cada vez que nos apropiamos de ese versículo que dice: "Si confesamos nuestros pecados, él es fiel y justo para perdonar nuestros pecados y limpiarnos" (1 Juan 1:9) nos recordamos a nosotros mismos que la gracia está a nuestro alcance. Es allí cuando el Señor nos cubre los pies con su mantel de gracia y nos dice: "Sién-

tate. Tú me perteneces. Te escogí simplemente porque así lo quise."

8. Cuando Mefiboset se sentaba a la mesa del rey, era tratado exactamente igual a cualquier hijo del rey. Así es como sucede con nosotros ahora... y como será por toda la eternidad cuando estemos a la mesa con el Señor y nos estemos gozando con él. ¿Podemos imaginar lo que será estar sentados a la mesa con Pablo, Pedro y Juan... y quizá pidiéndole a Santiago que nos pase las patatas? ¿Y hablando con Isaac Watts, Martín Lutero, Juan Bunyan, Casiodoro de Reina y Cipriano de Valera? ¿Compartiendo el pan con Abraham, Ester, Isaías y, sí, con el mismo rey David? Junto con Mefiboset, recuerde. Y el Señor nos mirará y nos dirá con ese rostro que está diciendo "sí": "Tú eres mío. Tú eres tan importante para mí como mis demás hijos e hijas. Aquí tienes tu comida."

Hará falta toda la eternidad para que podamos expresar adecuadamente lo que esta verdad significa para nosotros: Que Dios nos escogió en nuestra condición pecaminosa y rebelde, y nos tomó por su gracia de un lugar yermo y desolado y nos dio un lugar en su mesa. Y que, por amor, permitió que su mantel de gracia cubriera nuestro pecado.

Termino este capítulo con una sonrisa. Con un rostro donde está dibujado un "sí", que dice: "Gracias, Padre, por encontrarme cuando no te estaba buscando... por amarme cuando no era digno... por hacerme tuyo cuando no lo merecía."

¡Gracia, qué maravillosa eres!

Capítulo dieciséis

EL CASO DE LA PERSIANA ABIERTA

La Biblia nunca lisonjea a sus héroes. Todos los hombres y todas las mujeres de la Biblia tienen pies de barro, y cuando el Espíritu Santo pinta un retrato de sus vidas, es muy objetivo. El no oculta, niega o pasa por alto el lado oscuro de ellas.

Personalmente, cuando llego a este capítulo de la vida de David, estoy agradecido eternamente de que Dios le haya puesto fin a la escritura de la Biblia. No hay una sola persona que yo conozca que quiera que todos sus vicios y fracasos queden escritos para ser leídos, discutidos y convertidos en temas de películas, de libros y de sermones, un siglo tras otro.

Ningún pecado, con excepción del pecado de Adán y Eva, ha sido tan expuesto públicamente como el pecado de David y Betsabé. Los cineastas explotan el pasaje con sus películas sobre "David y Betsabé", dando la idea de que este hombre era una especie de adicto sexual con impulsos animales incontrolables. Pero eso no es cierto. Es totalmente falso. Este es un buen momento para recordar que David era un hombre que amaba a Dios... que seguía siendo "un hombre conforme al corazón de Dios". Pecó, pero su pecado no fue mayor que el pecado de usted o mío; los nuestros simplemente no han sido escritos para que todo el mundo los lea. Hay que reconocer, sin embargo, que su pecado se hizo mayor por ser el quien era y por lo mal que lo manejó... pero de todas maneras fue un pecado, un acto de desobediencia que después tuvo que lamentar con lágrimas amargas. Usted y yo conocemos estas experiencias, no en los mismos detalles como en el caso de David, pero sí en sus amargas secuelas.

Yo no estoy justificando lo que David hizo. Como podrá ver en este capítulo, y en algunos de los que siguen, no estoy defendiéndolo de ninguna manera. Sólo estoy tratando de poner el asunto en su perspectiva correcta. Si usted chasquea la lengua o sacude la cabeza escandalizado por lo que hizo David, es porque no ha tomado para nada en cuenta esta amonestación: "Por tanto, el que cree que está firme, tenga cuidado, no sea que caiga" (1 Cor. 10:12, *Biblia de las Américas*). En medio de las palabras "firme" y "caiga" están las palabras "tenga cuidado". Eso es algo que tenemos que hacer siempre. Si no tenemos "cuidado", huyendo lo más aprisa que podamos para escapar de la tentación, caeremos, al igual que David. Lo que trato de decir es esto: Su carne y la nuestra son igualmente débiles. A menos que tengamos "cuidado", nuestra carne nos conducirá a una incursión pecaminosa parecida, y las consecuencias contra nosotros y el pesar que experimentaremos serán tan amargos como el suyo. Teniendo presente esto, veamos lo que podemos aprender de la trágica caída de este hombre.

UN TELON DE FONDO TENEBROSO

David tiene ahora cerca de cincuenta años o un poco más, y había estado en el trono aproximadamente veinte años. Se había distinguido como un hombre de Dios, como compositor de salmos, como un pastor fiel, como un valiente guerrero en el campo de batalla, y como un líder de su pueblo. No sólo le enseñó el camino de la rectitud al pueblo, sino que también le dio la gloriosa música de los salmos. Era un hombre lleno de pasión, pero también de compasión. Como dijimos antes, era el hombre que protegió a Mefiboset, cumpliendo así con su promesa hecha a Saúl y a Jonatán, mostrando gracia y demostrando ser un hombre de honor.

Así pues, al estudiar la parte que sigue de la vida de David, entendamos que no estamos considerando la vida de un rebelde desenfrenado o de un pervertido sexual, sino de alguien que cayó por un tiempo en el pecado, y que ese pecado tuvo consecuencias devastadoras para su familia, su reinado y su nación. *El pecado siempre genera consecuencias.* Esa es la razón por la que debemos tener cuidado para no caer, ya sea que tengamos más de cincuenta o más de sesenta años, o que estemos en la adolescencia, o en la década de los veinte, de los treinta o de los cuarenta. Nadie es demasiado joven ni demasiado viejo para no caer.

En este momento, la vida de David era como un dique abandonado, que enfrenta una y otra vez el embate de la marea y de las olas, y de un mar que nunca deja de golpear. En un momento de descuido y de debilidad, el dique se vino abajo a sus pies y tuvo que pagar un precio terrible.

David no cayó de repente. En su armadura espiritual ya habían empezado a formarse algunas grietas.

David comprendió que Jehovah le había confirmado como rey sobre Israel y que había enaltecido su reino por amor a su pueblo Israel.

2 Samuel 5:12

Sin duda alguna, David estaba consciente del privilegio que había recibido de Dios. Sabía que la mano de Dios estaba sobre él. Entendía que la bendición del Señor era abundante. Pero había áreas de flaqueza personal que estaban comenzando a afectarlo.

Después que vino de Hebrón, David tomó más concubinas y mujeres de Jerusalén; y le nacieron a David más hijos e hijas.

2 Samuel 5:13

Aunque la bendición del Señor estaba sobre él, sobre el pueblo y sobre sus decisiones y liderazgo, David aumentó el número de sus esposas y concubinas. Esto era un desacato directo a los mandamientos de Dios. En Deuteronomio 17 encontramos claramente establecidos los requerimientos para la vida del rey de Israel:

Cuando hayas entrado en la tierra que Jehovah tu Dios te da y hayas tomado posesión de ella y la habites, y cuando digas: Constituiré rey sobre mí, como todas las naciones que están en mis alrededores, solamente constituirás sobre ti como rey a quien Jehovah tu Dios haya escogido. A uno de entre tus hermanos constituirás como rey sobre ti. No podrás constituir sobre ti a un hombre extranjero, alguien que no sea tu hermano. Pero él no ha de acumular caballos. No hará volver al pueblo a Egipto para acumular caballos, porque Jehovah os ha dicho: Jamás volveréis por ese camino. Tampoco acumulará para sí mujeres, no sea que se desvíe su corazón. Tampoco acumulará para sí mucha plata y oro.

Deuteronomio 17:14-17

Dice aquí que había por lo menos tres cosas que el rey de Israel no debía hacer: Acumular caballos para sí o permitirle a su pueblo volver a Egipto para acumular caballos; acumular mujeres para sí; y no acumular demasiada plata y oro para sí. David fue fiel en lo primero y en lo tercero; pero siendo un hombre ardoroso, falló en lo segundo. Y a pesar de que el número de sus esposas y sus concubinas aumentó, su fogosidad no se debilitó. Este rey que se apoderó de la mujer de otro hombre, ya tenía un harén lleno de mujeres. El sencillo hecho es que la pasión sexual no se satisface teniendo un harén lleno de mujeres, sino que aumenta. El tener muchas mujeres no reduce el deseo sexual del hombre, sino que lo excita, lo estimula. David, que era un hombre con un fuerte apetito sexual, pensó erróneamente: Para satisfacerlo, tendré más mujeres. Así pues, cuando se convirtió en rey, añadió más a su harén, pero su apetito sólo aumentó. Una de las mentiras de nuestra sociedad secularizada es que si se satisface este impulso, el apetito sexual disminuirá.

Al pensar en esto del harén del rey, ¿quién en el reino estaba calificado para llamar al orden a David? Veamos sus antecedentes: Un comienzo humilde. El liquidador de un gigante. Dos décadas de excelente liderazgo. Los mejores hombres ocupando las debidas posiciones. Una fuerza militar respetada por todos sus enemigos. Fronteras extendidas que ahora sumaban 155.000 kms cuadrados. Ninguna derrota en el campo de batalla. Exportaciones, importaciones, defensa nacional fuerte, economía sana, un casa nueva y hermosa, planes para el templo del Señor. ¿Quién podía extender el dedo acusador contra un rey así? ¿Qué importaba, entonces, que se casara con unas cuantas mujeres más y que aumentara el número de sus concubinas?

¿Y qué? Bueno, antes que nada, eso desvió del Señor al corazón del rey. Esa es la advertencia de Dios en el libro de Deuteronomio. Su sensualidad y su poligamia comenzaron calladamente a corroer su integridad.

En segundo lugar, se volvió vulnerable. Entre los capítulos 5 y 11 no vemos sino triunfos. A David todo le ha salido de maravilla hasta aquí. Ha logrado una serie de victorias en el campo de batalla y ha llegado al tope de la admiración pública. Abunda en dinero, su poder es increíble, su autoridad indiscutida y su fama considerable. Su estilo de vida se parece a esto: A una flecha subiendo cada vez más en dirección de las nubes, como el súbito ascenso de un avión con motor a reacción. La vida de David ascendía cada vez más hacia las alturas. Por consiguiente, se volvió vulnerable.

Nuestros momentos de mayor dificultad no son cuando las cosas se ponen difíciles. Los tiempos duros crean personas dependientes. Uno no se vuelve orgulloso cuando depende de Dios. La necesidad de supervivencia nos mantiene humildes. El orgullo se da cuando todo se inclina a nuestro favor. Cuando se ha recibido un ascenso; cuando al dar una mirada retrospectiva se puede ver una trayectoria casi intachable en los últimos meses o años; cuando aumenta el prestigio, la fama y la importancia, ese es el momento de tener cuidado... especialmente si uno no tiene que rendirle cuentas de sus actos a nadie.

En esta situación, David no sólo es vulnerable sino que tampoco le rinde cuentas a nadie. Quizás estaba un poco impresionado por su propia trayectoria, porque cuando llegamos al capítulo 11 vemos que está siendo complaciente consigo mismo. Esa fue otra grieta en su armadura: La indulgencia consigo mismo.

Ya vimos antes que David fue indulgente con sus hijos; dejó a otros la responsabilidad de ocuparse de ellos, mientras se dedicaba a hacer la guerra. Y cuando podía ocuparse de ellos, no parecía demasiado preocupado por enfrentar su responsabilidad.

UNA ESCENA SENSUAL

Es en este punto, en este momento de vulnerabilidad y de indulgencia consigo mismo, al llegar a los cincuenta años de su vida, que encontramos a David en su alcoba elegantemente amueblada. Quizás estaba profusamente equipada. Cortinas ricamente bordadas cubrían las paredes, y las ventanas estaban enmarcadas en madera ampulosamente tallada. Es primavera. La estación lluviosa ha llegado a su fin, y una cálida brisa sopla sobre Jerusalén. Sobre las ventanas abiertas cuelgan cortinas ondulantes, y las estrellas comienzan a titilar allá arriba en el cielo despejado. Era un atardecer cálido y precioso de primavera. Acababa de ponerse el sol y...

Aconteció... en el tiempo en que los reyes suelen salir a la guerra, que David envió a Joab junto con sus servidores y con todo Israel. Ellos destruyeron a los hijos de Amón y pusieron sitio a Rabá. Pero David se había quedado en Jerusalén.

2 Samuel 11:1

David se hallaba en la cama, no en el campo de batalla. De haber estado donde debía —con sus soldados— nunca habría ocurrido el episodio de Betsabé. Nuestras mayores batallas no suceden, por lo general, cuando estamos trabajando duro. Tienen lugar cuando no tenemos nada que hacer, cuando tenemos tiempo de sobra, cuando estamos aburridos. En esos momentos es cuando tomamos esas decisiones funestas que después pagamos caro.

En eso estaba David, siendo indulgente consigo mismo, más allá de lo prudente. Debía estar en el campo de batalla, pero en vez de eso se hallaba en su alcoba. Se cubrió con la manta, se estiró, bostezó un par de veces, dio un suspiro, y echó una mirada alrededor de la habitación. Realmente no necesitaba seguir durmiendo. No estaba sufriendo del agotamiento de un hombre ocupado y productivo: Estaba cansado de no estar cansado.

"Quizá necesite caminar un poco", piensa. Parece una tarde excelente para respirar el aire. Por tanto, descorre las cortinas y sube a la azotea.

Los monarcas orientales generalmente construían sus

alcobas sobre el segundo piso del palacio y tenían una puerta que comunicaba con lo que podríamos llamar una terraza o azotea. A menudo, ésta estaba elegantemente amueblada. Era un lugar para sentarse con su familia o para realizar reuniones de trabajo con sus hombres. Por estar situada en un lugar fuera de la vista del público y lejos de la calle, estaba tan oculta que la gente no podía divisarla. Es allí donde se encontraba David esa noche inolvidable.

Leemos que se halla paseando por la azotea del palacio. Era una casa grande, y el rey está disfrutando de la vista y del paisaje. Luego, a la distancia, escucha un chapoteo de agua y quizás el tarareo de los labios de una hermosa mujer que vive a corta distancia del palacio, y que es claramente visible. El versículo dice:

> Vio desde la azotea a una mujer que se estaba bañando. Y la mujer era muy bella.
>
> 2 Samuel 11:2

La Biblia jamás exagera nada. Cuando dice que una mujer es bella, es porque es fabulosa. Y si dice que es muy bella, es porque es de una belleza deslumbrante, de gran hermosura física. Rara vez la Biblia utiliza la palabra "muy", y cuando lo hace, tenga por seguro que no es ninguna exageración.

Raymond Brown dice en su libro sobre la vida de David:

> Cuando leemos esta terrible historia, instintivamente pensamos que el pecado fue de David, pero esta atractiva mujer no puede ser disculpada del todo. Betsabé fue poco cuidadosa e imprudente. Carecía de la modestia acostumbrada entre las hebreas, porque de ninguna manera se habría bañado en un lugar donde sabía que podía ser vista. Desde su azotea debía haber mirado muchas veces el palacio real y debía saber que desde allí podía ser vista. No basta evitar el pecado propio. El Nuevo Testamento insiste en que los cristianos deben asegurarse de no ser piedras de tropiezo para los demás (Rom. 14:12, 13). Si David se hubiera marchado a la guerra, no habría visto a Betsabé esa tarde. Y si ella hubiera pensado seriamente en lo que hacía, no le habría puesto la tentación en el camino.

Sin el deseo de ser recriminatorio, permítame detenerme aquí y enfatizar un punto práctico. Es tan importante hoy en una sociedad como la nuestra donde *cualquier cosa* puede ocurrir, que recordemos que si queremos ser parte de la respuesta a las muchas batallas contra la sensualidad, y no parte del problema, debemos dar nuestro apoyo a lo recto. Eso significa que usted debe preocuparse por su forma de actuar, por la forma como viste, por su apariencia y por su conducta. Eso quiere decir que si usted ve algo tentador, mira hacia otro lado para no quedárselo viendo. Ni siquiera David con toda su piedad estuvo a salvo de ésto. Fue demasiado para él. También significa que usted debe ser modesto, cuidadoso y controlado, no dando ni siquiera el más mínimo indicio de seducción, para no tentar a los demás. Yo creo que tanto David como Betsabé tuvieron culpa en esta ocasión, pero de los dos, sin duda alguna David fue el agresor, porque se detuvo, clavó la vista, sintió el apetito carnal y después la buscó. Su pasión le hizo perder el control, y terminó acostándose con ella.

En su libro titulado *Temptation* (Las tentaciones), Dietrich Bonhoeffer llega hábilmente al quid del problema con el que usted y yo, al igual que David, luchamos:

> Hay en nuestros miembros una inclinación aletargadora hacia el deseo, que es al mismo tiempo repentina e impetuosa. Este deseo se apodera de la carne con poder irresistible y de repente se enciende en nosotros un fuego secreto y ardiente. Entonces la carne se enciende y arde en llamas. Da lo mismo que sea el deseo sexual, o la ambición, o la vanidad, o el deseo de vengarse, o el deseo de fama y poder, o de codicia por el dinero...
>
> En ese momento, Dios se nos vuelve totalmente irreal. (Recuerde estas palabras.) Pierde toda realidad; sólo el deseo por la criatura es real. La sola realidad es el diablo. Satanás no nos llena aquí de odio contra Dios sino con el olvido de Dios... El deseo que ha surgido envuelve la mente y la voluntad del hombre en las tinieblas más profundas, y nuestro poder de discernir con claridad y de tomar decisiones correctas desaparece. Las preguntas que se presentan son: "¿Es, en realidad, un pecado lo que mi carne desea en este caso?", y "¿No se me permite en realidad, sí, no se espera de mí ahora, aquí en mi situación particular, que aplaque mi deseo?"...

Es aquí cuando todo lo que hay dentro de mí se rebela contra la Palabra de Dios... Por eso es que la Biblia nos enseña que hay un solo mandamiento para cuando nos asalte la tentación de la carne: ¡Huir! Huya de la fornicación. Huya de la idolatría. Huya de las pasiones juveniles. Huya de las pasiones del mundo. La única defensa contra Satanás cuando se presenta la tentación es huir. Toda lucha contra la carnalidad, librada con nuestras propias fuerzas, está condenada al fracaso.

Si usted no huye, caerá. Es sólo cuestión de tiempo. Este es un consejo que he dado muchas veces. Si huye de la tentación, la lujuria retrocede. Es el único consejo que me parece válido. Si trata de luchar, perderá la batalla. Repito: Es sólo cuestión de tiempo. Pero... volvamos ahora a la escena.

David está parado en la azotea del palacio respirando el aire del atardecer y nadie lo observa. Pierde entonces toda noción de quién es él y de lo que sucedería si cae en ese pecado. Pero a medida que su ardiente deseo se convierte en una llama en su interior, Dios se vuelve muy distante e irreal para él. Se olvida de que es el hombre de Dios. Se olvida de todas las lecciones aprendidas en los días de su juventud durante los años que fue fugitivo en el desierto. ¡Se olvida de Dios!

Pero David no sólo dio una segunda mirada, sino que se la quedó mirando fijamente por un largo período de tiempo. En su mente, alimentada por la lascivia, fantasea con el placer sexual que le produciría esa hermosa mujer. Ciego del deseo por ella, es absorbido por la fantasía, y desea a la mujer... ¡ya!

Luego, "David manda a preguntar por la mujer". Observemos el informe:

Alguien le dijo: ¿No es ésta Betsabé hija de Eliam, mujer de Urías el heteo?

2 Samuel 11:3

Me parece que estas palabras son increíblemente importantes. Este discreto servidor le ofrece al rey una sutil y sabia advertencia. Normalmente, en Israel se daba la genealogía de una persona sin relacionarla con su cónyuge. Se daba el nombre de la persona, el nombre del padre, el nombre del abuelo, y ocasionalmente, el del bisabuelo. Pero su servidor le dice:

"Es Betsabé, la hija de Eliam, la esposa de Urías." En otras palabras, le está diciendo: "Esa señora está casada."

Yo creo que el siervo sabía exactamente lo que David estaba pensando. El también podía verla desde allí y también era un hombre. Y conocía a su señor. Había visto su harén, y también había visto cómo actuaba David con las mujeres. Por tanto, le hace una advertencia al responder su pregunta.

Pero aparentemente David no se dio por enterado. En ese momento, Dios es "totalmente irreal" para él. Habiendo perdido el control, le dice "no" a todas las cosas que debió haber dicho "sí", y "sí" a todas las que debió haber dicho "no". En esos momentos, su deseo de placer sexual con la mujer es lo más importante. Por tanto, entra en acción con rapidez, ignorando toda advertencia y todas las consecuencias.

> David envió mensajeros y la tomó; Cuando ella vino a él, él se acostó con ella, que estaba purificándose de su impureza. Entonces ella regresó a su casa.
>
> 2 Samuel 11:4

Seamos absolutamente realistas en este punto. Seríamos unos tontos si pensáramos que no hubo placer sexual en este encuentro entre David y Betsabé. Este acto implicaba una gran dosis de arrebatamiento sexual. Las aguas hurtadas son dulces (Prov. 19:7). Yo pienso que ambos probablemente disfrutaron este momento privado. El era romántico y bien parecido... y ella se sentía sola, era hermosa y la halagaron sus palabras. Ambos disfrutaron lo que hicieron. Nada indica lo contrario. Parece haber sido un adulterio que ocurrió una sola vez, una situación compartida que les produjo satisfacción mutua. Quizás antes de la medianoche ella se deslizó hacia su casa, esperando no ser notada.

Pero como dice el escritor de Hebreos, esto fue "gozar por un tiempo de los placeres del pecado" (11:25). En realidad, el placer desapareció en cuestión de semanas, porque Betsabé "mandó que lo hicieran saber a David, diciendo: 'Yo estoy encinta.'" (2 Sam. 11:5).

He podido notar a través de los años que el diablo jamás deja ver su mano en la tentación. El sólo muestra la belleza, el éxtasis, la diversión, la excitación y la aventura estimulante de los placeres indebidos. Pero nunca le dice al tomador:

"Mañana por la mañana tendrás una resaca; al final terminarás por arruinar a tu familia." Nunca le dice al drogadicto: "Este es el comienzo de un largo y doloroso callejón sin salida." Jamás le dice al ladrón: "Te van a atrapar, amigo. Hazlo, y terminarás tras los barrotes." Tampoco, con toda seguridad, le advierte al adúltero: "El embarazo es una posibilidad real", o "Puedes contraer una enfermedad mortal". ¿No toma usted esto en serio? Pues enfréntelo: Cuando se comete el pecado y se recibe el pago, el diablo no aparece por ningún lado. Sonríe cuando usted cae... pero no le ofrece ningún aliento cuando llegan las consecuencias.

¡Cómo han caído los poderosos! F. B. Meyer expresa sucintamente el resultado:

> ¡Un breve rato de complacencia apasionada, y su carácter se destrozó irreparablemente; su paz se desvaneció; los fundamentos de su reino se pusieron en peligro; el Señor se desagradó; y sus enemigos tuvieron una gran ocasión para blasfemar!

Para que usted no piense que la caída de David fue un hecho repentino, instantáneo, considere esta elocuente composición literaria de Emily Dickinson:

> La caída no es un acto instantáneo,
> no es una vacilación elemental;
> los procesos de la disipación
> son deterioros sistemáticos.

> Primero es una telaraña en el alma,
> una cutícula de polvo,
> una rendija en la base,
> una herrumbre sencilla.

> La ruina es manifiesta, la obra del diablo
> lenta e inmediata;
> la caída del hombre no se produce en un instante,
> el deslizamiento lento es la ley de la caída.

UN PLAN ESPANTOSO

"Estoy embarazada, David." Cuando le llega la noticia,

David tiene que tomar una decisión. Podía tomar una de dos vías. Podía ir delante de Dios y reconocer su pecado y después confesar a sus consejeros y a toda la nación: "He pecado." Obviamente, eso es lo que debía haber hecho. O podía tomar la vía del engaño y de la hipocresía. Tristemente, David escogió esta última, lo que lo condujo a pecar más, incluyendo al horrible acto del asesinato. No olvidemos que al haber escogido la mentira y el engaño puso en movimiento una serie interminable de congojas dentro de su familia inmediata en los años siguientes. ¡Qué torpe fue al tratar de ocultar su pecado!

Cuando estamos en medio de una situación de pánico, no tomamos decisiones sabias. Y esto fue lo que ocurrió con David. Tuvo una noche de pasión —hasta donde sabemos, él y Betsabé tuvieron sólo esa noche juntos— y de pronto le llega la noticia que lo inquieta: "Esta mujer, que es la esposa de otro hombre, va a tener un bebé tuyo." Piensa: ¿Qué haré? En vez de humillarse delante de Dios, en vez de admitir sinceramente su adulterio, escoge la vía del engaño y de la hipocresía. Se le ocurre una original idea que luego se volvería contra él:

> Entonces David mandó a decir a Joab: "Envíame a Urías el heteo." Y Joab envió a Urías a David.
>
> 2 Samuel 11:6

Ahora bien, es necesario que entendamos algo en cuanto a Joab. El es un guerrero sagaz, inteligente y duro en el campo de batalla. Y también es astuto. David está un poco inquieto con este tipo y con la influencia que tiene.

Joab, rodeado por los sonidos de la batalla, recibe un mensaje del rey David, que dice: "Envíame a Urías a Jerusalén." Pero Joab no tiene un pelo de tonto. Es inteligente y despierto, taimado y astuto. Recibe el mensaje y despacha a Urías, pero queda intrigado por el asunto.

Cuando el marido de Betsabé llega a Jerusalén,

> David le preguntó cómo estaban Joab y el pueblo, y cómo iba la guerra.
>
> 2 Samuel 11:7

¿Le importaban en realidad a David el pueblo, o la situación bélica, o cómo le estaba yendo a Joab? En absoluto. Es una salida para mostrarse compasivo. Simplemente le está tendiendo una trampa a Urías. Está tratando de que se sienta cómodo. Está fingiendo. Cuando alguien está tratando de ocultar algo, actúa con fingimiento. Así pues, invita a Urías para una buena cena con todos los aderezos. "Bien, Urías, ¿cómo van las cosas?"

No sabemos si Urías se sintió halagado por todo esto, o simplemente perplejo, pensando: *¿De qué se trata todo esto? Yo debiera estar en la batalla, no sentado aquí en el palacio del rey hablando de ella.* Lo que sí sabemos es que...

> David dijo a Urías: Desciende a tu casa y lava tus pies.
>
> 2 Samuel 11:8

Inteligente idea... que resulta un fiasco. En vez de marcharse a su casa, como se lo sugirió David,

> Urías durmió a la puerta del palacio junto con todos los siervos de su señor, y no descendió a su casa.
>
> 2 Samuel 11:9

¿En dónde quería David que estuviera Urías? ¡Ya sabemos dónde! Quería que pasara la noche con su esposa. Si hay un embarazo y Urías ha dormido con su mujer, nadie sabría jamás lo que David había hecho.

Pero Urías es un fiel soldado cuyo corazón está con los hombres en el campo de batalla. Y si sus hombres están en la batalla, él no va a buscar confortación en su esposa y en su casa. Cuando David se entera de esto, le dice a Urías: "¿Por qué no fuiste a tu casa anoche?"

> Urías respondió a David: El arca, Israel y Judá están en cabañas, y mi señor Joab y los servidores de mi señor están acampados al aire libre. ¿Y había yo de entrar en mi casa para comer y beber y dormir con mi mujer? ¡Por tu vida y por la vida de tu alma, que no haré semejante cosa!
>
> 2 Samuel 11:11

¡Qué reproche tan grande a David, el gran rey, el comandante en jefe! Debía sentirse reprendido por la integridad de un soldado de infantería —un don nadie—, mas un hombre que estaba comprometido, desde el casco de su cabeza hasta las botas de sus pies, con la nación y con el Dios de la nación, pero David era demasiado insensible para sentir remordimiento.

Veamos cómo maneja David el asunto:

David dijo a Urías: Quédate hoy también aquí, y mañana te dejaré ir. Entonces Urías se quedó en Jerusalén aquel día y el día siguiente. David le invitó, y Urías comió y bebió con él; y le emborrachó. Pero al anochecer él salió a dormir en su cama con los siervos de su señor, y no descendió a su casa.

2 Samuel 11:12, 13

UN COARTADA PERFECTA

El rey es presa del pánico y está muy frustrado, al borde de la locura, por el fracaso de su plan. No importa lo que haga, no puede lograr que funcione su estrategia de engaño. Pudo robarle la mujer al hombre, pero no puede manipular al esposo de la mujer. Urías no está dispuesto a cooperar. Por lo tanto David, con el pánico a más no poder, lleva su maquinación a un nuevo nivel.

Y sucedió que por la mañana David escribió una carta a Joab, y la envió por medio de Urías. Y en la carta escribió lo siguiente: Poned a Urías en el frente más peligroso de la batalla; luego retiraos de él, para que sea herido y muera.

2 Samuel 11:14,15

David escribió el mensaje, lo selló y dijo: "Urías, llévale esto a Joab."

Permítame hacerle una pregunta: ¿Confiaba David en Urías? Totalmente. Así que despachó al hombre con su propia sentencia de muerte en la mano.

Cuando Urías entregó el mensaje en el campo de batalla y lo leyó Joab, adivine a qué conclusión llegó. Joab no era ningún tonto. Tengo la ligera sospecha de que adivinó lo que pasaba. Un rey dominado por el pánico y un guerrero despiadado en el frente de batalla significan un desastre. Desgraciadamente, el inocente Urías estaba sentenciado.

Y aconteció que cuando Joab sitió la ciudad, puso a Urías en el lugar donde sabía que estaban los hombres más valientes. Los hombres de la ciudad salieron y combatieron contra Joab, y murieron algunos del ejército de los servidores de David. Y murió también Urías el heteo.

2 Samuel 11:16-18

Démonos cuenta de algo: Joab sabía exactamente qué era lo más importante para el rey.

[Joab] instruyó al mensajero diciendo: Cuando acabes de exponer al rey todos los detalles de la batalla, si sucede que se enciende la ira del rey, y te dice: ¿Por qué os acercasteis a la ciudad para combatir? ¿No sabíais que ellos tirarían desde arriba del muro? Entonces le dirás: "También tu servidor Urías el heteo ha muerto."

2 Samuel 11:19-21

Joab conocía a Urías, y probablemente sabía de su bella esposa así como de su familia. También conocía a David. Sabía lo que David quería en realidad oír. Por eso, cuando le envía el informe al rey, dice: "Díganle: 'Misión cumplida. Cumplí con el encargo.'"

Después de esto, adivinen quién tiene los elementos para ejercer el chantaje. ¡Correcto! Joab tiene al rey donde quiere que esté, y un día se levantará y hará lamentar a David esta mala decisión. Así pues, lo preparó todo para que mataran a Urías.

El mensajero viene desde el campo de batalla hasta donde está el rey, y éste escucha conteniendo el aliento, esperando oír cierta información. Por fin escucha lo que ha estado esperando: "Tu servidor Urías el heteo ha muerto." Y añadiendo el supremo acto de hipocresía, le dice al mensajero:

Así dirás a Joab: "Que esto no parezca malo a tus ojos, pues la espada devora unas veces a uno y otras veces a otro. Refuerza tu ataque contra la ciudad y destrúyela." Y tú aliéntalo.

2 Samuel 11:25

Pero no fue sólo Urías quien cayó en la batalla; también

murieron soldados. Muchos pagaron en el campo de batalla el precio del pecado de David. Sin embargo, éste dice: "¡Está bien, Joab! ¡Adelante! ¡Dile a los hombres que no se rindan!" En vez de humillarse delante de Dios, declarándose culpable de este crimen, sigue adelante. Después de unos días, el período de luto de Betsabé por su esposo termina y...

> David envió a traerla a su palacio. Ella vino a ser su mujer y le dio a luz un hijo.
>
> 2 Samuel 11:27

Quiero preguntarle algo. Suena sencillo, pero no lo es. ¿Por qué razón asesinó David a Urías? ¿Qué ganó con eso? Pensemos en esto. Si Urías no hubiera muerto y después de regresar a su casa del campo de batalla encontraba que su esposa está embarazada, ¿quién lo habría relacionado con David? Es muy dudoso que ella hubiera dicho una palabra. Pero sucede que después que Urías es muerto, David inmediatamente lleva la mujer al palacio y se casa con ella. A mí me parece que la mayoría de los adultos tienen dos dedos de frente. Entonces, ¿de quién se estaba escondiendo David?

Cuando una persona actúa dominada por el pánico, no piensa con lógica. En realidad, no piensa, sino que reacciona. Justifica lo que hace, encubre, difama, disfraza, niega e intriga, hasta que se encuentra en medio de una maraña tal de mentiras que no le resulta posible escapar ni desenredar el lío. Hasta que, por fin, se encuentra con alguien lo suficientemente honesto que le dice: "¡Tú eres ese hombre!" (De esto hablaremos más en el próximo capítulo.)

Mientras tanto, al final de este espantoso episodio leemos trece sencillas palabras: "Pero esto que David había hecho pareció malo a los ojos de Jehovah." Punto.

Con esta breve declaración, vemos lo inmundo y ruin que hay en la vida de David. Como decían los puritanos: "Toda la humedad del cielo se había convertido en sequía. Todo era seco y yermo en su alma." El dulce cantor de Israel estaba ahora viviendo una mentira, fingiendo una existencia en tono menor. Este rey apasionado y apuesto, este líder ejemplar, vive ahora en las sombras de su propio palacio. Ya no sale más a la batalla. Se ve reducido a algo que no estaba destinado, porque deliberadamente había claudicado ante el mal y ocultado arteramente con un asesinato lo que había hecho.

Esta historia afecta a algunos mucho más que a otros. Hay quienes viven bajo el despiadado ardor de la lujuria. La detestan, pero viven con ella. No la quieren, pero ella constantemente les guiña el ojo, como una serpiente llena de veneno que los muerde y paraliza su vida espiritual, tal como lo hizo con David. Pienso que Dios nos cuenta todos estos detalles de la caída de David para que todos podamos ver claramente a dónde lleva todo esto y cuáles son sus consecuencias.

¿Lleva la cuenta de los pecados de David? Lujuria, adulterio, hipocresía, asesinato. ¿Cómo pudo un hombre que era conforme al corazón de Dios caer tan bajo? Si usted es honesto de corazón, no tendrá ninguna dificultad en comprenderlo.

Si usted está jugando con los pecados de la carne, está viviendo mal como hijo de Dios. No hay nada tan atormentador y devastador para la vida como los pecados ocultos de la carne. No hay nada que le dé al enemigo más ocasión de blasfemar contra la iglesia de Dios, que esa clase de claudicación secreta. Usted también puede ser indirectamente parte esencial de esto si no toma una posición en contra.

De esta manera, el triste y oscuro capítulo de la caída de David llega a su fin. ¿Pero llegó en verdad? No, en realidad no. El hombre está ahora atrapado en un torbellino de infelicidad, que él mismo describe en detalle en el Salmo 32:3, 4 y también en el Salmo 51:3, 4. Tiene noches de insomnio. Está físicamente enfermo. Tiene fiebre. Lo persiguen recuerdos angustiosos. Pierde peso. Su infelicidad es total. Pero lo peor es que se siente terriblemente solo. Está a miles de kilómetros de distancia de Dios. Está tan lleno de lamentos y de pesadumbre. Lea los versículos de esos dos salmos y permita que tomen forma en su mente. Léalos sin prisa. Todos necesitamos ver de nuevo la paga del pecado.

No, el capítulo no termina. No hasta que hayan transcurrido muchos meses. No hasta que haya un toque en la puerta del palacio... y un amigo que se interesó lo suficiente por él, confronte al rey cara a cara y llame al pan pan y al vino vino.

Eso es lo que sigue a continuación.

Fue una visita que David jamás olvidaría.

Capítulo diecisiete

¡LA CONFRONTACION!

Hace 3.000 años existió un gran hombre que le sirvió a una gran nación, bajo un gran Dios: Jehovah Dios de los cielos. Su nombre era David, un hombre tan poderoso que sesenta y dos capítulos del Antiguo Testamento están dedicados a su biografía, y en el Nuevo Testamento no menos de cincuenta y nueve referencias llaman la atención del lector en cuanto a este hombre. Eso es más, muchísimo más, que sobre cualquier otro personaje de las Sagradas Escrituras.

Sin embargo, David, el gran hombre de Dios, cometió una serie terrible de pecados que lo llevaron a consecuencias espantosas. Cuando tenía alrededor de cincuenta años de edad, cometió adulterio. Pero en vez de enfrentarlo de inmediato y reconocerlo, lo ocultó con un asesinato premeditado, y casi todo un año vivió una vida de hipocresía y engaño. Entonces su mundo se convirtió en un mundo miserable de recelo y sigilo.

Al observar la situación durante ese período, a medida que transcurrían los días y los meses, uno podría pensar que el santo Dios de los cielos estaba durmiendo, o por lo menos que no hacía caso, que el pecado en verdad se sale con la suya, que no trae consecuencias. Pero ese no fue el caso.

En una gran acción de parte de Dios, puso finalmente a David ante un hombre de integridad, un hombre que le dijo la verdad. No creo que ninguna otra confrontación fuera nunca tan breve y eficaz. Cuatro palabras bastaron para lograr el resultado: "¡Tú eres ese hombre!" David se derrumbó, y creo que en ese momento sintió un gran alivio en su alma.

Tenemos que recordar que, como se hace con muchos pecados, David mantuvo *en secreto* el suyo, por lo menos durante un tiempo. Una de las cosas que acompaña el ascenso de las personas a las más altas posiciones de autoridad, es una mayor reserva. Esta política de puertas cerradas que mantienen los que están en cargos altos es una gran tentación para hacer las cosas en secreto. No rendir cuentas a nadie de su vida personal es común entre los que están en una posición de autoridad, y lo mismo ocurrió con David. Por no ser capaz de manejar con correcta discreción su cargo por un tiempo relativamente largo, David cayó finalmente y se puso a tapar su trágica acción, y todo esto lo hizo en secreto.

Lo segundo que quisiera decir en cuanto a la conducta de David es que actuó con premeditación. No fueron faltas momentáneas; no cayó por accidente en el pecado, sino que premeditada y deliberadamente, pecó con Betsabé, mandó asesinar a su esposo y vivió una mentira los meses siguientes.

MUCHOS MESES EN RETROSPECTIVA

Durante todo ese tiempo, el pecado de David no le pasó desapercibido a Dios. El último versículo del capítulo 11 dice: "Pero esto que David había hecho pareció malo a los ojos de Jehovah." A mí me gustaría añadir en paréntesis: "¡Y mucho cuidado con olvidarlo!" Lo que fue pecado hace 3.000 años sigue siendo pecado hoy día, aunque muchos lo cometan. Degradar una unión matrimonial por una relación adúltera sigue siendo un pecado intencional, aunque muchos lo practiquen. Esta misma noche, en lugares secretos, personas con anillos de matrimonio en sus dedos, dados por sus cónyuges, estarán con quienes no son su legítima pareja. Esto sigue siendo pecaminoso a los ojos de Jehovah. (Y mucho cuidado con olvidarlo.)

Quizá nadie se dio cuenta, pero Dios sí, y diseñó una estrategia para poner a David de rodillas. Dios es buenísimo en esto. El no ajusta cuentas al final de cada mes, ni tampoco cada año. Pero cuando las ajusta, lo hace bien: "No os engañéis; Dios no puede ser burlado. Todo lo que el hombre [o la mujer] siembre, eso mismo cosechará", escribió el apóstol (Gál. 6:7). Como uno de mis mentores dijo una vez: "El molino del Señor muele lentamente, pero muele muy bien."

Para que no piense que David tuvo una vida feliz y que pasó largas noches de delicia con su nueva esposa, libre de sentimientos de culpa, y para que no crea tampoco que tuvo un estado de ánimo maravilloso durante los meses que siguieron, vaya al Salmo 32. A este salmo me referí brevemente al final del capítulo anterior, pero ahora quiero examinar un poco más de cerca la admisión de pecado por parte de David.

Para comenzar, la indicación justo debajo del título del salmo, es: "Salmo de David. Masquil." La palabra hebrea de la cual proviene "masquil" significa "enseñanza". Es un salmo diseñado para enseñar. ¡Y cómo enseña!

Bienaventurado aquel
cuya transgresión ha sido perdonada,
y ha sido cubierto su pecado.
Bienaventurado el hombre a quien
Jehovah no atribuye iniquidad,
y en cuyo espíritu no hay engaño.

Salmo 32:1, 2

Veamos ahora el reconocimiento de David:

Mientras callé,
se envejecieron mis huesos en mi gemir todo el día.
Porque de día y de noche se agravó sobre mí tu mano;
mi vigor se convirtió en sequedades de verano.

Salmo 32:3, 4

La versión *La Biblia al Día* lo dice muy bien:

Hubo un tiempo en que yo rehusaba reconocer lo pecador que era. Pero mi falsedad me torturaba y llenaba mis días de frustración. Día y noche su mano pesaba sobre mí. Mi fuerza se evaporaba como agua en día de sol. Pero un día reconocí ante ti todos mis pecados y no traté de ocultarlos más.

En su excelente libro *Guilt and Grace* (Culpa y gracia), Paul Tournier, el brillante escritor, médico y psiquiatra suizo, habla de dos clases de culpa: La culpa verdadera y la falsa culpa. La culpa falsa, dice Tournier, es producida por las acusaciones y las insinuaciones del hombre. Pero la culpa verdadera es producto de la desobediencia consciente e intencional a Dios. Es evidente que David estaba sufriendo de culpa verdadera.

Alguien ha descrito la manera como la gente maneja la culpa, utilizando la ilustración de la luz de emergencia del tablero de instrumentos del automóvil. Mientras usted se halla conduciendo, se prende la luz roja, que le está diciendo: "¡Cuidado! Hay problemas bajo el capó." En ese momento, usted tiene dos alternativas: Puede detenerse, salir del auto, abrir el capó y ver cuál es el problema. O puede llevar un pequeño martillo en la guantera, y cuando la luz roja se encienda puede apagarla dándole un martillazo y seguir manejando. Nadie notará la diferencia durante un rato, hasta que el automóvil se incendie. Entonces se dará cuenta de lo necia que fue la decisión de eliminar la luz rompiendo el tablero.

Hay cristianos que tienen martillos imaginarios en la guantera de su conciencia, y cuando la luz de la culpa verdadera se prende enviando una señal, sacan el martillo y la apagan, llamándola culpa falsa, o diciendo que eso es lo que todo el mundo hace, que si esto, que si aquello... y siguen con una lista interminable de justificaciones. Mientras tanto, su motor interno se está fundiendo. Poco después, más abajo en la carretera, se ponen a pensar y se dan cuenta de lo estúpida que fue la decisión de no detenerse, no ver con cuidado lo que estaba sucediendo, y no enfrentar correctamente el problema.

David dice: "Cuando experimenté el sentimiento de culpa verdadera en mi alma, no pude quedarme callado por dentro. En realidad, gemía todo el día." Usted sabe lo que esto significa: "Era una opresión horrible, un tormento de conciencia. Día y noche sentía la pesada mano de Dios sobre mí. Era como tener una fiebre. No podía levantar la cabeza, ni manejar las presiones de mi trabajo. Ya no podía más; estaba enfermo; tenía el cuerpo consumido."

Vaya al otro salmo mencionado, el Salmo 51. La indicación dice: "Salmo de David, cuando el profeta Natán fue a él, después que David tuvo relaciones con Betsabé." David escribió este salmo después que Natán le hizo la ominosa visita que consideraremos en este capítulo. En este salmo, David implora:

Lávame más y más de mi maldad,
y límpiame de mi pecado.
Porque yo reconozco mis rebeliones,
y mi pecado está siempre delante de mí.

Salmo 51:2, 3

David no estuvo reposando tranquilamente, sin preocupaciones, tomando sorbos de limonada en el patio de su casa, después de cometer su adulterio. De esto puede usted estar seguro. Sus noches eran de insomnio. Podía ver su pecado escrito en el techo de su habitación mientras daba vueltas en la cama. Lo veía escrito en las paredes. Lo veía en el plato cuando trataba de tomar algo de comida. Lo veía en los rostros de sus consejeros. Era un esposo desgraciado, un padre irritable, un pésimo líder, un compositor estéril. Vivía una mentira, pero no podía huir de la verdad.

No tenía gozo. ("Devuélveme el gozo de tu salvación", Sal. 51:12.) Vacilaba, y se sentía inferior e inseguro. ("Crea en mí, oh Dios, un corazón puro y renueva un espíritu firme dentro de mí", Sal. 51:10.) Eso es lo que nos hace el pecado. Es parte de la paga que él exige inevitablemente. Un cristiano carnal estará como una pascua y podrá decir: "Todo está perfecto. No me molesten. Soy realmente libre... la estoy pasando bien... estoy actuando bien; lo que pasa es que ustedes no tienen idea de cómo me siento." Pero la cosa es distinta por dentro. Todo es vacío, hueco, triste, sin sentido. Un cristiano verdadero no puede negar esto. La culpa verdadera está allí, siempre allí, oprimiendo. Es por eso que David dice: "Renueva un espíritu firme dentro de mí", queriendo decir: "Porque no lo he tenido durante un tiempo larguísimo."

Entonces Natán interviene en la vida de David y le dice la verdad. Fue una confrontación asombrosa.

EL MOMENTO REPENTINO DE LA VERDAD

Vale la pena notar que Natán no fue por su propia cuenta,

sino que fue enviado por Dios: "Entonces el Señor envió a
Natán a David" (2 Sam. 12:1, *La Biblia de las Américas*). La
palabra más importante en esta oración es la primera: "entonces". El tiempo de Dios es absolutamente increíble.

¿Cuándo fue enviado? ¿Inmediatamente después del acto
de adulterio? No. ¿Inmediatamente después que Betsabé dijo:
"Estoy embarazada"? No. ¿Inmediatamente después que asesinó a Urías? No. ¿Inmediatamente después que se casó con la
esposa embarazada de Urías? No. ¿Inmediatamente después
del nacimiento del niño? No. Algunos eruditos en Antiguo Testamento creen que hubo por lo menos un intervalo de doce meses antes de que Natán lo visitara. Dios esperó, hasta que llegó el momento perfecto. Primero dejó que las ruedas tritura-
doras del pecado hicieran todo su trabajo y *entonces* intervino.

Para ser totalmente honesto con usted, hay ocasiones
cuando en verdad cuestiono el tiempo de Dios. Ocasiones
cuando no entiendo por qué es tan lento para hacer lo que yo
creo que debe hacer. Pero cada vez que lo he meditado en retrospectiva, he visto lo maravillosamente que ha llevado a cabo su plan, y la manera perfecta como ha sucedido todo. Es
que Dios no sólo hace lo correcto, sino que también lo hace en
el tiempo correcto.

Cuando se trata de confrontar a alguien con su pecado, el
momento de hacerlo es tan importante como las palabras.
Simplemente apretarse el cinturón, agarrar una Biblia y confrontar a alguien a nuestra propia conveniencia, es poco prudente. Es sumamente importante estar seguros de que hemos
sido enviados por Dios. Y Natán lo estaba.

> Entonces el Señor envió a Natán a David. Y vino a él...
>   2 Samuel 12:1 *(La Biblia de las Américas)*

Dios no sólo sabía cuál era el momento perfecto, sino que
también escogió a la persona perfecta. Era un hombre que gozaba del respeto de David, que se había ganado con el paso de
los años. El profeta Natán no necesitaba ninguna presentación porque David lo conocía bien.

Póngase usted en las sandalias de ese osado profeta y
piense en el difícil encargo que Dios le había dado. Tenía que
pararse frente al hombre más poderoso de la nación y decirle
lo que él había evitado decirse a sí mismo durante un año.

Nadie más en la nación estaba dispuesto a decirle la verdad a David. Bueno, había algunas cejas arqueadas e indudablemente algunos cuchicheos, pero nadie era lo bastante honesto y franco como para decirle: "David, estás en pecado." Por tanto, Dios le dijo a Natán: "Vé a David y dile." Natán obedeció en el acto.

Antes de dirigirse al palacio, Natán habría pensado bien cómo presentarle el asunto a David, porque sus primeras palabras fueron profundas y admirables. Por la estrategia que utilizó de contar una historia, David se involucró en ella y al mismo tiempo se quedó sin defensas.

> Al venir a él le dijo: Había dos hombres en una ciudad: el uno era rico y el otro pobre. El rico tenía numerosas ovejas y vacas; pero el pobre no tenía más que una sola corderita que él había comprado y criado, que había crecido junto con él y sus hijos. Comía de su pan, bebía de su vaso y dormía en su seno. La tenía como a una hija.
>
> 2 Samuel 12:1-3

David se acomoda en su silla y sigue escuchando el relato, pensando que Natán está hablando de algo que había ocurrido en la ciudad de Jerusalén:

> Pero un viajero vino al hombre rico, y éste no quiso tomar una de sus ovejas o de sus vacas para guisarla para el viajero que le había llegado, sino que tomó la corderita de aquel hombre pobre, y la guisó para el hombre que había venido a él.
>
> 2 Samuel 12:4

Como resultado de las sabias palabras de Natán, David estaba en una situación muy vulnerable y, compadecido por la situación en el relato, se sentencia a sí mismo. Podemos sentir su encendimiento en su respuesta:

> Entonces se encendió en gran manera la ira de David contra aquel hombre y dijo a Natán: "¡Vive Jehovah, que el que hizo semejante cosa es digno de muerte! Debe pagar cuatro veces el valor de la corderita, porque hizo semejante cosa y no tuvo compasión."
>
> 2 Samuel 12:5, 6

Cuando se produce la confrontación en el momento escogido por Dios, el camino se halla preparado. En ese momento en que es vulnerable y está desprevenido, David se coloca la soga al cuello, y lo único que tiene que hacer Natán es tirar de ella. Eso fue exactamente lo que hizo con cuatro palabras:

"*¡Tú* eres ese hombre!"

Estoy absolutamente convencido, aunque el relato no lo dice, que David se quedó boquiabierto. Parpadeó y miró con asombro a Natán mientras desfilaban por su mente, nítida y silenciosamente, sus pecados cometidos. En verdad, jamás hubiera esperado que alguien, especialmente este profeta de confianza, lo confrontara por ello. Pero Natán era la persona más adecuada para hacerlo. Proverbios 27:6 me viene a la mente: "Fieles son las heridas que causa el que ama, pero engañosos son los besos del que aborrece." El versículo dice literalmente en Hebreos: "Fiables son las magulladuras causadas por los golpes de quien te ama." ¿No es esto bien expresivo? Quien nos ama nos golpea, y esos golpes que duelen son fieles, dignos de confianza. Este tipo de confrontación es lo mejor del mundo para el cristiano que oculta un pecado secreto. El hecho de que el que lo hace es un amigo (alguien que le ama en verdad) lo desarma y se derrite como masilla.

En ese momento, el leal amigo y consejero de David le dice: "¡Tú eres ese hombre, David! ¡Tú eres el hombre que alimentó ese pensamiento peregrino. Tú eres quien le dijo a ese extranjero llamado lujuria: 'Le quitaré la oveja a alguien, y satisfaré mis deseos con ella.' *Tú eres ese hombre*, David."

Antes de que David pueda interrumpirlo, Natán continúa diciendo:

"Así ha dicho Jehovah Dios de Israel." Observe que nada de esto es mensaje de Natán, sino mensaje de Dios. El profeta es sólo el portavoz de Dios. Observe el dramático mensaje que le comunica:

Tú eres ese hombre... "Yo [el Señor] te ungí como rey sobre Israel y te libré de la mano de Saúl. Te di la casa de tu señor y puse las mujeres de tu señor en tu seno. Te di la casa de Israel y de Judá; y por si esto fuera poco, yo te habría añadido muchas otras cosas. ¿Por qué, pues, menospreciaste la palabra de Jehovah e hiciste lo malo ante sus ojos? Has matado a espada a Urías el heteo; has tomado a su mujer por mujer tuya, y a él lo has matado con la espada de los hijos de Amón. Ahora pues, porque me has menospreciado y has tomado la mujer de Urías el heteo para que sea tu mujer, jamás se apartará la espada de tu casa. Así ha dicho Jehovah: He aquí yo levantaré contra ti el mal en tu propia casa."

> 2 Samuel 12:7-11

Por su pecado, David había despreciado al Dios que servía, y ahora, como consecuencia de ese pecado, experimentaría mucha pesadumbre doméstica en los días que vendrían. ¡Qué presagio! "Jamás se apartará la espada de tu casa." ¿Quiere saber lo que esto significa? (Una rápida mirada más adelante le dará la respuesta): Caos y tragedia; estupro y venganza; un hijo incontrolable; un hijo que lo traiciona, y que en efecto echa a su propio padre del trono.

> Así ha dicho Jehovah: He aquí yo levantaré contra ti el mal en tu propia casa. Ante tus propios ojos tomaré tus mujeres y las daré a tu prójimo, el cual se acostará con tus mujeres a la luz del sol. Ciertamente tú lo hiciste en secreto, pero yo haré esto ante todo Israel y en pleno día.
>
> 2 Samuel 12:11, 12

¡Qué consecuencias tan terribles las del pecado! David sigue sentado con la boca abierta, echado hacia atrás en su silla, quizá mirando fijamente el techo, mientras escucha la voz de Natán. Una vez que el silencio llena la habitación, el rey cae de rodillas mientras contempla la mirada transparente de Natán y dice lo único que cabía en ese momento: "He pecado contra Jehovah."

El eminente biógrafo Alexander Whyte escribe lo siguiente en cuanto a la valentía, la fidelidad y la habilidad de Natán:

> La predicación sería un trabajo magnífico si pudiéramos conseguir predicadores como Natán. Si nuestros predicadores tuvieran algo apenas del valor, de la habilidad, de la sabiduría y del apremio evangélico. Nosotros los pastores debiéramos estudiar mucho más el método de Natán, especialmente si somos enviados a predicar sermones que

despierten la conciencia. Nunca será suficiente toda la habilidad que utilicemos en prescribir lo que sabemos en las conciencias de nuestro pueblo. La espada de Natán estuvo sólo a unos escasos centímetros de la conciencia de David, antes de que éste supiera que Natán tenía una espada: Una estocada repentina y cayó a los pies de Natán. ¡Qué reprimenda a nuestro trabajo negligente, ramplón y desmañado! Cuando leemos lo de Natán y David, olvidamos y perdonamos todo lo que había de perverso en David. Lo único que faltaba para que ese día fuera perfecto en la vida de David, era la visita que le haría Natán. Ahora bien, lo que hará que este día sea el más perfecto de toda su vida será esto: Que le evite al Señor y a su profeta toda esa molestia —por así decirlo— de venir donde usted está, y que usted sea al mismo tiempo el Señor y su profeta para usted mismo. Lea la parábola de Natán para usted mismo hasta que pueda decir: ¡Yo soy ese hombre!

Si Dios le ha llamado a ser su mensajero, hágalo con habilidad y humildad. Pero hágalo bien, o no lo haga. Si Dios le llama a ser un confrontador, confronte. La gente sigue anhelando, ansiando, el mensaje de Dios. Si encuentra a una persona que voluntariamente ha tomado el mal camino, enfréntela. Llame la falta por su verdadero nombre, en el momento correcto y en la forma correcta, ¡pero hágalo! No eluda la responsabilidad. No trate de encontrarle un significado distinto. No la disculpe con explicaciones convincentes. Llámela pecado. Pero al hacerlo, recuerde que usted también ha pecado. Por tanto, tenga humildad y llénese de compasión... pero hable la verdad en amor... sí, ¡hable la verdad! Cuando alguien le dice honestamente a un pecador: "Has hecho mal, reconócelo, y haz algo por enmendarlo" un tremendo alivio desciende sobre él.

Natán le dijo: "Tú eres ese hombre, David, y éste es el resultado."

Al darse cuenta David de que es absolutamente culpable, lo admite sin vacilación: "He pecado; he pecado contra el Señor." Con este reconocimiento comienza la restauración.

Natán le responde inmediatamente:

Jehovah también ha perdonado tu pecado; no morirás.

2 Samuel 12:13

¡Qué promesa tan maravillosa de gracia! "No morirás." Pero luego le dice la primera de varias consecuencias:

> Pero como en este asunto has hecho blasfemar a los enemigos de Jehovah, el hijo que te ha nacido morirá irremisiblemente.
>
> 2 Samuel 12:14

En ese momento, la misión de Natán está cumplida. Este es el final de la confrontación.

Natán se pone de pie, se da la vuelta, se dirige a la puerta, la abre, sale y la cierra, y David se queda solo. Quizás fue esa misma noche que escribió el Salmo 51. ¡Qué alivio tan grande da el perdón!

Yo creo que un gran alivio se dibujó en el rostro de David cuando pensó: *Por fin, alguien sabe la verdad y se acabó el secreto. Ahora tengo la seguridad del perdón de Dios. Por fin, la llaga está abierta de par en par, para que el pus pueda salir y así desaparecer la infección.*

Recuerdo que cuando era un niñito sufrí una magulladura de pie causada al pisar una piedra. Al menos, así es como la llamábamos en mis años mozos. Me había golpeado profundamente el talón, hasta el hueso, y la infección hizo que se me formara una fuerte hinchazón en el talón, hasta el punto de que no podía ponerme el zapato; en realidad, no podía colocarme nada que presionara al talón. La hinchazón se hizo mayor a medida que aumentaba la infección, hasta que me dolía tanto que ni siquiera podía soportar la presión del calcetín sobre el pie.

Temerosos de que se produjera una gangrena, mis padres me llevaron finalmente al médico, quien dijo: "Tendremos que abrir la herida y limpiarla a fondo."

Aunque yo sabía lo que eso significaba y temía pensar en ello, cuando el médico introdujo la lanceta sentí literalmente un gran alivio al abrirse la infección. De repente, hasta tuve alivio del dolor. Aunque la introducción de la lanceta fue dolorosa, el alivio fue mayor. Poco tiempo después de esto, desapareció la infección y se produjo la curación. Espiritualmente hablando, eso fue lo que debió haber sentido David cuando la puerta se cerró estrepitosamente y quedó solo con sus pensamientos.

DOS AREAS IMPORTANTES DE APLICACION

Al pensar en la vida de David, hay por lo menos dos lecciones que podemos aplicar para nosotros mismos. La primera tiene que ver con la confrontación efectiva, y la segunda con el arrepentimiento verdadero.

Ante todo, *para ser efectivos en la confrontación necesitamos estar equipados con cuatro cosas.* De lo contrario, podemos hacer más daño que bien. Necesitamos confrontar con la verdad absoluta, en el momento correcto, con las palabras adecuadas y con mucha valentía.

En primer lugar: *La verdad absoluta.* No se deje llevar por rumores. Aténgase a los hechos. Eso puede tomarle tiempo. Es posible que tenga que hacer una investigación, pero lo hará por amor a la persona y por su interés por ella. Pero no divulge lo que está haciendo. Simplemente verifique lo investigado hasta tener anotados y ordenados correctamente los hechos. Sin la verdad absoluta usted está disparando en la oscuridad. No confronte a nadie si no tiene toda la verdad.

En segundo lugar: *El momento correcto.* Muchas personas son confrontadas en un momento inconveniente y el resultado es que se afincan más en su error porque un cristiano irreflexivo se apresuró a hacer algo en un arranque de emotividad. Espere hasta tener la seguridad de que ha llegado el momento de Dios. Usted lo reconocerá; Dios se lo hará saber si es sensible al Señor y está caminando con él. "Llegó el momento", le dirá, y usted actuará. Y, al igual que Natán, hágalo en privado.

En mi ministerio he tenido que ocuparme de ciertas cosas que, de haber actuado en la carne, me habría encantado despacharlas rápidamente. Pero no era el momento. Cuando fue el momento de Dios, tenía la vía despejada para hacerlo y sabía que podía hablar con toda franqueza a la persona o personas involucradas. Dolorosamente, pero con franqueza.

En tercer lugar: *Las palabras adecuadas.* Me llama la atención que Natán no se haya dirigido a David diciéndole: "Estás en pecado... ¡Estoy avergonzado de ti!" No. Trató el asunto de una manera sabia, tras haber planeado con mucho cuidado lo que iba a hacer.

Dice uno de los proverbios: "Manzana de oro con adornos de plata es la palabra dicha oportunamente. Como zarcillo de oro y joya de oro fino es el que reprende al sabio que tiene oído dócil" (25:11, 12). Las palabras adecuadas son cruciales. Si usted no ha ensayado bien las palabras que va a decir, no vaya. Espere. Piénselas bien. Sea un "represor sabio".

En cuarto lugar: *Mucha valentía.* Recuerde que Natán fue enviado por Dios, de quien proviene la valentía. Usted no tendrá nada que perder si anda en el poder del Dios. No tema la pérdida de una amistad. Dios honra la verdad. Después de todo, es la verdad —y sólo la verdad— la que hace libres a las personas. Si el Señor está realmente en el asunto, usted será uno de los mejores amigos que esta persona tendrá por decirle la verdad. ¿Recuerda la frase: "Fieles son las heridas que causa el que ama"? Asegúrese de que está confrontando en amor. Quien no ama no confronta, por lo menos no confronta a la manera de Dios.

La siguiente lección que aprendemos está en la reacción de David... de verdadero arrepentimiento. ¿Cómo podemos saber que el arrepentimiento es verdadero? Veo cuatro cosas en el Salmo 51 que me ayudan a identificar el arrepentimiento genuino.

Ante todo, si hay verdadero arrepentimiento, *habrá un reconocimiento sincero y franco.* David dijo: "He pecado... No he escondido mi pecado. Contra ti, contra ti solo he pecado." Y lo explica detalladamente.

Si una persona no dice la verdad, o dice sólo parte de ella, no está arrepentida.

En segundo lugar, si hay verdadero arrepentimiento, *hay el deseo de apartarse totalmente del pecado.* El arrepentimiento es dar media vuelta, teniendo como base la verdad, y caminar en la dirección opuesta, rompiendo de manera definitiva con las cosas pecaminosas de antes.

Salomón, el hijo de David, dijo:

El que encubre sus pecados no prosperará, pero el que los confiesa y los abandona alcanzará misericordia.
                                                    Proverbios 28:13

El abandonar el pecado sigue inmediatamente a la confesión del pecado. Ambos representan el arrepentimiento genuino, el deseo de romper completamente con el pasado.

En tercer lugar, si hay verdadero arrepentimiento *hay humildad y quebrantamiento de espíritu*. David dice:

> Los sacrificios de Dios son el espíritu quebrantado. Al corazón contrito y humillado no desprecias tú, oh Dios.
>
> Salmo 51:17

El pesar por lo que usted ha hecho, la alegría por el alivio y el descanso que produce el arrepentimiento, no lo dejan allí imperturbable e indiferente. Usted puede gritar; puede después reír estruendosamente; puede gemir o caer de rodillas, o gritar de alegría por el alivio. Pero usted no tendrá una actitud defensiva, ni se mostrará airado, altanero o amargado. Un corazón contrito no exige nada ni espera nada. Las personas quebrantadas y humilladas se sienten agradecidas por el simple hecho de estar vivas. Cuando hay arrepentimiento absoluto, y el corazón es quebrantado y humillado, las emociones se desbordan.

En cuarto lugar, el verdadero arrepentimiento *es la confianza de que ha habido perdón y restauración de parte de Dios*. El dar la vuelta, el ir en otra dirección, nos hace confiar que el Señor nos ha perdonado y restaurado. Esto es lo primero que hace Natán con su amigo David. "No morirás, pero habrá consecuencias." Todos los pecados son perdonables cuando son confesados y desechados, pero algunos pecados tienen ramificaciones tremendas... con horribles y a veces permanentes secuelas. David bajó a la tumba odiando el día en que adulteró con Betsabé, por los constantes conflictos y consecuencias que resultaron. Pero en lo más profundo de su ser sabía que el Dios de Israel lo había perdonado por su gracia. Después de todo, le permitió seguir viviendo, ¿no?

No todas las confrontaciones terminan, por supuesto, como la de Natán con David. Algunas veces, trágico es decirlo, no se produce el arrepentimiento.

El trabajo de liberar de la culpa, de confrontar, es el trabajo más severo del Espíritu Santo. O nuestra vida está limpia, o está sucia. O tenemos, como sus hijos, nuestras cuentas claras con nuestro Padre o estamos viviendo una mentira.

Cuando nos arrepentimos, Dios nos promete restitución y perdón a través de la sangre de Jesucristo. No nos promete alivio de todas las consecuencias, pero sí el alivio que sólo puede dar el Espíritu Santo.

Si confesamos nuestros pecados, él es fiel y justo para perdonar nuestros pecados y limpiarnos de toda maldad.

1 Juan 1:9

Un padre vino a verme hace algún tiempo y me contó la trágica historia de su hijo. Mientras me hablaba de rebeldías tras rebeldías cometidas por su hijo, tuve por fin que ser franco con este hombre, y decirle: "Mire, usted se está rebajando como padre al evitar el dolor de la confrontación. Este muchacho es quien manda en su casa; hace lo que quiere. Además, les ha perdido el respeto aunque él no lo manifieste con sus labios. Confróntelo; dígale la verdad; no ceda."

Utilicé esta historia de 2 Samuel 12 como ejemplo, y el hombre siguió mi consejo al pie de la letra. Pensó cuidadosamente lo que le iba a decir a su hijo y esperó el momento adecuado. Me alegra decir que finalmente confrontó a su hijo adolescente... quien reaccionó de manera maravillosa. ¡Una tarea muy dura, pero valió el esfuerzo! El amor firme da resultado.

Me quito el sombrero ante cualquier padre que está dispuesto a confrontar a sus hijos. Si usted es uno de ellos, pasará a la historia como uno de esos héroes callados y silenciosos para quienes Dios tiene reservado un galardón especial. Estamos viviendo en un mundo de grandes claudicaciones, especialmente en la esfera del hogar. Necesitamos aprender la lección de confrontación de Natán. Aunque los tiempos cambian, aunque las maneras de actuar y los estilos de vida cambian, las normas de Dios nunca cambian. El sigue siendo santo. Sigue siendo puro. Sigue honrando la verdad, aun cuando sea difícil defenderla. Pero eso es lo que exige de nosotros, sus hijos.

Los que realmente aman, amarán lo suficiente como para querer confrontar.

Capítulo dieciocho

PROBLEMAS EN LA FAMILIA

Es frecuente ver una familia con problemas, pero nunca es un espectáculo agradable. Una familia puede experimentar dos clases de problemas: Problemas que vienen de afuera y problemas que vienen de adentro. Aunque ambos pueden ser devastadores, los más difíciles son los problemas que se originan adentro.

Cuando los dedos fríos y húmedos de la muerte exigen su tiránico tributo de nuestra vida, trayendo dolor a nuestro corazón, el problema viene de afuera. Un incendio puede destruir una casa hasta sus cimientos, o una inundación puede barrerla totalmente causando apuros que son difíciles de soportar. Pero me he dado cuenta de que esa clase de problemas externos a menudo unen más a los miembros de la familia, en lugar de separarlos.

No ocurre lo mismo cuando los problemas vienen de adentro. Los problemas que se originan adentro se presentan en forma de presiones, tensiones, maltrato, desidia, intransigencia, encono, desamor que desgarra, y todas las demás dificultades que acompañan a la vida carnal cuando los padres tienen una vida carnal o actúan con insensatez... o cuando los hijos reaccionan con rebeldía, desplantes y hostilidad. Si hay fricciones entre los cónyuges, o entre padre e hijo, eso es más difícil de sobrellevar que las luchas externas, especialmente si son consecuencia del pecado de alguien en la familia.

Antes de que nos ocupemos de nuevo de la vida de David, quiero darles un principio de Gálatas 6:7, 8: "No os engañéis" son las primeras palabras de estos versículos, palabras que leemos con frecuencia en el Nuevo Testamento. El Señor nos hace esa amonestación antes de que suceda, porque el diablo, o la carne, o el mundo harán estragos en nuestro pensamiento, engañándonos al hacernos dudar de la verdad presentada por Dios. Y por encima del principio Dios nos dice: "No se engañen en cuanto a ésto. No permitan que nadie les enseñe lo contrario. No permitan que ustedes mismos, o alguien más, o alguna experiencia, los lleve a creer algo diferente a lo que enseña esta verdad. No se engañen."

A continuación, el principio:

> No os engañéis; Dios no puede ser burlado. Todo lo que el hombre siembre, eso mismo cosechará. Porque el que siembra para su carne, de la carne cosechará corrupción...
> Gálatas 6:7, 8

Cosechamos lo que sembramos, no importa que hayamos sido perdonados. Si hay un engaño que nos han hecho creer en esta era de enseñanzas erróneas en cuanto a la gracia, es la idea de que si simplemente confesamos nuestros pecados y recibimos el perdón de Dios, todas las consecuencias de lo que hemos hecho desaparecerán. De que si caemos en la trampa del pecado, todo lo que tenemos que hacer es volvernos al Señor y decirle: "Señor, te confieso mi pecado, y estoy de acuerdo contigo en que lo que he hecho está mal. Declaro delante de ti (¡de ti solamente!) la maldad de mis actos. Ahora te ruego que me perdones y te pido que me lleves de nuevo por el buen camino." Y pensamos que al hacer esto todo está ya a las mil maravillas y que todas las consecuencias desaparecerán.

Pero eso no es lo que este versículo (ni ningún otro versículo de la Biblia) dice. El versículo ha sido escrito para personas como usted y como yo que vivimos en la era de la gracia; fue escrito para la iglesia. No es un versículo de la ley mosaica. No está dirigido a Israel. Ha sido escrito para el pueblo de Dios, para los hijos del Rey, para el pueblo que está en Cristo, que vive bajo la gracia. El versículo dice:

No os engañéis; Dios no puede ser burlado. Todo lo que el hombre siembre, eso mismo cosechará. Porque el que siembra para su carne, de la carne cosechará corrupción [a pesar del perdón]...

Gálatas 6:7, 8

La gracia significa que Dios, al perdonarlo a usted no le quita la vida. La gracia significa que Dios, al perdonarlo, le da la fortaleza para soportar las consecuencias. La gracia nos libra para que podamos obedecer a nuestro Señor. No significa que las consecuencias del pecado son quitadas automáticamente. Si yo peco, y al hacerlo me fracturo el brazo, aunque encuentre perdón para mi pecado, tengo que vérmelas, sin embargo, con un brazo roto.

¿No es sorprendente cómo aceptamos eso en el ámbito físico? Ninguna persona que lea estas palabras lo negaría. Un brazo fracturado es un brazo fracturado, aunque haya sido perdonado o esté todavía viviendo bajo el sentimiento de culpa por su pecado. Lo mismo sucede en la vida emocional. Cuando un padre o una madre deliberada e irresponsablemente actúa contra la Palabra escrita de Dios, no sólo sufre él o ella, sino que también sufre la familia. Eso significa problemas internos que afectan seriamente a los demás miembros de la familia.

Permítame ahora referirme a la consecuencia:

Porque el que siembra para su carne, de la carne cosechará corrupción...

Gálatas 6:8

Estas son las palabras que utilizo para describir la consecuencia. El dolor de la cosecha eclipsa al placer de siembra.

Piense en su vida como si fuera la vida de un agricultor. Usted está plantando cada día semillas de un tipo o de otro. Si usted decide sembrar semillas de carnalidad, puede disfrutar de cierta medida de placer. Quien niegue esto es un tonto. Hasta la Biblia dice que el pecado es placentero. Como he dicho antes, los placeres son efímeros, pero el pecado tiene su placer, y eso es lo que nos atrae a él. Es estimulante, es arriesgado, produce excitación. Satisface al cuerpo, estimula los deseos de la carne.

Lo que no nos gusta enfrentar, por supuesto, es que el dolor que hay en la cosecha de esas semillas pecaminosas, eclipsa al placer efímero que producen. Nada me preocupa más que la propensión actual a utilizar la gracia como una herramienta para justificar el pecado o para eliminar el dolor de las consecuencias. Hay demasiada teología correctiva, pero no suficiente teología preventiva.

A modo de ejemplo, piense en una experiencia que nos es común a todos. Todo padre o madre pasa por la experiencia de enseñar a conducir un auto a sus hijos. Es un proceso difícil y que destroza los nervios, no importa lo hábiles que sean los hijos. Ahora bien, los padres tienen una alternativa en cuanto a cómo enseñar a sus hijos a conducir. Pueden enseñarles de manera correctiva o de manera preventiva.

Si he decidido enseñarle a mi nieto mayor cómo conducir *correctivamente*, pudiera decirle: "Ahora, Ryan, quiero mostrarte primero que nada, antes de que nos metamos en el coche, la póliza de seguro que tengo para el automóvil. Así pues, cuando tengas un choque, que seguramente tendrás, aquí está el número de teléfono del agente de seguros. Y después del accidente, Ryan, quiero que me llames sin falta." Y después le explico todas las cosas que hay que hacer después del choque. Ese sería un "Curso de manejo correctivo."

Por otra parte, pudiera decirle: "Ryan, vamos a prevenir una gran cantidad de problemas anticipadamente. Si conduces siguiendo estas reglas y ordenanzas, te enseñaré a conducir, y si obedeces estas señales es muy probable que pases un tiempo muy largo conduciendo sin siquiera tener una leve raspadura." No lo puedo garantizar, pero creo que es mejor que el otro método. Este sería un "Curso de manejo preventivo". Pienso que usted estará de acuerdo conmigo en que el método preventivo es mucho mejor que el correctivo, ¿no es cierto?

La mayoría de nosotros aprendimos 1 Juan 1:9 mucho antes de aprender Romanos 6. ¿Por qué razón? Porque hemos sido entrenados para pecar. Suena algo herético, ¿verdad? ¡Pero mire! Desde muy temprano fuimos enseñados que "si confesamos nuestros pecados, él es fiel y justo para perdonar nuestros pecados y limpiarnos de toda maldad" (1 Jn. 1:9). De manera que, cuando peque, reclame esta promesa. Reclame el perdón de Dios.

Ese es un versículo maravilloso al que llamo la barra de jabón de la vida cristiana, porque nos mantiene limpios. Es, sin duda, la respuesta al problema del pecado cuando éste sucede.

Pero no es la mejor respuesta. La mejor respuesta está en Romanos 6: "No reine, pues, el pecado en vuestro cuerpo mortal, de modo que obedezcáis a sus malos deseos. Ni tampoco presentéis vuestros miembros al pecado, como instrumentos de injusticia; sino más bien presentaos a Dios como vivos de entre los muertos, y vuestros miembros a Dios como instrumentos de justicia" (vv. 12, 13).

¿Y eso qué significa? Significa que, si he rendido mi vida a Dios, cuando el pecado se acerque puedo decir: "No", y en el poder de Jesucristo puedo mantenerme alejado de él. No *tengo* que estar pecando hora tras hora, y día tras día.

Parte de la razón por la que no captamos toda la verdad de Romanos 6, es que ya no se habla de las consecuencias del pecado. La gracia no elimina las consecuencias del pecado.

Si David pudiera levantarse hoy de la tumba, le diría "amén" a esta última afirmación. El pecado en su vida lo llevó a sinsabores como los que pocos padres experimentarán jamás en este mundo.

PROBLEMAS EN EL PALACIO DE DAVID

Permítame mostrarle algunos de los escalones descendentes en la vida de David, que lo llevaron a una vida de infelicidad como resultado de su pecado.

"¡Tú eres ese hombre!", dijo Natán. El profeta se enfrentó al rey y le dijo lo que nadie más le habría dicho. "Tú eres quien adulteró con Betsabé. Tú eres quien asesinó a Urías. Tú eres el hombre que ha vivido como un hipócrita. ¡Tú eres ese hombre, David!"

David le respondió a Natán: "He pecado." Dos palabras que debió haber dicho la mañana después de haber dormido con Betsabé. Estoy convencido de que las consecuencias habrían sido mucho, mucho menores si hubiera declarado su pecado, si lo hubiera confesado delante de Dios y del pueblo, poniendo al descubierto su vida. Pero no lo hizo. Ahora, un año más tarde, Natán le dice: "¡Tú eres ese hombre, David!" y David lo reconoce: "He pecado."

Pero espere un momento. Observe la predicción que hace Natán a pesar de la confesión de David. El profeta declara, bajo la guía e inspiración del Espíritu Santo: "Jamás se apartará la espada de tu casa."

¿Jamás? ¡Jamás! "Pensé que él había sido perdonado", dirá usted. Sí, sí lo fue. Natán lo afirma: "Jehovah ha perdonado tu pecado; no morirás." Eso es perdón. Pero las consecuencias siguen estando allí: "Jamás se apartará la espada de tu casa."

¿Estoy diciendo que todo el que peque recibirá las mismas consecuencias? No. Dios, por su decisión soberana, adecua las consecuencias de acuerdo con la persona porque así le place; es su elección. Por qué hace que éstos sufran de esta manera, y aquellos, de otra, es algo que no sé. Pero eso no es lo que debe interesarnos aquí. Lo único que sé es que, en el caso de David, Dios lo hizo transitar por una senda de infelicidad para que nunca olvidara (ni tampoco nosotros, en retrospectiva) las consecuencias de esa serie de actos.

> Jamás se apartará la espada de tu casa... He aquí yo levantaré contra ti el mal en tu propia casa.
>
> 2 Samuel 12:10, 11

Dos veces es mencionada la casa de David. *La Biblia de Estudio Dios Habla Hoy* traduce este pasaje con esta mala noticia: "Voy a hacer que el mal contra ti surja de tu propia familia." Por su parte, *La Biblia al Día* dice que David tendría que vivir bajo la amenaza constante de su familia, pues Dios dijo: "Haré que tu propia casa se rebele contra ti."

David ha sido perdonado, pero sus problemas no acaban; tendrá problemas en su casa. ¿Recuerda lo que dije en el primer párrafo de este capítulo? Hay dos clases de problemas que puede tener una familia: Problemas de afuera y problemas de adentro. Para David, los problemas son de adentro, y no pienso que las palabras pueden expresar el espantoso dolor con que vivió este hombre al ver la infelicidad que sobrevino como resultado de su pecado. Sin duda, debió haber recordado las palabras de Job 4:8: "Como he visto, los que aran iniquidad y siembran sufrimiento cosechan lo mismo."

Hace años, John W. Lawrence escribió un libro, llamado *Down to Earth: The Laws of the Harvest* (Las leyes de la cosecha, simple y llanamente) en el que examina la verdad de que cosechamos lo que sembramos. En cuanto a David, dice:

Cuando David sembró para la carne, cosechó lo que la carne produjo. Además, cosechó las consecuencias de sus acciones aunque ya había confesado su pecado y le había sido perdonado. Subráyelo. Acentúelo, estámpelo profundamente en su mente consciente: *La confesión y el perdón de ninguna manera impiden la cosecha*. Había sembrado, e iba a cosechar. Había sido perdonado, pero siguieron las consecuencias. Este es exactamente el énfasis de Pablo a los gálatas aun en esta era de la gracia. No debemos engañarnos, porque Dios no puede ser burlado. Cosechamos lo que sembramos, y *no hay excepciones*.

¿Ve lo que una teología incorrecta nos ha llevado a creer? Nos hemos creado un modo de pensar muy particular en cuanto al pecado. Nos hemos dicho a nosotros mismos que la gracia significa que las consecuencias son quitadas inmediatamente, y por eso nos dejamos absorber por el poder de la carne, en vez de creer lo que Pablo enseña: No tenemos que pecar día tras día. Pecamos porque queremos. Tenemos el poder, mediante el Espíritu Santo, de decir "no" al pecado en toda circunstancia de la vida. Si escogemos decir "sí", sufriremos las consecuencias y, tristemente, también las personas inocentes relacionadas con nosotros. Son estas consecuencias en el seno de la familia las que crean lo que ha llegado a conocerse como "familias disfuncionales".

David vivió estas consecuencias, y en este capítulo comenzamos a ver la espiral descendente en su vida. Al hacerlo, vemos escalones de consecuencias en la infelicidad de David. El primer escalón fue el de la infidelidad conyugal.

Así ha dicho Jehovah: He aquí yo levantaré contra ti el mal en tu propia casa. Ante tus ojos tomaré tus mujeres y las daré a tu prójimo, el cual se acostará con tus mujeres a la luz del sol.

2 Samuel 12:11

La palabra hebrea traducida como "prójimo" es un término de intimidad y se refiere muy probablemente a uno de los propios hijos de David. De hecho, eso fue exactamente lo que ocurrió años después de su aventura adulterina. Absalón, su propio hijo, cohabitó con algunas de las esposas de David. Este sombrío relato se encuentra en 2 Samuel 16, y quisiera que viera dónde ocurrió.

> Y Ajitofel contestó a Absalón: Unete a las concubinas de tu padre, que él dejó para guardar el palacio. Todo el pueblo de Israel oirá que te has hecho odioso a tu padre, y se fortalecerán las manos de todos los que están contigo. Entonces instalaron una tienda para Absalón sobre la azotea, y él se unió a las concubinas de su padre a la vista de todo Israel.
>
> 2 Samuel 16:21, 22

¿Dónde fue que David cayó originalmente en pecado con Betsabé? En la azotea del palacio. Lo que dice la vil exhibición de Absalón, es: "Le recordaré lo que hizo." ¡Qué cosa tan vergonzosa! ¡Qué consecuencia tan terrible de soportar!

La segunda fue *la muerte de un hijo*.

> Después Natán regresó a su casa. Entonces Jehovah hirió al niño que la mujer de Urías había dado a David, y enfermó de gravedad... Sucedió que al séptimo día murió el niño.
>
> 2 Samuel 12:15, 18

Ya era una tragedia la experiencia de la infidelidad conyugal. Pero además de eso, se produjo la muerte de un bebé recién nacido, lo que aumentó el pesar de este hombre que había sido perdonado, y también el de Betsabé, la madre del niño.

La tercera consecuencia fue que *uno de los hijos de David violó a su media hermana*. David se había casado con muchas mujeres y tenía muchas concubinas, como ya hemos visto, y de estas relaciones nacieron muchos hijos. A pesar de que no tenemos un registro genealógico completo de todas las esposas, ni de todos los hijos y concubinas de David, sí tenemos un registro de la relación que había entre Absalón, Amnón y Tamar. Los tres eran hijos de David; Absalón y Tamar tenían la misma madre, pero Amnón era hijo de otra mujer.

Amnón se sintió atraído por su media hermana Tamar, la hermana de sangre de Absalón. La razón por la que menciono a Absalón es que él vino después en defensa de ella, y el porqué lo hizo.

Absalón hijo de David tenía una hermana hermosa que se llamaba Tamar. Y aconteció después de esto que Amnón hijo de David se enamoró de ella.

2 Samuel 13:1

Era un amor vergonzoso y repugnante. Para definirlo mejor, era una lujuria incestuosa.

Amnón estaba angustiado hasta enfermarse por Tamar su hermana; porque siendo ella virgen, le parecía a Amnón difícil hacerle algo.

2 Samuel 13:2

Con la ayuda de un amigo, Amnón montó un escenario que logró que Tamar viniera donde él estaba, simulando estar enfermo.

—Ven, acuéstate conmigo, hermana mía.
Ella le respondió:
—¡No hermano mío! ¡No me fuerces, porque no se debe hacer esto en Israel!...
Pero él no la quiso escuchar; sino que, siendo más fuerte que ella, la forzó y se acostó con ella. Luego la odió Amnón con tal odio...

2 Samuel 13:11-15

Avergonzada y humillada, Tamar fue a decírselo al miembro de su familia que más la amaba, su hermano Absalón.

Entonces Tamar se quedó desolada en la casa de su hermano Absalón... Pero Absalón no habló con Amnón ni para mal ni para bien, pues Absalón odiaba a Amnón por haber violado a su hermana Tamar.

2 Samuel 13:20, 22

Cuarta consecuencia: *Un hermano odia a un hermano*. La lujuria ha llevado a la violación, la violación ha llevado al odio; y ahora el odio lleva al escalón siguiente: El asesinato. Absalón y Amnón no se dirigieron la palabra durante dos años. Durante dos años completos, la amargura y el odio estuvieron consumiendo a Absalón.

Quisiera preguntarle algo: ¿Dónde estaba David durante todo esto? La única referencia que hallo sobre David en este caso de la violación de su hija, es ésta:

Cuando el rey David oyó todo esto, se enojó mucho.
2 Samuel 13:21

¡Eso fue todo! La pasividad clásica. ¡Qué despreocupación paternal tan increíble! Tenía la cabeza puesta en otra cosa, donde había estado por mucho tiempo. Estos chicos se habían criado solos, sin la adecuada autoridad y disciplina paternal. Como ya hemos visto, esta es otra de las consecuencias del pecado en la vida de David.

¿Qué clase de palacio proporcionó David físicamente a sus innumerables esposas e hijos? Era un palacio fabuloso. Probablemente tenían todas las cosas materiales que deseaban. Pero sucede que el dinero no sirve para comprar las mejores cosas de la vida. Las cosas no podían resolver el problema de relaciones que había en ese hogar. Amnón violó y después odió a su hermana. Absalón odiaba a su hermano, y lo hizo por dos años completos. Ni siquiera se trataban.

¡Qué pesadilla de hogar debió haber sido ese palacio! Nadie lo ha descrito tan acertadamente como Alexander Whyte, en una obra que escribió sobre Absalón. ¡Lea lo que escribió y póngase a llorar!

Poligamia y estercolero son la misma palabra en griego. David pisoteó en Jerusalén la primera y mejor ley de la naturaleza, y por esto pasó el resto de su existencia en un infierno sobre la tierra. El palacio de David era un pandemónium de suspicacias, intrigas, celos y odio —todo desatado— que desembocó primero en un incesto y después en un asesinato. Fue en esta familia, si tal cloaca puede ser llamada una familia, donde Absalón, el tercero de sus hijos, hijo de su tercera esposa viva, nació y se crió...

Alrededor de cada una de las esposas de David, había un pequeño círculo de parásitos intrigantes, todos aborrecibles y que se aborrecían entre sí. Fue en uno de los peores de estos círculos donde Absalón se formó y recibió su educación.

¿Cuál fue el resultado? Después de dos años, Absalón lleva a cabo su engañoso plan. Pero Absalón es un tipo que se las trae y trata a su padre como un tonto. Le sugiere un plan que consiste en que ambos vayan junto a esquilar las ovejas.

Y Absalón fue al rey y le dijo:
—He aquí que tu siervo tiene esquiladores. Por favor, que el rey y sus servidores vengan con tu siervo.
El rey respondió a Absalón:
—No, hijo mío. No iremos todos, para que no te seamos una carga pesada.
Aunque le insistió, él no quiso ir, pero lo bendijo. Entonces dijo Absalón:
—Si no, por favor, que venga con nosotros mi hermano Amnón.

2 Samuel 13:24-26

Si David hubiera estado al tanto de lo que pasaba en su familia, habría sabido que Absalón no le dirigía la palabra a Amnón desde hacía dos años. También habría estado consciente del odio que había entre sus hijos. Hay que ser un padre muy obtuso para no darse cuenta de que estos dos hijos no se hablaban desde hacía dos años. ¡Qué falta de control...!

Como Absalón le insistió, dejó ir con él a Amnón y a todos los hijos del rey.

2 Samuel 13:27

"Le insistió." ¿Qué significa ésto? Que lo asedió, que le rogó, que lo presionó, que lo acoquinó, que utilizó sentimientos de culpa. Los hijos de David lo manipulaban y lo amedrentaban, y vean lo que sucedió.

Absalón había dado órdenes a sus criados diciendo: "Mirad; cuando el corazón de Amnón esté eufórico por el vino y yo os diga: '¡Herid a Amnón!', entonces matadle.' No temáis. ¿No os lo he mandado yo? Esforzaos, pues, y sed valientes." Los criados de Absalón hicieron con Amnón lo que

Absalón les había mandado. Entonces se levantaron todos los hijos del rey, montó cada uno en su mulo, y huyeron. Estando ellos aún en el camino, llegó a David el rumor que decía: "Absalón ha matado a todos los hijos del rey, y no ha quedado ninguno de ellos."

2 Samuel 13:28-30

Continuando con la espiral descendente, tenemos ahora a Absalón asesinando a Amnón: un hermano asesinando a otro hermano. "Jamás se apartará la espada de tu casa, David." Y éste gime de dolor por todo lo que está sucediendo.

Pero si todo eso no fuera suficiente, después que Absalón mata al hijo de David, huye. Tenemos, entonces, la sexta consecuencia: *la rebelión.*

Cuando Absalón huye, va a Gesur. Es allí donde vivía su abuelo materno, que era rey de Gesur. Como ya no puede vivir en su casa, se va al lado de su abuelo mientras se repone y pone en marcha un plan: Encabezar un levantamiento contra su querido papá. Y eso es precisamente lo que hace.

Séptimo resultado: *Absalón encabeza una conspiración contra su padre.*

Durante dos años estuvo Absalón en Jerusalén y no vio la cara del rey.

2 Samuel 14:28

Luego, gracias a una concatenación de acontecimientos, Absalón se las arregla para volver humildemente a donde el rey y comienza a robarle el corazón del pueblo. Se para junto a la puerta del rey cuando la gente viene a consultar a David, y los intercepta. Los abraza y los besa, ganando así sus corazones y poniéndolos de su lado. Les habla mal de su padre, mentiendo o exagerando. No pasa mucho tiempo sin que se alce con la mayoría. ¡Y David abdica el trono, nada menos!

Entonces David dijo a todos sus servidores que estaban con él en Jerusalén: Levantaos, y huyamos, porque no podremos escapar ante Absalón.

2 Samuel 15:14

Más adelante, el eslabón final en esta devastadora cadena

de consecuencias se produce cuando *Joab mata a Absalón*. La espada no se ha apartado de la casa de David. Sin duda alguna, David lamenta el día en que puso sus ojos sobre Betsabé y lo estuvo ocultando durante un año. Por fin, después de toda esta secuela de violación, conspiración, rebelión, odio y asesinato, David se encuentra solo en el palacio, seguramente sudando hasta quedar agotado, y en ese momento le llega un mensajero trayéndole malas noticias.

El rey preguntó al etíope: ¿Está bien el joven Absalón?

2 Samuel 18:32

David se siente culpable por este hijo, y a pesar de todo lo que ha sucedido; a pesar de la traición y rebelión de su rebelde hijo, se siente preocupado por él.

El etíope respondió: Como aquel joven sean los enemigos de mi señor el rey, y todos los que se levantan contra ti para mal.

2 Samuel 18:32

Era otra manera de decirle: "Tu muchacho ha muerto." Lo que sigue es probablemente la escena paterna más dolorosa y conmovedora del Antiguo Testamento:

El rey se estremeció. Subió a la sala que estaba encima de la puerta y lloró. Decía mientras subía: ¡Hijo mío Absalón! ¡Hijo mío, hijo mío Absalón! ¡Quien me diera que yo muriese en tu lugar, Absalón, hijo mío, hijo mío!

2 Samuel 18:33

David es un hombre derrotado; está trastornado y solloza como un loco. Todo apoyo le ha sido quitado. Ha llegado al extremo, destrozado, molido, agobiado y desconcertado. La cosecha de sus pecados es casi más de lo que puede soportar.

No os engañéis; Dios no puede ser burlado. Todo lo que el hombre siembre, eso mismo cosechará.

Gálatas 6:7

Si usted ha tomado con ligereza la gracia de Dios; si ha

caminado de puntillas por los corredores del reino, decidiendo selectivamente qué es bueno y qué es malo, y pensando que la gracia lo cubre todo, usted no ha entendido nada, absolutamente nada. De hecho, es muy probable que esté ahora cosechando el fruto amargo, las consecuencias, de las semillas del pecado plantadas en el pasado. Quizás ahora mismo esté viviendo una situación comprometedora, o está al borde de ella. Está tocando el asunto muy por encima, confiando en que nunca lo alcanzará. Pero Dios no puede ser burlado. Créame: el asunto lo alcanzará.

> Porque la paga del pecado es muerte; pero el don de Dios es vida eterna en Cristo Jesús, Señor nuestro.
>
> Romanos 6:23

Vuélvase a Dios ahora mismo. Entréguele a él su vida. Así como está: Destrozado, molido, agobiado y desconcertado, venga delante de él. Pídale que le dé la gracia y la fortaleza suficiente para enfrentar las consecuencias de manera realista, y de frente.

Hace algunos años vino a verme a mi oficina un joven en busca de orientación. Mientras hablábamos de sus relaciones en su hogar, me miraba fríamente, con un rostro sombrío, y con una mueca dibujada en sus labios. Me había sido enviado por sus padres, con la esperanza de que "lo hiciera entrar en razón" (según sus propias palabras). Casi no lograba entrar en ese pellejo impenetrable. El joven estaba furioso... y amargado hasta más no poder. Evidentemente, tenía heridas muy profundas.

—Háblame de tu padre —le dije.

Lanzó una maldición; luego se aclaró la garganta y miró hacia la ventana.

—¡Mi padre! —dijo—. Mi único gran deseo en la vida es matarlo. —Su voz se desvaneció mientras agregó—: Lo intenté una vez y fallé, pero la próxima vez no fallaré.

Hirviendo de agitación, comenzó a contarme una y otra vez todas las ocasiones en que su padre lo había ridiculizado, avergonzado y hasta golpeado. Ahora tenía más estatura que su padre, y era sólo cuestión de tiempo el que llevara a cabo su venganza.

Al escuchar a este Absalón moderno dar rienda suelta a su

cólera, un frío me recorrió la espalda. Cuanto más hablábamos, más claro me resultaba que este joven, que frisaba los veinte años de edad, era el producto de una trágica serie de circunstancias en un hogar que la mayoría habría considerado cristiano. Pero, en lo más profundo de esas relaciones privadas de la familia, estaban todas las marcas de los hábitos pecaminosos: desidia paternal, conducta abusiva, conflictos no resueltos, falta de honestidad, falta de perdón, incomprensión y, sobre todo, falta de verdadero amor.

Muchas veces me he preguntado qué habrá ocurrido al final con ese joven, cuyo padre, al igual que David, gozaba de aprecio en la comunidad y entre sus colegas. Nadie habría imaginado que había tantos problemas en ese hogar... a menos que se acercaran lo suficientemente a ese hijo como para ver sus cicatrices.

Para todo el mundo, David era el rey, pero para Absalón, era sólo su padre. ¿Se ha preguntado usted cómo describiría él a David si, a pesar de estar muerto, pudiera hablar?

Capítulo diecinueve

AGUANTANDO LA TORMENTA

Algunas de las experiencias más difíciles del cristiano son las que surgen como secuelas del pecado. Este es un tema del que no nos gusta pensar ni hablar dentro de la familia de la fe, pero que necesita ser tratado. A decir verdad, podría sorprenderle saber lo mucho que lo trata la Palabra de Dios.

En el Antiguo Testamento, oculto en uno de los escritos de los antiguos profetas, en los del profeta Oseas, hay un versículo que lo trata de una manera clara, y que mencioné brevemente en uno de los capítulos anteriores. Al anunciar un severo mensaje de parte Dios a Israel, su pueblo rebelde, Oseas escribe:

Ellos sembraron vientos y cosecharán tempestades.
Ose. 8:7 (DHH)

El profeta está describiendo a la nación de Israel, que era la que clamaba a Dios como si en realidad lo conociera. La nación de quienes Dios dice: "Establecieron reyes, pero no de parte mía" (Oseas 8:4); la nación que había nombrado príncipes, pero Dios no conocía tales príncipes; la nación que había andado en sus propias sendas (sembraron viento), estaba sufriendo ahora las consecuencias (cosecharon tempestades). La vida de David ha llegado a un atolladero parecido. Dios ama a David... y por eso lo disciplina con tanta severidad. David necesitaba aprender la inolvidable lección de que a Dios hay que tomarlo en serio; de que es en serio lo que él dice en cuanto a la santidad; de que debemos reflejar el carácter de nuestro Padre celestial, como dice Pedro: "Así como aquel que os ha llamado es santo, también sed santos vosotros en todo aspecto de vuestra manera de vivir" (1 Ped. 1:15). Cuando decidimos de manera deliberada y voluntaria desobedecer al Dios santo, él no se hace de la vista gorda frente a nuestro pecado ni lo tapa sin darle mucha importancia, diciendo que su gracia le permite pasar por alto la desobediencia. La gracia sólo nos asegura que Dios no nos matará; que ella será nuestra ayuda en el tiempo de la tempestad, protegiéndonos, manteniéndonos fuertes y dándonos estabilidad. Pero podemos estar seguros de que, si sembramos semillas de viento, segaremos la cosecha de la tempestad del pecado. Por la gracia de Dios, sobreviviremos a la tempestad, pero el dolor parecerá, a veces, mucho más de lo que podemos soportar.

Hay dos tipos de sufrimiento en medio de la tempestad: El que *merecemos* por ser los únicos responsables de nuestra desobediencia; y los sufrimientos que *no merecemos*, pero que experimentamos como secuelas de los pecados de otros.

De esto también se ocupa Gálatas 6:7, 8, como vimos con tanta claridad en el capítulo anterior. Alguien, al escuchar lo que dice Oseas, pudiera decir : "Bueno, eso es del Antiguo Testamento, sólo para los que estaban bajo la ley."

Hay una palabra en el diccionario que expresa mi reacción ante esa falsa declaración: *¡Pamplinas!* En un pasaje dirigido a los cristianos, a personas que están bajo la gracia, Pablo les muestra el mismísimo principio:

No os engañéis; Dios no puede ser burlado. Todo lo que el hombre siembre, eso mismo cosechará. Porque el que siembra para su carne, de la carne cosechará corrupción...
Gálatas 6:7, 8

Esta misma verdad es enfatizada hacia el final de Proverbios 6. ¡Qué sección tan fuerte de la Biblia! Presenta la escena del hombre que va por la calle y que se encuentra con una ramera que lo aborda, engatusándolo con la tentación de la carne. Salomón advierte: ¡No lo hagas! Si te permites los placeres concupiscentes del momento, tendrás que pagar después un precio muy largo y doloroso.

Guarda, hijo mío, el mandamiento de tu padre,
y no abandones la instrucción de tu madre.
Átalos siempre a tu corazón,
y enlázalos en tu cuello.
Te guiarán cuando camines;
te guardarán cuando te acuestes,
y hablarán contigo cuando te despiertes.
Porque el mandamiento es antorcha,
y la instrucción es luz.
Y las represiones de la disciplina son camino de vida.
Te guardarán de la mala mujer,
de la suavidad de lengua de la extraña.
En tu corazón no codicies su hermosura,
ni te prenda ella con sus ojos;
porque por una prostituta el hombre
es reducido a un bocado de pan,
y la mujer ajena caza una vida valiosa.
¿Tomará el hombre fuego en su seno
sin que se quemen sus vestidos?
¿Andará el hombre sobre las brasas
sin que se le quemen los pies?
Así sucede con el que se enreda con la mujer de
    su prójimo;
no quedará impune ninguno que la toque.
¿Acaso no desprecian al ladrón,
aunque robe para saciar su apetito cuando tiene hambre,
y si es sorprendido, pagará siete veces
y entregará todo lo que posee en su casa?
Así también el que comete adulterio con
una mujer es falto de entendimiento;
el que hace tal cosa se destruye a sí mismo.
Proverbios 6:20-32

Me gustan mucho las francas palabras de Eugene Peterson al parafrasear este mismo segmento. Léalo despacio y preferiblemente en voz alta:

Sigue el buen consejo de tu padre, querido amigo,
y no te desvíes de las enseñanzas de tu madre.
Arrópate con ellas de los pies a la cabeza;
llévalas como una bufanda alrededor de tu cuello...
Te guiarán por dondequiera que vayas;
te guardarán en cualquier lugar que te detengas;
y cuando te despiertes, te dirán que habrá después.
Porque el buen consejo es una antorcha,
la buena enseñanza es una luz,
la instrucción moral es un sendero de vida.
Ella te protegerá de la mujer impúdica,
del picoteo seductor de la mujer tentadora.
No fantasees concupiscentemente pensando en su belleza,
ni te dejes atrapar por sus ojos sensuales.
Puedes comprar una hora con una ramera por
    un trozo de pan,
pero una mujer impúdica puede muy bien comerte
    a ti vivo.
¿Puedes tener un fuego en tus rodillas,
sin que el mismo haga arder tus pantalones?
¿Puedes caminar descalzo sobre brasas prendidas,
y que no te salgan ampollas?
Lo mismo ocurre cuando te acuestas con la mujer
    de tu prójimo:
Tócala y tendrás que pagar por eso. No hay excusa
    que valga...
El adulterio es una estupidez,
que destruye tu alma, que destruye tu ser;
Ten por seguro una nariz sangrante, un ojo amoratado,
y un reputación para siempre arruinada.

Lo resume muy bien, ¿verdad? "Una nariz sangrante... un ojo amoratado... una reputación para siempre arruinada..."

Lo más trágico de todo esto, por supuesto, es cuando alguien que es inocente sufre las secuelas del pecado de otra persona; cuando los que están alrededor, tienen que pagar las consecuencias, junto con la persona responsable.

Hace algunos años, después que prediqué uno de mis sermones sobre las consecuencias del pecado, una mujer se me acercó y me entregó una nota muy bien doblada escrita en un pequeño pedazo cuadrado de papel. En él me decía que uno de sus hijos, ya crecido, había decidido apartarse del Señor, y que la desgracia y el desastre que había creado, le estaba exigiendo un costo espantoso a la familia. "Nunca había oído antes un mensaje en el que alguien explicara cómo aguantar la tempestad causada por otra persona, cuando uno no es el responsable", escribió. "Educamos a nuestro hijo, con lo que teníamos, lo mejor que pudimos. Y ahora, se ha vuelto contra nosotros y se comporta de una manera terrible. Hace lo que le da la gana... y el resto de la familia vive en un estado de desdicha. ¿Qué podemos hacer?"

¿Cómo podemos aguantar *nosotros* la tempestad causada por otra persona? Sea que usted la originó, o que otra persona lo hizo, ¿*qué hace usted* cuando está cosechando la tempestad de otro? ¿Cómo *puede usted* manejarla?

El mejor ejemplo de toda la Biblia —puede que a usted le interese saberlo— se encuentra en la vida de David. Su familia nos ofrece la respuesta a esta pregunta. Como ya hemos visto en los dos capítulos anteriores, David fue un gran hombre que se dejó vencer, y el resultado fue trágico, afectándolo no sólo a él por haber pecado, sino además a toda su familia y también a otras personas fuera de ella.

DAVID ENFRENTA LA VERDAD

David reconoció delante de Dios y del profeta Natán lo que había sembrado:

David respondió a Natán: He pecado contra Jehovah.
2 Samuel 12:13

"He pecado. Tuve trato carnal con Betsabé; cometí adulterio; le quité la vida a su esposo Urías; he sido culpable de hipocresía; he pecado." Confesó su pecado delante de Dios, sin reservas ni excusas.

Y Natán dijo a David: Jehovah también ha perdonado tu pecado; no morirás.
2 Samuel 12:13

Aquí hay una promesa de gracia.

Bajo la ley, si alguien cometía adulterio, era apedreado. Si alguien incurría en un asesinato, indefectiblemente lo pagaba con su vida. "¡Vida por vida, ojo por ojo, diente por diente!" (Deut. 19:21). ¡No me vengan a decir que la gracia estaba ausente en el Antiguo Testamento! Fue la gracia lo que vino en rescate de David en ese momento. Natán le aseguró: "No morirás, David."

> Pero como en este asunto has hecho blasfemar a los enemigos de Jehovah, el hijo que te ha nacido morirá irremisiblemente.
>
> 2 Samuel 12:14

¡Qué cosa tan espantosa es escuchar algo así!

En aquellos días, Dios le hablaba audiblemente a su pueblo, pero ahora podemos leer la Biblia por medio de la cual nos da sus directrices. Dios nos habla directamente en su Palabra. En aquellos días, Dios le hablaba a su pueblo en sueños y visiones, y también por medio de personas especialmente designadas, tales como jueces, líderes y profetas.

Entonces Natán, que era el portavoz de Dios en este caso, le dice a David: "Has sido perdonado, no morirás. Sin embargo, tu niño morirá. Y esa es sólo la primera de las muchas cosas que ocurrirán, David. Todo lo que sucederá te recordará siempre que quien siembra en la carne (el 'viento') cosechará de la carne corrupción (la 'tempestad')."

En el capítulo anterior vimos cómo llegó David a su "tempestad", por lo que no hay razón para repetir aquí los detalles. Mi deseo ahora es referirme a cómo capear el temporal cuando éste se nos presenta.

DAVID RESPONDIO EN LA FORMA CORRECTA

Encuentro en la reacción de David, cuatro principios útiles que debemos poner en práctica hoy si estamos sufriendo una tempestad, ya sea porque nosotros mismos la causamos, o porque fuimos atrapados por las secuelas de alguien que la causó.

La primera respuesta de David fue la oración.

> Después Natán regresó a su casa. Entonces Jehovah hirió al niño que la mujer de Urías había dado a David, y enfermó de gravedad. David rogó a Dios por el niño. David

ayunó, entró y pasó la noche acostado en el suelo.

2 Samuel 12:15, 16

Hoy sabemos muy poco de esa clase de oración y ayuno prolongados. Más son las veces que nuestra respuesta al pecado es una respuesta simplista. Decimos: "Bien, Señor, he hecho esto y aquello. Estoy de acuerdo contigo en que la sangre de Jesucristo me limpia de todo pecado. Por lo tanto, gracias." Y seguimos con nuestra vida de rutina, hasta que... "¡Uy! Metí la pata otra vez; lo siento."

Pero no fue así como respondió David. Cuando comenzó la tempestad, cuando sintió que los quemantes vientos del juicio de Dios comenzaban a soplar contra él, cayó postrado ante el Señor y no se levantó del piso durante toda esa noche. Ayunó. Esperó en el Señor. Escudriñó su corazón. Y "rogó a Dios por el niño". David esperaba más gracia. Sabía que, a pesar de lo indigno que era, Dios estaba lleno de misericordia e impartía su gracia. No hizo ninguna demanda, estemos claros en esto, pero sí le imploró a Dios por la vida de su hijo.

El respondió: Mientras el niño vivía, yo ayunaba y lloraba pensando: Quien sabe si Jehová tendrá compasión de mí, y el niño vivirá.

2 Samuel 12:22

¿Qué quiere decir: "Rogó a Dios por el niño"? Probablemente que razonó con el Señor... ferviente y sinceramente: "Señor, clamo a ti y a tu gracia. Te pido, te lo suplico, que si es posible que modifiques tu plan, me concedas la vida de este niño. Te pido que seas misericordioso, aunque yo no merezca tu favor ni haya ganado de ninguna manera el derecho a ser tan atrevido. Te lo pido porque ese es el sincero y humilde deseo de mi corazón. Sé lo que has dicho, y acepto lo que me mandes, pero te pido, te lo suplico, te ruego, ¿sería posible para ti concederme la vida de este niño?"

En otras palabras, David oró con un corazón contrito.

Observe que durante el tiempo que pasó orando, David no salió de su casa. No fue al lugar de adoración. Sabemos esto porque después se dice que se lavó y se cambió la ropa, antes de ir a adorar en la casa del Señor. Por tanto, es evidente que no salió de su casa durante ese tiempo.

¿Sabe lo que aprendí de esto? Que cuando atravieso una tempestad, debo estar quieto y aislado. Que no debo anunciar o pregonar lo que estoy sufriendo. Nosotros los cristianos tenemos la tendencia a contarlo todo, a soltarlo todo, en forma más bien indiscriminada cuando, en realidad, eso no es asunto de los demás.

Cuando sus siervos vinieron y hallaron a David en esta condición, se pusieron junto a él para levantarlo del piso. Pero él no quiso hacerlo, ni tampoco comer con ellos.

—Ven, David —le dijeron—. Vamos, levántate; necesitas comer algo.

—No, no quiero hacerlo; déjenme solo, por favor —les dijo.

Cuando atravesemos períodos de gran aflicción, causados por nuestro propio pecado, o por el de otros, es sabio —en realidad es bíblico— no estar rodeado de personas, no importa lo bien intencionadas que puedan ser. El aislamiento es esencial, el silencio es necesario. Las palabras de los demás, por regla general, nos perturban. Permanezcamos en la presencia del Señor y busquemos su voluntad durante estos períodos de dolor. No hay nada de malo en estar solos en tiempos de examen de conciencia. Proverbios 16:1 dice: "Del hombre son los planes del corazón." En realidad, este versículo describe la condición del hombre, al decir que debemos guardarlo con toda diligencia, porque de él emana la vida (Prov. 4:23). Hay cosas tan preciosas que no podemos compartirlas con todo el mundo; son demasiado profundas; demasiado personales; demasiado dolorosas. En el examen de conciencia de nuestra vida, debemos estar quietos para poder escuchar lo que Dios quiere decirle a nuestro corazón. David oró... y nosotros también debemos hacerlo. En su caso, permaneció orando durante siete días completos, prácticamente sin ninguna interrupción.

La segunda respuesta de David fue enfrentar las consecuencias de manera realista.

Sucedió que al séptimo día murió el niño. Y los siervos de David temían informarle que el niño había muerto, pues pensaban así: "He aquí que cuando el niño vivía, le hablábamos, y él no quería escuchar nuestra voz. ¿Cómo vamos a decirle que el niño ha muerto? ¡Puede hacer algo malo!"
2 Samuel 12:18

Presumo que los siervos de David tenían temor de que pudiera suicidarse. Pero, en realidad, no entendían la situación. Veían su período de examen de conciencia más como una profunda depresión, y por eso dijeron: "Si le ponemos encima este peso, atentará contra su vida. ¿Cómo hacérselo saber?" Observemos la respuesta realista de parte de David. ¡Nada que se parezca a pensamientos suicidas!

> Pero David, al ver que sus siervos susurraban entre sí, entendió que el niño había muerto. Entonces David preguntó a sus siervos:
> —¿Ha muerto el niño?
> Ellos respondieron:
> —Ha muerto.
> Entonces David se levantó del suelo, se lavó, se ungió, se cambió de ropa, entró en la casa de Jehovah y adoró.
> 2 Samuel 12:19, 20

David había estado postrado sobre su rostro, y solo, delante del Señor, durante siete días... esperando en él, preguntándose si, en su gracia, salvaría al niño, colocándose a disposición de Dios y abandonándose a sí mismo en total aislamiento. Ahora escucha las palabras: "El niño ha muerto." ¿Cuál es su respuesta? Se levanta tranquilamente, se baña, se cambia de ropa, se dirige a la casa de Dios... *y adora*.

Cuando leo esto, pienso en Job:

> Entonces Job se levantó, rasgó su manto y se rapó la cabeza; se postró a tierra y adoró. Y dijo: Desnudo salí del vientre de mi madre, y desnudo volveré allá. Jehovah dio, y Jehovah quitó. ¡Sea bendito el nombre de Jehovah!
> Job 1:20, 21

Cuando usted enfrente las consecuencias de la tempestad, debe evitar sentimientos de amargura. Debido al dolor que llega a su vida, especialmente si ha confesado sus pecados a Dios y ha sentido angustias por el mal cometido, tendrá que cuidarse de no culpar a Dios. Lo invadirán pensamientos tales como: ¿Cómo pudiste hacerme esto, Señor? A mí, que te he servido durante tantos años. Ya te he confesado con humildad y sinceridad mi desobediencia... ¡y mira lo que me has quitado! En la respuesta de David no hay nada de esto. Por el contrario, acepta realistamente lo que ha sucedido y luego adora al Señor. Es bueno que nos recordemos a nosotros mismos que él sigue siendo "un hombre conforme al corazón de Dios".

A muchos les causaría admiración la reacción de David. Su hijo acababa de morir. La respuesta de Dios a sus oraciones durante siete días fue un rotundo "No". Después de saber la noticia, se levanta, se baña, y se va al lugar de adoración, como diciendo: "Dios hizo esto y aquello, lo acepto sin reservas y seguiré adelante." Por difícil que le resulte a algunos comprender esto, fue una respuesta increíblemente madura. No olvide que un corazón contrito no exige nada ni espera nada.

La tercera respuesta de David fue acogerse a la verdad de las Sagradas Escrituras. Si alguna vez quiere saber en verdad qué es la Palabra de Dios, hágalo cuando enfrente una crisis. Usted no puede dejar que sus emociones lo controlen, ni tampoco cometer una imprudencia o una tontería. He descubierto que no hay consejo como el consejo divino; ningún consuelo es como el de Dios. ¡Ninguna sabiduría es tan profunda como la sabiduría de la Biblia! David zanjó su problema con el Señor al descansar en la verdad de la Palabra de Dios.

Permítame que se lo muestre. ¿Vio lo que dice el versículo 21? Los siervos de David no podían comprender la reacción de David. Hay quienes se admiran cuando nuestra reacción no es "normal" (según sus palabras). Esperan que nos derrumbemos; que nos aneguemos en llanto; que nos echemos a morir. Observemos la reacción de los siervos de David:

> Sus siervos le preguntaron: ¿Qué es esto que has hecho? Mientras el niño vivía, ayunabas y llorabas; pero ahora que ha muerto, te levantas y comes.
>
> 2 Samuel 12:21

David les dice:

> El respondió: Mientras el niño vivía, yo ayunaba y lloraba pensando: "Quien sabe si Jehovah tendrá compasión de mí, y el niño vivirá." Pero ahora que ha muerto..."
>
> 2 Samuel 12:22, 23

Lo enfrentó, lo aceptó, no lo negó, sino que dijo: "Ya sucedió. ¿Por qué debo ayunar?"

Son muchas las personas que siguen ayunando *después* de la muerte de un ser querido, pensando quizá que pueden hacerle volver. O hacen planes para contactar a un médium a fin de comunicarse con los muertos. Aunque es un procedimiento desaconsejable, incorrecto y antibíblico, son muchos los que lo utilizan. Pero un hijo de Dios, cuando enfrenta la realidad, dice: "No hay vuelta atrás; no puedo hacer que mi ser amado vuelva. No lo negaré ni trataré de hacer regateos con Dios. Confiaré en que el consuelo y el consejo de la Palabra de Dios me ayudarán a superar esta crisis."

Veamos como lo dice David. Este es uno de los pocos pasajes de las Escrituras que nos ayudan a saber cuál es el destino eterno de los niñitos y de los bebés que mueren:

> ¿Podré yo hacerle volver? ¡Yo iré a él, pero él no volverá a mí!
>
> 2 Samuel 12:23

Esta es una promesa con un sólido fundamento teológico. Si usted ha perdido a un bebé, este versículo le dice que no puede hacer volver al niño, *pero que lo verá en el cielo.* Verá ese don que Dios le dio, y que por razones que sólo él sabe, se lo quitó: "No puedo hacerle volver, pero puedo ir a él."

David dice: "Mientras el niño vivía, él y yo estábamos juntos, podía amarlo, estar con él. Pero ahora que ha muerto, no puedo hacerlo regresar. El Señor dio... y el Señor quitó. Bendito sea su nombre."

Después que usted se acoge a la verdad de la Escritura, es sorprendente la estabilidad que tendrá.

Lo cual nos lleva a la cuarta respuesta de David: Se negó a rendirse.

Cuando sufrimos las secuelas del pecado, nuestra tendencia es decir: "Estoy acabado. Ya no tiene sentido seguir viviendo. La vida ya no vale la pena." Pero observe lo que hizo David: "Consoló a Betsabé su mujer." Es fácil olvidar que ella también estaba aconjogada. Ambos estaban atravesando un período de aflicción. Lloraron. Pero continuaron viviendo.

> David consoló a Betsabé su mujer. Y fue a ella y se acostó con ella. Ella dio a luz un hijo, y llamó su nombre Salomón. Jehovah amaba al niño, y envió un mensaje por medio del

profeta Natán, quien llamó su nombre Yedidías, a causa de Jehovah.

2 Samuel 12:24, 25

David está caminando una vez más con el Señor, como lo había hecho en el pasado.

Una de las escenas más dolorosas de este mundo es ver a un hijo de Dios arrinconado por mucho tiempo, lamiéndose las heridas y compadeciéndose de sí mismo. Hace falta tanta (y a menudo más) fortaleza espiritual y determinación para recuperarse y seguir adelante, que la que se necesita para soportar una crisis. "Seguiré adelante, recogeré los pedazos y volveré a pensar en mis planes para la vida. Regresaré a mi trabajo, y volveré a disfrutar otra vez de la compañía de mis amigos; seguiré con la alegría de vivir, como antes. En realidad, por la gracia de Dios, seré ahora más sabio y hasta más trabajador que antes."

David, al capear la tempestad, nos da unas magníficas enseñanzas. Oró, enfrentó las consecuencias realistamente, se entregó por completo al Señor acogiéndose a la verdad bíblica en cuanto a la muerte, y finalmente se negó a rendirse. Siguió adelante, confiado en que Dios le daría la fortaleza que necesitaba.

UN BREVE RESUMEN

Capear la tempestad es una experiencia *solitaria*. Usted nunca estará más solo emocionalmente que cuando esté en medio del torbellino de las consecuencias del pecado. Deseará que otros lo ayuden, pero no podrán hacerlo. Querrán estar con usted y le ayudarán, pero la mayor parte del tiempo tendrá que capear solo la tormenta.

Capear la tempestad es también una experiencia *aleccionadora*. El Salmo 32 —el mismo que recoge el sufrimiento de David durante sus meses de ocultación e hipocresía— también dice:

Te haré entender y te enseñaré
el camino en que debes andar.
Sobre ti fijaré mis ojos.
No seáis sin entendimiento,

como el caballo, o como el mulo,
cuya boca ha de ser frenada con rienda y freno;
de otro modo, no se acercan a ti.
Muchos dolores tendrá el impío;
pero la misericordia cercará al que espera en Jehovah.

Salmo 32:8-10

Capear la tormenta es también, gracias a Dios, una experiencia *transitoria*. Puede ser el período más difícil de su vida; puede que usted tenga que soportar el torbellino creado por usted mismo... o ser la víctima inocente atrapada en las secuelas resultantes del pecado de otra persona; puede sentirse desesperadamente solo; puede parecerle que el temporal jamás terminará. Pero créame: La tormenta es una experiencia transitoria que su Señor amante y fiel le ayudará a superar.

Por último, permítame decirle que capear la tormenta es una experiencia de humillación. Deuteronomio 8:2 es un versículo que mi esposa y yo mencionamos con frecuencia en tiempos de prueba:

Acuérdate de todo el camino por donde te ha conducido Jehovah tu Dios estos cuarenta años por el desierto, con el fin de humillarte y probarte, para saber lo que estaba en tu corazón, y si guardarías sus mandamientos, o no.

Deuteronomio 8:2

Como lo fue para los israelitas, la tempestad es una ocasión cuando aprendemos a tomar a Dios en serio. Cuando él dice algo, lo dice en serio.

Al concluir este especial capítulo, quiero decir algo muy personal. Por ser demasiado personal para mencionar los detalles, no podré decirlo todo. Así que, en vez de ello, seré breve y concreto.

Ahora mismo, al escribir estas palabras, mi esposa Cynthia y yo estamos capeando una tormenta que es casi demasiado imposible de soportar. Estamos sufriendo las consecuencias de la desobediencia de otra persona, no de la nuestra, y por eso las palabras que he expresado en este capítulo son cualquier cosa, menos teóricas. Nos hemos identificado con la soledad y el aislamiento de David... con sus súplicas de gracia... con sus largas oraciones mezcladas con ayunos... con su

sincero deseo de que la misericordia de Dios viniera en su
rescate. Sabemos, por su propias palabras, de lo que habla.

Pero nuestra situación es diferente a la de David, en cuanto a un aspecto muy significativo: El vivió para ver el fin de su
período de espera; nosotros no; no todavía. Nuestra espera y
nuestro lloro continúan. La tempestad sigue. Por tanto esperamos... y esperamos... y seguimos esperando.

Por la fe, nos acogemos a su paz; y por la gracia, conocemos su misericordia. Pero, mientras tanto, seguimos con el corazón destrozado y las lágrimas nunca dejan de acudir a nuestros ojos.

Las conmovedoras palabras de dos amados himnos del siglo XVIII que he cantado durante décadas, me han servido de
consuelo esta misma mañana, antes de que amaneciera:

> En cada viento tormentoso que azota,
> en cada marejada de dolor,
> hay una calma, un refugio seguro,
> bajo los brazos de mi fiel Señor.
>
> ¡Ah, cómo huirían en busca de socorro,
> si estando tristes, tentados y angustiados
> o bajo los ataques del infierno,
> faltara a los sufrientes santos amparo de su mano!

y

> Venid, desconsolados, doquier que estéis turbados,
> al trono de la gracia, con fervor acudid,
> traed vuestras heridas, contad vuestras angustias,
> que no hay tristeza aquí que Dios no pueda oír.

Capítulo veinte

AMIGOS EN LAS MALAS

El poeta Samuel Coleridge describió una vez a la amistad como "un árbol de cobijo". ¡Qué hermosa descripción de esa relación tan especial! Al leer esas palabras, pienso en mis amigos como frondosos árboles gigantescos, con sus ramas extendidas sobre mí, proporcionándome sombra contra el sol, y cuya presencia es una defensa contra las ráfagas del viento invernal de la soledad. Un árbol gigantesco, un árbol de cobijo: eso es lo que es un amigo.

Cuando era joven, me enseñaron durante años en una iglesia que cuando uno es en verdad maduro, no necesita de nadie más; que son sólo los débiles quienes necesitan de otros. ¡Qué enseñanza tan equivocada! Nadie puede desconocer el hecho de que hasta nuestro Señor Jesucristo tuvo muchos amigos a su alrededor durante su vida terrenal. Además, tuvo por lo menos a tres amigos íntimos. Si tener amigos es un signo de inmadurez, ¿cómo es que el Señor tuvo tantos?

La pura verdad es ésta: Tener un amigo, o necesitar de un amigo, *no* es ninguna señal de debilidad o de inmadurez. Es más bien una señal de inmadurez *creer que no se necesita un amigo*. Coleridge tenía razón: Los amigos son como árboles de cobijo.

UN HOMBRE QUEBRANTADO

Al considerar la siguiente etapa de la vida de David, encontramos a un hombre que tuvo no sólo un árbol de cobijo, sino todo un pequeño bosque de ellos. Pero primero, veamos cuál era la situación en que se encontraba David.

En lo personal, lo invadían los sentimientos de culpa. Había cometido adulterio con Betsabé y después asesinó a su esposo. Seguidamente vivió muchos meses como un hipócrita, y como resultado de todo esto había perdido a su bebé y estaba viendo cómo su mundo se le venía abajo. Lo consumía el sentimiento de culpa, lo cual confirman los Salmos 32 y 51.

En lo familiar, su hogar se había hecho añicos. Como vimos en el capítulo 18, la rabia, la amargura, el incesto, la violación, el asesinato y la rebelión entre sus hijos ya crecidos, desembocó a la larga en una conspiración encabezada contra él por su hijo Absalón. ¿Hay peor dolor que los problemas familiares?

En lo político, había perdido su respeto y autoridad como líder. No sólo había perdido el contacto con su familia, sino que también era cada vez mayor el número de los críticos que tenía en la nación. El héroe tenía pies de barro.

En lo personal, en lo familiar y en lo político estaba, pues, sufriendo. Es en estas circunstancias cuando aflora la conspiración de Absalón:

> Aconteció después de esto que Absalón consiguió un carro, caballos y cincuenta hombres que corriesen delante de él. Absalón se levantaba muy de mañana y se ponía a un lado del camino que conduce a la puerta de la ciudad, y a todo el que tenía pleito e iba a juicio ante el rey, Absalón le llamaba y preguntaba:
> —¿De qué ciudad eres?
> El respondía:
> —Tu siervo es de una de las tribus de Israel...
> Entonces Absalón le decía:
> —Mira, tu causa es buena y justa. Pero no tienes quien te oiga de parte del rey. —Y añadía Absalón—: ¡Quién me pusiera por juez en el país, para que viniera a mí todo el que tuviese pleito o causa, y yo le haría justicia!
> 2 Samuel 15:1-4

Suena como si estuviera haciendo campaña por la presidencia, ¿no le parece? Bueno, eso es exactamente lo que está haciendo, sin decirlo. Su técnica se basaba en la mentira y la perfidia. Su padre es el rey, y Absalón está sentado junto a la puerta a donde acude el pueblo a presentar sus quejas o a buscar la orientación del rey. Es allí que Absalón los espera para interceptarlos con mentiras e insinuaciones: "Un momento. Ustedes saben que nadie se preocupa por sus problemas, pero yo sí. ¡Ah, si se dieran cuenta del valor de mi sabiduría y *me* permitieran ocupar el trono! Les enseñaría lo que es la justicia."

Sucedía que cuando alguno se acercaba para postrarse ante él, éste extendía su mano, lo asía y lo besaba. De esta manera hacía Absalón con todos los israelitas que iban al rey para juicio. Así robaba Absalón el corazón de los hombres de Israel.

2 Samuel 15:5, 6

¡El plan de Absalón funcionaba a la perfección! Poco a poco socavó la reputación de David y construyó la suya, hasta que llegó el momento de llevar a cabo su canallada.

Pero envió agentes secretos por todas las tribus de Israel, diciendo: "Cuando escuchéis el sonido de la corneta, diréis: '¡Absalón reina en Hebrón!' "

2 Samuel 15:10

Eso fue exactamente lo que hicieron. Se produjo un solo toque de trompeta y Absalón se puso en marcha.

Un mensajero vino a David y dijo: ¡El corazón de los hombres de Israel se va tras Absalón!

2 Samuel 15:13

Dejando escapar un suspiro, este buen hombre se siente molido y con el alma destrozada. No sólo ha sido traicionado por su hijo, sino que también siente que no tiene un solo amigo a su lado.

Entonces David dijo a todos sus servidores que estaban

con él en Jerusalén: Levantaos, y huyamos, porque no
podremos escapar ante Absalón. Daos prisa a partir, no
sea que apresurándose nos alcance, eche sobre nosotros el
mal y hiera la ciudad a filo de espada.

2 Samuel 15:14

Imagínese cómo habrá sido esa escena. El que fue una vez
un poderoso rey está ahora todo apresurado, echando unas
pocas cosas en una bolsa, preparándose para huir de su hijo.
Después de todos estos años, se encuentra huyendo de nuevo
para salvar su vida. Con toda seguridad habrá recordado los
años que vivió como un fugitivo huyendo de Saúl, y revive la
experiencia. "¡Lo mismo que me ocurrió la vez anterior!" Si un
hombre necesitó alguna vez de un árbol de cobijo, ese hombre
fue David.

Los servidores del rey le dijeron: "He aquí que tus siervos
estamos listos para todo lo que nuestro señor el rey deci-
da." El rey salió, y le siguió toda su familia... Salió, pues,
el rey con toda la gente en pos de él, y se detuvieron en la
casa más distante.

2 Samuel 15:15-17

¡Qué emoción y patetismo hay en esas pocas palabras!
David estaba abandonando la gran ciudad de Sion, la ciudad
que llevaba su nombre, la ciudad de David. Al llegar al límite
de la ciudad, a la última casa, se detiene, da la vuelta y mira
la dorada metrópoli que él había visto construir por Dios en
los últimos años. Debía tener el corazón destrozado al estar
allí de pie, mirando hacia atrás, con la mente inundada de
recuerdos. A su lado pasan disparados la gente de su palacio,
con bestias de carga con montones de enseres, huyendo para
salvar sus vidas.

Se hallaba junto a la última casa y necesitaba un árbol
que le diera algún cobijo; alguien que le dijera: "David, aquí
estoy contigo. No tengo todas las respuestas, pero, amigo,
puedo asegurarte esto: ¡Mi corazón está contigo!" Cuando la
suerte está echada; cuando no hay nadie que pueda sostener-
nos; cuando tenemos que huir desprotegidos; cuando no hay
más muletas en las cuales apoyarnos; cuando no tenemos po-

pularidad de la cual agarrarnos y todas las luces se han apagado; y cuando la multitud está oyendo la voz de otro, es admirable cómo Dios envía un árbol de cobijo. De hecho, Dios le da a David no uno, sino cinco de ellos. Resulta interesante que la mayoría nunca hemos oído hablar de ellos.

CINCO ARBOLES DE COBIJO

Todos sus servidores pasaban a su lado, con todos los quereteos y todos los peleteos. Y todos los geteos, 600 hombres que habían venido tras él desde Gat, pasaron delante del rey. Entonces el rey dijo a Itai el geteo: ¿Para qué vienes tú también con nosotros? Vuelve y quédate con el rey, puesto que tú eres un extranjero y también un desterrado de tu lugar de origen.

2 Samuel 15:18, 19

El primer amigo es Itai el geteo. En realidad, esta es la primera vez que es mencionado en la biografía de David. Es un amigo del rey, pero nunca estuvo en el centro de la atención hasta que la suerte estuvo echada, y David se ha detenido en la última casa, y ya no hay más trono ni más gloria. De repente, Itai sale de quién sabe dónde, y le dice: "Cuenta conmigo, David. Estoy contigo hasta lo último."

Lo que más nos maravilla es que se trata de un geteo.

Un geteo era un nativo de Gat. ¿Se acuerdan de Gat, el pueblo de Goliat? David se había ido huyendo a Filistea y cuando regresó trajo consigo a algunos hombres al exilio. Pero en vez de odiarlo, se habían encariñado con él. Por eso, cuando se encuentra entre la espada y pared, Itai le dice: "Estoy contigo, mi amigo. Para vida o para muerte, estoy aquí a tu lado." Eso es ser un amigo de verdad. Ese era un árbol con con un tronco macizo, gruesas ramas y con mucho follaje.

David le dice: "Vete con los tuyos. Es tu oportunidad de escapar."

¿He de hacer hoy que andes errante por ir con nosotros, mientras que yo voy sin rumbo fijo? Vuélvete y haz volver a tus hermanos y que la misericordia y la verdad sean contigo.

2 Samuel 15:20

"Shalom, hermano. Vete, márchate. Me esperan tiempos muy duros."

Pero Itai respondió al rey diciendo: ¡Vive Jehovah y vive mi señor el rey, que sea para vida o sea para muerte, dondequiera esté mi señor el rey, allí estará también tu siervo!

2 Samuel 15:21

Repito: ese era un amigo. Le dice: "David, si te ahorcan, pondré mi cuello en la soga para que nos ahorquen juntos. Si todo el mundo se vuelve en tu contra, yo saldré en tu defensa." El viejo amigo Itai estaba hecho de material resistente. No hay muchos amigos como ese.

Itai dice luego: "¡Vengan, geteos, síganme!" Entonces remontan la colina, dejando atrás a Sion, acompañando al rey a una tierra de nadie, sin ninguna promesa.

Cuando todo nos falla y todo el mundo nos ha dado la espalda, hay unos pocos seres preciosos que nos visitan para decirnos: "Estoy contigo; cuenta conmigo. Llámame a cualquier hora, del día o de la noche, y vendré. No te voy a dar con los pies ahora que estás caído. Estoy a tu lado, y te comprendo."

Lo sorprendente es que, a veces, la persona que está a nuestro lado es alguien de Gat: Uno que antes fue un enemigo, pero que ahora es un amigo.

Todo el mundo lloraba en alta voz, mientras toda la gente cruzaba. También cruzaron el arroyo de Quedrón el rey y toda la gente, rumbo al camino del desierto. Y he aquí que también iba Sadoc, y con él todos los levitas que llevaban el arca del pacto de Dios. Ellos asentaron el arca de Dios, hasta que todo el pueblo terminó de salir de la ciudad. Entonces subió Abiatar.

2 Samuel 15:23, 24

Sadoc y Abiatar son los siguientes dos árboles que le sirven de cobijo a David. Estos dos hombres son levitas, y vienen cargando con el arca del testimonio. Bajan el pesado y sagrado arcón, miran a David y le dicen: "¿Que a dónde vamos? Vamos contigo, David. Hemos estado contigo todo el tiempo."

Estos hombres son sacerdotes, representantes de Dios que ministran en la casa del Señor.

> El rey dijo a Sadoc: Haz volver el arca de Dios a la ciudad; pues si hallo gracia ante los ojos de Jehovah, él me hará volver y me permitirá ver el arca y su morada. Pero si dice: "No me agradas, heme aquí; que él haga de mí lo que le parezca bien."
>
> 2 Samuel 15:25, 26

¡Qué espíritu tan dócil y humilde el de David! Esa es la manera de capear la tempestad de las consecuencias: "Señor, si tú decides poner fin a mis días, no hay ningún problema. Pero si, en vez de eso, quieres utilizarme, eso me haría muy feliz. Pero suceda lo que suceda, dejo mi futuro en tus manos."

No puedo dejar de decir una vez más que, por su obediencia, David revela ser un hombre conforme al corazón de Dios. Sabe que el arca no le pertenece a él, y por puro respeto lo deja todo a disposición del Señor.

> David revela una correcta comprensión de la conexión que hay entre el arca y la presencia de Dios con su pueblo. Sabe que la posesión del arca no garantiza la bendición divina... También reconoce que el arca le pertenece a la ciudad capital como símbolo del gobierno de Dios sobre la nación... no importa quien sea el rey. David confiesa que no tiene derecho exclusivo al trono y que el divino Rey de Israel tiene la libertad de conferirle el reino a quien él quiera.

"Regresen el arca a la ciudad", dice a sus amigos Sadoc y Abiatar. "Regresen, a ustedes los necesitan allá."

Esto es exactamente lo que hacen, por respeto a David, sin discutir, ni ofrecer resistencia. Estaban para ayudar a David, a pesar de todo. Si eso significaba regresar, así sería.

> Regresa en paz a la ciudad, y regresen con vosotros vuestros dos hijos... Mirad, yo me detendré en las llanuras del desierto, hasta que venga palabra de parte de vosotros para informarme. Entonces Sadoc y Abiatar devolvieron el arca de Dios a Jerusalén, y se quedaron allí.
>
> 2 Samuel 15:27-29

En su excelente librito titulado *Skilful Hands, A Biography of David* (Manos diestras. Una biografía de David), Raymond Brown escribe acerca de este momento:

> Su deber en ese momento era obedecer las instrucciones del rey y confiar en su juicio. Significaba que iban a una vida de penurias, inseguridad, privaciones, sufrimientos y posiblemente a la muerte, pero *ellos estarían con el rey*, y eso les bastaba.

Algunas veces, cuando estemos realmente atravesando momentos de necesidad, contaremos con unos pocos amigos que nos dirán: "Haré lo que desees; cuenta conmigo."

Ellos son los Sadocs y los Abiatares de su vida. Nadie sabrá jamás de ellos, pero se tomarán la molestia de ayudarlo. Estarán con usted en la línea del frente donde las cosas no serán color de rosa, protegiéndolo de los disparos y descargas, animándolo con su sola presencia a su lado. Puede ser en perjuicio de ellos mismos; puede que reciban una paliza de los que se han vuelto contra usted... pero allí están, en su esquina del cuadrilátero. Esos son amigos de verdad.

> Pero David subió la cuesta del monte de los Olivos; la subió llorando, con la cabeza cubierta y los pies descalzos. También todo el pueblo que estaba con él cubrió cada uno su cabeza, y lloraban mientras subían.
>
> 2 Samuel 15:30

Imagínese lo que sería eso. El poderoso rey de Israel está descalzo, con la cabeza cubierta y llorando, mientras sube por el monte de los Olivos. Y todos los que lo acompañan están inundados en lágrimas. Es un espectáculo digno de lástima... pero realista.

> Sucedió que cuando David llegó a la cumbre del monte donde se solía adorar a Dios, he aquí que Husai el arquita le salió al encuentro, con sus vestiduras rasgadas y tierra sobre su cabeza.
>
> 2 Samuel 15:32

¿Quién es Husai? Bueno, el versículo 37 lo llama "amigo

de David". Eso es todo lo que dice. El cuarto amigo que cobija
a David es Husai el arquita.

Cuando se encuentra con David, las vestiduras del hombre están rasgadas y su cabeza cubierta de polvo. Eso es lo
que la gente hacía en ese tiempo para expresar la bancarrota
total. Esa es la razón por la que Husai se rompió las vestiduras y se puso polvo sobre la cabeza. Es como si estuviera diciendo: "No me queda nada. Estoy liquidado. Estoy en la bancarrota." Para Husai, estas eran las marcas de su sentimiento de compasión por David. Y éste lo nota de inmediato.

A veces, cuando el dolor es muy grande y uno ha llegado a
la última casa, se acerca nuestro Husai... y nos envuelve con
su presencia. Ese abrazo amoroso y callado lo dice todo. Allí
está esa persona, para estar con nosotros. Nada de sermones.
Nada de grandes mensajes de esperanza ni de versículos de la
Biblia. Es posible que ni siquiera ore. Pero ese abrazo lo dice
todo.

Por eso, David le da a este leal amigo una tarea muy importante. "Husai, si vienes conmigo, serás una carga", le dice
David con sinceridad. "Pero si regresas a la ciudad, me puedes
ser de gran ayuda."

> Pero si vuelves a la ciudad y le dices a Absalón: "Oh rey,
> yo seré tu siervo; como he sido siervo de tu padre en el
> pasado, así seré ahora siervo tuyo", entonces tú frustrarás
> a mi favor el consejo de Ajitofel.
>
> 2 Samuel 15:34

Posiblemente usted estará pensando: *¿Quién diantres es
Ajitofel?* Bueno, él es ahora el consejero de Absalón, que voluntariamente se ha unido a la banda de conspiradores. Por
tanto, lo que David está diciendo es: "Husai, tú puedes ayudarme mucho siendo mi espía en el terreno de Absalón. Serás
el canal de comunicación desde su cuartel general. Al declarar
le tu lealtad a él, estarás allí para encontrar la manera de que
el trono se vuelva contra él."

Este es David, el perfecto estratega militar, quien en medio de toda su desgracia, sigue siendo capaz de diseñar una
estrategia con inteligencia. Lo que predijo fue exactamente lo
que ocurrió.

En realidad, se formó toda una línea de comunicación que

llevó al derrocamiento de Absalón: Husai, Sadoc, Abiatar, una joven anónima que llevó un mensaje, Jonatán, Ajimaas, una mujer no identificada que escondió a dos mensajeros, y por último, el recadero que le llevó el mensaje a David. Estos son los amigos de David de quienes nunca oímos hablar porque son pocos los que se toman la molestia de estudiar esta parte de la vida. Pero a la hora de la verdad, fueron ellos los que estuvieron junto a él en la última casa, unidos alrededor de su amigo David. ¡Que el Señor bendiga a estos desconocidos!

El cuarto grupo de árboles que cobijaron a David fueron Sobi, Maquir y Barzilai, unos "don nadie" que se convirtieron en "alguien" en el círculo de David.

> Y aconteció que cuando David llegó a Majanaim, Sobi hijo de Najas... Maquir hijo de Amiel... y Barzilai el galadita... trajeron camas, tazas, vasijas de barro, trigo, cebada, harina, grano tostado, habas, lentejas, miel, mantequilla, ovejas y queso de vaca, y los presentaron a David y al pueblo que estaba con él, para que comiesen. Porque pensaron: "La gente está hambrienta, cansada y sedienta en el desierto."
>
> 2 Samuel 17:27-29

"David llegó a Majanaim." Si usted consulta su concordancia, encontrará la primera mención de Majanaim en Génesis 32:2. Es el nombre que dio Jacob al lugar donde los ángeles vinieron a ministrarle. Siglos después, David está quién sabe dónde. De manera que Majanaim y los ángeles se le presentan en forma de tres hombres que le dan toda la comida y las provisiones que necesita en el desierto.

Cuando estamos hambrientos, cansados y sedientos en el desierto, quien viene en nuestro auxilio, es un amigo de verdad. Ni siquiera tenemos que pedírselo. Cuando tenemos un amigo así, él sabrá cuando tenemos hambre; sabrá cuando tenemos sed; sabrá cuando estemos cansados. Lo hermoso en cuanto a los amigos que dan cobijo es que no hace falta decirles lo que hay que hacer... hacen lo práctico. Simplemente lo hacen. Esto es fe en acción. Este es el cristianismo que actúa en el momento que se necesita.

Sobi, de los hijos de Amnón, pudo haber dicho: "David ha combatido a mi pueblo, y ha sido muy cruel. De ninguna ma-

nera le voy a dar siquiera un pedacito de pan."
En cuanto a Maquir, era el hijo de Amiel de Lo-debar. ¿Se acuerda de Lo-debar? Allí fue donde vivió Mefiboset, el hijo minusválido de Jonatán. Cuando Mefiboset huyó para salvar su vida, después de la muerte de su padre y de su abuelo, terminó por fin en medio del desierto (*Lo-debar* significa "nada de pastizal", ¿recuerda?). Y Maquir fue el hombre que lo amparó en su casa. Maquir fue un hombre que se ocupaba de ayudar a las personas cuando enfrentaban una necesidad. Por tanto, pudo haber pensado: "Yo ya cumplí con mi responsabilidad; he cumplido con mi deber. (¡Odio estas palabras!) David va a tener que ocuparse de él mismo."

Luego está Barzilai. Si usted lee lo que se dice de él más adelante, descubrirá que tiene ochenta años de edad. El pudo haber dicho: "Ya estoy jubilado. Estoy viejo... y cumplí mis años de servicios. Que alguien más joven lo haga." Pero él no dijo eso.

Por el contrario, Sobi, Maquir y Barzilai se pusieron de acuerdo voluntariamente, trabajaron duro, cargaron todo lo que se les ocurrió y salieron para ayudar a David, su amigo que estaba teniendo una necesidad. ¡Qué hombres tan grandes! Sin remuneración, sin aplausos, sin dárselas de importantes; sólo amigos fieles hasta el fin.

Todos los amigos de David, los mejores, le extendieron la mano cuando los necesitó. Ninguno de ellos tenía una carta bajo la manga, esperando tener después influencia política. Estuvieron a su lado para ayudarlo en sus necesidades materiales y emocionales.

Poco después de una espantosa serie de acontecimientos, David se entera de que su rebelde hijo Absalón ha muerto, *asesinado*. Esto sucedió antes de que tuviera la oportunidad de que se aclararan varios conflictos no resueltos entre padre e hijo... antes de que él y su hijo se sentaran a arreglar sus diferencias. Antes de que David pudiera decirle cuánto sentía haber estado tan ocupado, tan preocupado por otras cosas, y por haber sido tan descuidado como padre. ¡Bum! La noticia de la muerte de Absalón lo deja estupefacto, y el mundo se derrumba a su alrededor. Vemos su aflicción y escuchamos su angustia en una de las escenas más conmovedoras de toda la Biblia. Léala despacio y con sentimiento. Rezuma dolor... el dolor de un padre que tiene el corazón destrozado:

El rey se estremeció. Subió a la sala que estaba encima de la puerta y lloró. Decía mientras subía: ¡Hijo mío Absalón! ¡Hijo mío, hijo mío Absalón! ¡Quién me diera que yo muriese en tu lugar, Absalón, hijo mío, hijo mío!

2 Samuel 18:33

Muy pronto, David tuvo necesidad de un amigo. El recuerdo de su pasado de fracaso lo abruma. Los sentimientos de culpa se apoderan de él. No podía superar su dolor. Estaba atrapado por la vorágine emocional que lo paralizaba.

A veces, eso es lo que nos produce la congoja. Es como si uno estuviera en un calabozo y alguien le echa llave a la puerta desde afuera, y uno no puede salir. Uno lo intenta lo mejor que puede (a veces hasta fingiéndolo), pero sigue estando allí. Y de repente, un amigo halla la forma de trepar e introducirse. *Un amigo como Joab.*

Se informó a Joab: "He aquí que el rey llora y hace duelo por Absalón." Aquel día la victoria se convirtió en duelo para todo el pueblo, porque aquel día el pueblo había oído decir: "El rey siente dolor por su hijo."

2 Samuel 19:1, 2

El pueblo veía la muerte de Absalón como la salvación enviada por Dios: "¡Dios se encargó de Absalón! Ahora, David, vuelve al trono donde debes estar. Dios le ha reivindicado. Esta es su oportunidad."

Pero David estaba tan absorbido por su sufrimiento personal en el calabozo que se hallaba, donde había tanta oscuridad y tanta soledad, que no podía asimilar aquello. Estaba solo, perdido en el mar agitado de tormento que le producía el agobio de su culpa. No tenía a nadie cerca que le dijera: "¡Vamos, David, *recupérate!* Se necesita tu liderazgo."

Es en este punto que Joab interviene muy enérgicamente y lo confronta. De no haberlo hecho así, David ni siquiera lo habría escuchado:

El rey cubrió su cara y clamó en alta voz:
—¡Hijo mío Absalón! ¡Absalón, hijo mío, hijo mío!
Joab entró en la casa del rey y le dijo:
—Hoy has avergonzado la cara de todos tus servidores

que hoy han librado tu vida y la vida de tus hijos y de tus hijas, la vida de tus mujeres y la vida de tus concubinas; pues amas a los que te aborrecen y aborreces a los que te aman. Porque has revelado que a ti nada te importan tus oficiales ni tus servidores. Ciertamente ahora sé que si Absalón viviera, aunque todos nosotros estuviésemos muertos, entonces estarías contento. Ahora pues, levántate, sal y habla bondadosamente a tus servidores. Porque juro por Jehovah que si no sales, ni un solo hombre quedará contigo esta noche; y esto será peor para ti que todos los males que te han sobrevenido desde tu juventud hasta ahora.

2 Samuel 19:4-7

¿Qué está haciendo Joab? ¡Está siendo un verdadero amigo! Está hablando la verdad en amor: "Vamos, David, levántate, tienes que sobreponerte a esta tristeza. Aquí hay personas que han arriesgado sus vidas por lealtad a ti. Han creído en ti y te han defendido. Ya te has compadecido de ti bastante tiempo, David. ¡Es posible que tengas el corazón destrozado, pero sigues siendo el rey de Israel y tienes una responsabilidad que cumplir!"

Joab era amigo de David, y se preocupó lo suficiente como para confrontarlo. Se interesó lo suficiente como para decirle la verdad y para que evitara empeorar lo que ya había sido hecho, cometiendo un error aun mayor. Tenemos que reconocer aquí la actitud de David, ya que, aunque lo dominaba la congoja, supo escuchar.... y le hizo caso a su amigo.

Entonces el rey se levantó y se sentó a la puerta. Se anunció a todo el pueblo diciendo: "He aquí el rey está sentado a la puerta de la ciudad." Y todo el pueblo se presentó ante el rey.

2 Samuel 19:8

La puerta de la ciudad era donde el rey o los líderes iban para escuchar a la gente, aplicar justicia, aconsejar y reunirse con el pueblo. Por tanto, cuando David fue a la puerta, el pueblo sabía que había vuelto al liderazgo. La amistad cobijadora de Joab, así como la de los demás que lo habían ministrado antes que él, habían ayudado a David a levantarse cuando tocó fondo.

LA VERDAD EN CUANTO A
LOS AMIGOS VERDADEROS

La amistad es, sin duda alguna, un árbol de cobijo. Es en la amistad donde encontramos las manos de Dios ministrando, alentando, dando y apoyando a través de héroes de la fe relativamente desconocidos... "don nadies" como Itai el geteo, Sadoc, Abiatar, Husai, Sobi, Maquir, Barzilai y Joab.

Quizás le sorprenda saber, como me sorprendió a mí, que las palabras *amigos, amistosamente, y amistad* aparecen más de un centenar de veces en la Biblia. Dios habla mucho acerca de los amigos. Al leer estos versículos y pensar en lo que es la verdadera amistad, creo que todo se reduce a cuatro cosas:

Primera: *Los amigos no son opcionales; son esenciales.* No hay nada que sustituya a un amigo, que es alguien que se preocupa, que escucha, que siente, que consuela y que, ¿por qué no? de vez en cuando reprende. Los verdaderos amigos son los que nos hacen mejores.

Segunda: *Los amigos no son automáticos; deben ser cultivados.* La Biblia dice: "El hombre que tiene amigos ha de mostrarse amigo" (Prov. 18:24, Reina-Valera 1960). Samuel Johnson escribió: "Uno debe ocuparse de sus amigos todo el tiempo." Al igual que con los árboles, los amigos necesitan ser cultivados.

Tercera: *Los amigos no son personas neutrales; ellos impactan nuestras vidas.* Si sus amigos tienen una vida digna, lo estimularán a ser una mejor persona. Si sus amigos tienen un estilo de vida vergonzoso, lo conducirán por la misma senda o por algo peor. La Biblia dice: "No os dejéis engañar: 'Las malas compañías corrompen las buenas costumbres.' " (1 Cor. 15:33). Por tal motivo, escoja a sus amigos con cuidado y sabiduría. Los chismosos buscan a los chismosos, y los malos se juntan con los malos. ¿Quiere ser sabio? Escoja, entonces, amigos sabios.

Cuarta: *Las amistades son de diversos grados, y algunas de ellas juegan en nuestras vidas un papel más importante que otras.* Tenemos muchos conocidos, algunos amigos casuales, varios amigos allegados, y unos pocos amigos íntimos.

Los conocidos son personas con las que tenemos contactos espasmódicos y comunicación superficial. Con los conocidos tenemos sólo un trato insustancial. "¿Cómo se siente? ¡Bien, muy bien! ¡Magnífico!" (En verdad no me siento bien, pero no puedo decírselo porque es sólo un conocido.)

Los amigos casuales son aquellos con los que tenemos más contacto, con quienes tenemos intereses comunes, y con quienes quizás tenemos conversaciones más específicas. De vez en cuando buscamos la opinión de los que son amigos casuales, aunque siempre hay una distancia entre nosotros.

Los amigos íntimos son las personas con las que tenemos metas similares en la vida y con quienes dialogamos sobre asuntos difíciles. Con ellos hacemos proyectos juntos, practicamos el deporte juntos, hacemos vida social juntos y, a veces, hasta tomamos vacaciones juntos.

Los amigos íntimos son las pocas personas con las cuales tenemos contacto regular y una relación profunda. Con estas personas, no sólo somos abiertos y vulnerables, sino que además esperamos con impaciencia su consejo. Los amigos íntimos tienen tanto la libertad de criticarnos y de corregirnos, como de abrazarnos y estimularnos, porque hemos establecido con ellos confianza y comprensión mutuas.

Todos estos niveles de amistad son importantes, pero el más importante es, por supuesto, el último. Aquellos que no tienen amigos íntimos son las personas más solitarias del mundo. Todos necesitamos por lo menos a una persona con la cual ser abiertos y honestos; todos necesitamos por lo menos una persona que nos ofrezca el cobijo del apoyo y del estímulo y, ¿por qué no? hasta que nos diga verdades duras y nos confronte. ¡Arboles de cobijo, todas ellas!

Gracias a Dios, David tuvo un pequeño bosque de amigos. El resultado fue que ellos lo ayudaron a superar los días más difíciles y más solitarios de su vida.

¿Y usted? Si los tiene, comuníquese con ellos y disfrute de su cobijo. Si no los tiene, el momento es oportuno para que agarre una pala y siembre unos pocos. Jamás lo lamentará.

Si no, pregúnteselo a David.

Capítulo veintiuno

SUFICIENTEMENTE GRANDE COMO PARA PERDONAR

Al hacer este exhaustivo periplo por la vida de David, no quiero darle a usted sólo geografía y genealogía. Mi deseo no es que se salga lleno de hechos cronológicos y geográficos. Mi esperanza es lograr que vea a David como una persona real y que luego vea las comparaciones y oportunidades en su propia vida, para que pueda comenzar a imitar las cualidades que hicieron de él un hombre conforme al corazón de Dios.

Una de esas cualidades fue su *espíritu perdonador*. Esta virtud es, al mismo tiempo, una de las más difíciles de adquirir. En realidad, en vez de perdonar totalmente a alguien, la mayoría de nosotros opta por una de estas tres respuestas.

En vez de dar un perdón completo, ofrecemos un perdón *condicional*: "Te perdonaré *si*...", o "Te perdonaré *tan pronto como*..."; "Si cambias y corriges lo hecho, te perdonaré", o "Si reconoces tu parte del problema, entonces te perdonaré". Eso es lo que se llama un perdón condicional. Es un perdón que dice: "Estoy esperando como un tigre meneando amenazadoramente la cola. Da tú el primer paso, y yo decidiré si debo alejarme o si me abalanzo sobre ti y te clavo los dientes."

El segundo tipo de perdón que es menos que perfecto, es el

perdón *parcial*. "Te perdono, pero no esperes que lo olvide." O "Te perdono, pero no quiero verte más". O "Te perdonaré con tal de que eso no vuelva a suceder". Hay muchas personas que están dispuestas a perdonar... si de esa manera no vuelven a ver jamás a quienes han perdonado.

La tercera respuesta es el perdón *demorado*. "Te perdonaré, pero dame tiempo. Algún día te perdonaré." Esta es la reacción común de alguien que ha sido herido profundamente... y que ha alimentado esa herida año tras año.

La mayoría de nosotros preferiríamos condenar antes que perdonar. Si alguien "nos hizo algo", preferimos verlo retorcerse de dolor en vez de verlo sonreír de alivio.

Sin embargo, el perdón no es algo que sólo tiene que ver con la otra persona; también tiene que ver con nosotros. Cuando no somos perdonadores, eso tiene efectos perjudiciales sobre nuestra vida. Primero que todo, se produce un *agravio*. Si no hay perdón después del agravio, comienza a surgir el *resentimiento*. Si no hay perdón después del resentimiento, aparece el *odio*. El odio prolongado lleva al *rencor*. Y éste, por último, se convierte en *venganza*.

Confieso que varios años atrás no habría podido escribir este capítulo, porque no había aceptado estas cosas en mi vida. Gracias al Señor, desde que él me ayudó a enfrentarlas, puedo decir con honestidad que no conozco a ninguna persona a la cual no haya perdonado, y lo escribo sin ningún sentimiento de orgullo. ¿Quién soy yo para jactarme, habiendo alimentado un espíritu no perdonador durante tanto tiempo?

Digo esto con gratitud y alivio. Lo digo con sincera humildad para animarlo a usted a saber que esto puede suceder. Permítame ahora avanzar un paso más. A pesar de que no siento ningún resentimiento contra nadie, todavía lucho regularmente con este problema. Todas las semanas, me parece, tengo que enfrentar el no dejar que ningún agravio persista y que me lleve de nuevo a sentir resentimiento. Tengo que luchar con esto a nivel del agravio, porque de lo contrario me convertiré en una persona arruinada. Si no lo hiciera, antes de que me percatara estaría buscando vengarme.

UN EJEMPLO DE PERDON ABSOLUTO

Veamos este perdón en la vida de David. Este es un magnífico momento para hacerlo, porque estamos en un punto donde la vida de David ha caído en un punto bajo. Como vimos en el capítulo anterior, nunca había estado tan bajo. Esto pudiera compararse con el período antes de ascender al trono, cuando Saúl lo perseguía y se hallaba muy desanimado.

David pecó con Betsabé y eso desencadenó una reacción en cadena. Natán le dijo: "Tu hijo morirá", y así fue. "Tus esposas serán utilizadas públicamente", y así sucedió. "Tus hijos se volverán contra ti", y eso fue lo que ocurrió. Su hijo Absalón conspiró contra él y usurpó el trono. Ahora Absalón se encuentra gobernando como el rey, y David está huyendo. Está en su punto más bajo. Ha tocado fondo.

Pudo muy bien haber sido en este momento de su vida que escribió estas palabras:

> Pacientemente esperé a Jehovah,
> y él se inclinó a mí y oyó mi clamor.
> Y me hizo subir del pozo de la desesperación,
> del lodo cenagoso.
> Puso mis pies sobre una roca y afirmó mis pasos...
> Porque me han rodeado males incontables;
> me han alcanzado mis iniquidades,
> y no puedo levantar la vista.
> Son más numerosos que los cabellos de mi cabeza,
> y mi corazón me ha fallado.
>
> Salmo 40:1, 2, 12

David estaba en el "pozo de la deseperación". ¿Se ha sentido usted alguna vez así? Por supuesto que sí. Y en ese momento de desesperación, con los sentimientos de culpa que lo oprimen, en el pozo de los pensamientos de autodesprecio, un hombre llamado Simei sale de no se sabe dónde para hacerle mayor su infelicidad. Vimos algunos de los "árboles de cobijo" de David en el capítulo anterior, pero Simei no es un árbol de cobijo. Para decirlo sin rodeos, es un asno que le gusta dar patadas a alguien que se encuentra en el suelo. Alexander Whyte lo llama "un reptil de la casa real de Saúl".

Al llegar el rey David a Bajurim, he aquí que salió de allí un hombre de la familia de la casa de Saúl, que se llamaba Simei hijo de Gera. Mientras salía, iba maldiciendo y arrojando piedras a David y a todos los servidores del rey David; pero todo el pueblo y todos los hombres valientes estaban a su derecha y a su izquierda. Simei decía maldiciéndole: "¡Fuera, fuera, hombre sanguinario y hombre perverso! Jehovah ha hecho recaer sobre ti toda la sangre de la casa de Saúl, en cuyo lugar has reinado. Pero Jehovah ha entregado el reino en mano de tu hijo Absalón, y he aquí que estás en desgracia, porque eres un hombre sanguinario."

2 Samuel 16:5-8

La versión *La Biblia al Día* dice:

¡Largo de aquí, asesino, sanguinario! ¡Jehová te está pagando por haber asesinado a Saúl y a toda su familia [eso era una mentira]! ¡Tú le quitaste el trono [otra mentira] y ahora Jehová se lo ha dado a tu hijo Absalón [esta es la tercera mentira, porque el Señor nunca le dio el trono al hijo de David; Absalón se apoderó del trono]! ¡Por fin probarás tu propia medicina, asesino!

Simei era un verdadero depravado, el tipo de persona que nos patea cuando estamos vencidos y sin fuerzas. Cuando uno está en lo último, en el foso más profundo viene un Simei, y ¡bum! Nos da un golpe bajo, y cuando nos retorcemos de dolor, asesta otro golpe.

Luego se presenta alguien para defender a David:

Entonces Abisai, hijo de Sarvia, preguntó al rey: ¿Por qué ha de maldecir este perro muerto a mi señor el rey? ¡Por favor, déjame pasar, y le cortaré la cabeza!

2 Samuel 16:9

Esa es una buena estrategia directa, diría yo. "¡Déjamelo a mí. Le cortaré el pescuezo de un solo golpe!" Usted siempre tendrá alguien que dirá cosas como ésa. "Oye, tú no tienes que hacer eso. Déjame ocuparme de él. ¡Soy bueno para esto! Tú tienes tus derechos. Defiéndete. No te dejes pisotear. ¡Demanda a ese tipo!" (¿No le suena familiar?)

Simei ha venido a David en un momento de adversidad. No sólo le ha lanzado piedras y lo ha maldecido, sino que también mintió tres veces en su ataque personal. El comportamiento de Simei fue muy ruin. David no había hecho nada para merecer este ataque público y, sin embargo, lo ha recibido. David tiene ahora una alternativa: Puede sentirse ofendido y resentido, y vengarse de este hombre, o no hacerlo.

> Pero el rey respondió: ¿Qué tengo yo con vosotros, hijos de Sarvia?
>
> 2 Samuel 16:10

David tuvo que decir eso unas cuantas veces en su vida. Los hijos de Sarvia tenían malas pulgas. Estaban siempre dispuestos a pelear. Pero David se niega a tomar represalias. Permanece calmado y no le permite al quebradizo fusible de Simei que cause una explosión. Haciendo un ademán con la mano, David responde:

> ¿Qué tengo yo con vosotros, hijos de Sarvia? Que maldiga; porque si Jehovah le ha dicho: "Maldice a David", ¿quién le dirá: "¿Por qué haces esto?"... Quizás Jehovah mirará mi aflicción, y me concederá Jehovah bienestar a cambio de sus maldiciones del día de hoy.
>
> 2 Samuel 16:10, 12

¿Ve la situación? ¡Es un caso estupendo de estudio en cuanto al dominio propio! David está en el suelo, y se presenta Simei para darle puntapiés. Pero en de vez defenderse, David dice: "Esto es de parte del Señor." No se ofende en ningún momento, ni toma el ataque como algo personal. ¡Ni siquiera gritó! ¿Cómo lo logró?

Teniendo un corazón blando y una piel dura. Eso es lo que se necesita, simple y llanamente. No una piel tan sensible que el más leve pinchazo pueda herirla, sino una piel realmente dura, como la de un rinoceronte, capaz de recibir pinchazos y más pinchazos. Permítame decirle que si usted espera ser utilizado por Dios, *necesita esa clase de piel*. ¡Tenga por seguro que los Simeis abundan por docenas! Las personas que tienen éxito son las que tienen la capacidad de pasar por alto toda clase de comentarios hirientes de los demás. Si usted camina entre espinas, tiene que tener botas gruesas. Nadie que camina descalzo en medio de las espinas... llegará lejos. Si usted ha sido llamado al liderazgo, donde tiene que tratar con personas, tiene que estar cubierto de una coraza, porque de lo contrario está condenado al fracaso.

Eso no significa tener una piel dura para con Dios. Significa que debe tener un revestimiento que lo proteja contra las flechas y piedras de personas como Simei. Si no le ha sucedido todavía, no pasará mucho tiempo sin que se encuentre con un Simei. Es sólo cuestión de tiempo. Tales "reptiles" proliferan. Usted tendrá que decidir: ¿Me voy a sentir ofendido o no? ¿Soy lo suficientemente grande como para perdonar... o me reduciré a su tamaño y le devolveré las piedras con mi honda?

Adelantémonos ahora un poco en el relato. Ha transcurrido el tiempo y Absalón ha muerto. Aunque esto no es lo que David quería, el hecho ha sacado a Absalón del trono y el pueblo ha vuelto a David como su líder, y atraviesan el Jordán llevando consigo los enseres de la familia otra vez a Jerusalén para ver al rey legítimo restaurado a su trono. Es un día de gloria. David ha ascendido del nivel más bajo a la cumbre, y se regocija al ser entronizado una vez más como rey.

Como era de esperarse, se presenta de nuevo Simei:

> También Simei hijo de Gera, de Benjamín, que era de Bajurim, se dio prisa para ir con los hombres de Judá a recibir al rey David. Con él venían 1.000 hombres de Benjamín. Asimismo vino Siba, criado de la casa de Saúl, y con él sus quince hijos y sus veinte siervos, los cuales se apresuraron a llegar al Jordán delante del rey. Y cruzaron el vado para ayudar a pasar a la familia del rey y para hacer lo que a él le pareciera bien. Entonces Simei hijo de Gera se postró ante el rey, cuando éste iba a cruzar el Jordán, y dijo al rey: Que mi Señor no me impute iniquidad, ni se acuerde del mal que hizo tu siervo el día en que mi Señor el rey salió de Jerusalén. Que el rey no lo guarde en su corazón, porque yo, tu siervo, reconozco haber pecado, y he aquí que he venido hoy, el primero de toda la casa de José para descender al encuentro de mi señor el rey.
>
> 2 Samuel 19:16-20

Simei dijo las palabras más difíciles del idioma: "Reconozco haber pecado." Estas palabras deben haberle recordado algo a David. No hacía muchos años que él las había dicho ante Natán. Perdonar resulta más fácil cuando recordamos las veces que nosotros mismos caímos y fuimos perdonados.

Antes de que veamos la respuesta de David a esto, miremos el otro lado de la ecuación y pensemos en las veces que pudimos haber estado en los zapatos de Simei. Las reacciones de este hombre son reales y humanas. Sabemos que es así, porque todos hemos sentido experiencias parecidas, ¿no es verdad? Hemos hecho o dicho algo que pudo haber ofendido fácilmente a otra persona. Ahora sabemos que lo que hicimos fue malo, y sabemos que la otra persona está ofendida. Nos corresponde, entonces, dar el primer paso y arreglar el asunto, pero es duro, ¿no es así? Y es aun más duro cuando sabemos que estábamos totalmente equivocados. Pues bien, tal es la situación en la que se encuentra Simei en esta escena.

Volvamos de nuevo a la actitud de David en este asunto. Después de lo que le había dicho Simei un tiempo atrás, él pudo haber sido indiferente a su confesión. Pudo haberlo ignorado. Hay personas que habrían hecho eso... que se habrían limitado a pasar a su lado con indiferencia.

George Bernard Shaw escribió estas sanas palabras: "El peor pecado contra nuestros semejantes no es odiarlos, sino ser indiferentes con ellos: esa es la esencia de la crueldad..."

La indiferencia no es, de ninguna manera, falta de perdón. La indiferencia es IRA controlada.

Simei está, pues, tendido sobre la tierra, delante de David, diciendo: "Reconozco haber pecado." Lo que en realidad dice es: "¿Quieres perdonarme, por favor?"

Intervino Abisai, hijo de Sarvia, y dijo: Por esto, ¿no ha de morir Simei, ya que maldijo al ungido de Jehovah?

2 Samuel 19:21

Abisai no le está diciendo a David que ignore a Simei. Lo que dice es: "Ni hablar, David. Te pateó cuando estabas en el suelo. Patéalo tú, ahora, y dale bien duro. Liquídalo, es un desgraciado." Pero David le responde:

¿Qué hay entre mí y vosotros, hijos de Sarvia, para que me seáis adversarios? ¿Habrá de morir hoy alguno en Israel? ¿No sé yo que hoy soy rey sobre Israel? Entonces el rey dijo a Simei: No morirás. Y el rey se lo juró.

2 Samuel 19:22, 23

¡En Abisai encontramos otro "hijo de Sarvia" listo para

estallar! Pero David no se deja llevar por su consejo, de la misma manera que no se dejó llevar por los insultos que una vez había recibido de Simei. ¡Qué admirable y misericordioso control el que demuestra David! Su fortaleza y su capacidad de perdonar son un hermoso ejemplo para nosotros.

¿Cómo podía perdonar a un "reptil" como Simei? Bueno, ante todo *mantuvo claro su enfoque vertical*. "Señor, tú y yo podemos manejar esto. Encárgate tú del agravio; tú sabes mejor que nadie cómo hacerlo." He encontrado una gran fortaleza cuando llevo cualquier agravio inmediatamente al Señor, digo: inmediatamente. Hay algo muy estabilizador en tener una perspectiva vertical en cualquier situación, antes de buscar cualquier consejo horizontal.

En segundo lugar, David *estaba muy consciente de su propio fracaso*. Quien ha sido perdonado y humillado, es buen perdonador. David sabía muy bien lo que significa ser un pecador. Sabía lo que significaba ser perdonado por el Señor. Sabía el dolor que produce el haber hecho algo malo... conocía la sensación de limpieza —el alivio y la sensación de haberse quitado una carga— que viene después del arrepentimiento y el perdón. Esos meses horribles, cuando se humilló delante de su Dios, hicieron madurar a David y lo convirtieron en una persona misericordiosa. Estar bien consciente de su propios defectos le había enseñado a tener mucha paciencia con las faltas de los demás.

A los orgullosos les cuesta mucho perdonar. Quienes nunca han reconocido sus propias faltas, tienen mucha dificultad en comprender y perdonar el fracaso de los demás.

Si queremos desarrollar un espíritu de perdón en nuestra vida, si queremos poner en práctica el perdón, necesitamos hacer varias cosas.

BUENOS CONSEJOS PARA AYUDARNOS A PERDONAR

En primer lugar, *debemos cultivar una piel más gruesa,* un amortiguador que aguante los golpes que debamos soportar, y para esto necesitamos pedir la ayuda de Dios: "Señor, ayúdame a no ser tan sensible, tan susceptible. Padre, quita de mí esta mentalidad de porcelana y dale profundidad a mi vida. Enduréceme la piel. Calma mis reacciones. Hazme paciente con los que tienen una lengua muy impetuosa. Hazme como Cristo."

Esto nos ayudará a mantener nuestra sensación de equilibrio, de tal manera que el más ligero empujón no nos hará tambalear y caer y podremos recuperarnos cualquiera que sea la cosa que nos golpee.

En segundo lugar, *podemos tratar de entender al ofensor.* Para esto se necesita mucha gracia, pero, repito, Dios es un Dios de gracia. Trate de ver más allá del agravio y ver al niñito dentro de ese hombre que lo está atacando... o a esa niñita dentro de la mujer que está contraatacando. Trate de descubrir qué hay detrás de sus palabras o de su conducta ofensiva. ¡Se sorprenderá de lo útil que puede ser eso! ¡Quién sabe! Es posible que David haya visto un rastro de su viejo yo inmaduro en Simei al ver venir silbando esas piedras.

Muchas veces, hacemos más complicadas las cosas de lo que en realidad son. Es posible que nuestros críticos hayan estado reservando sus ofensas y hayan escogido este momento para utilizarnos como un saco de arena para golpearnos. Es posible que esa persona haya tenido un mal día. Que alguien le haya gritado en su trabajo. Después, cuando llega a su casa, le grita a su señora. Luego, ésta se enoja con uno de los niños, y el niño sale y le da una patada al gato. Este, por su parte, pasa después la noche al acecho, ¡tratando de encontrar a una inocente criatura a la cual hincarle los dientes! Esa es la clase de reacción en cadena que se produce cuando no mantenemos la calma y cuando no actuamos honesta y misericordiosamente con los demás. No estoy diciendo que sea fácil hacerlo, ni sugerir que se logra sin ninguna dificultad. Pero ninguna de las dos actitudes es imposible. Ponernos en los zapatos de la otra persona muchas veces nos ayuda a objetivar su reacción. Esto fue lo que hizo nuestro Salvador cuando colgaba de la cruz, quien miró a sus acusadores y oró diciendo: "Padre, perdónalos, porque no saben lo que hacen" (Luc. 23: 34). Con esas solas palabras, comprendemos cómo veía el Señor a sus enemigos.

En tercer lugar, *debemos recordar las ocasiones de nuestra propia vida cuando necesitamos perdón y luego aplicar la misma emoción.* Todos, en una ocasión o en otra, hemos hecho o dicho algo tonto o exagerado u ofensivo, y hemos necesitado del perdón de alguien. Esto sucede entre amigos, en familias, en el trabajo, en la escuela, y ¿por qué no? hasta en la iglesia. Debemos ser francos en cuanto a ésto, nadie está por encima del fastidio de nuestra condición humana. Cuando éste se apodera de nosotros, podemos ser tan desagradables, detestables e intratables como cualquiera otra persona. Yo oro todo el tiempo por tener esta clase de autenticidad: "Manténme auténtico, Señor. Quita esta falsa y mentirosa célula de mi organismo. Manténme genuino y sincero." En cuarto lugar, *necesitamos verbalizar nuestro perdón*. Dígalo, no se limite a pensarlo. Las palabras de perdón y misericordia verbalizadas son maravillosamente terapéuticas para el ofensor, no importa lo grande o lo pequeña que puede haber sido la ofensa. El manifestar oralmente nuestros sentimientos echa fuera todas las dudas. Stuart Briscoe escribió:

> Hace algunos años entró muy turbada a mi oficina una mujer elegantemente vestida. Le había hecho una promesa al Señor unos días atrás, pero me había pedido que la atendiera porque algo la estaba preocupando. Me contó una desagradable historia en cuanto a una aventura amorosa que había tenido con uno de los amigos de su esposo. ¡Luego insistió que él debía saberlo, y que yo debiera decírselo! ¡Aquello era una nueva experiencia para mí!
>
> Después de discutirlo un poco con la mujer, llamé al esposo. Cuando éste llegó a mi estudio, le conté lo que había sucedido. Su reacción fue digna de admiración. Volviéndose hacia su llorosa y atemorizada esposa, le dijo: "Te amo y te perdono. Hagamos borrón y cuenta nueva."
>
> Muchas cosas tenían que arreglarse y muchas heridas tenían que cicatrizar, pero su respuesta de perdón, hecha posible por su comprensión del perdón de Dios, se convirtió en la base de un nuevo gozo y de una nueva vida.

Nuestra típica respuesta humana ante el agravio es hacer todo lo que no debemos hacer: Quedarnos en silencio, guardar resentimiento, animosidad, indiferencia, y hasta urdir la manera de maniobrar y manipular para poner en una situación vulnerable al que nos causó el agravio, y así poder retorcerle el cuchillo verbal una vez que se lo hayamos hundido. Nada de esto le agrada al Señor... ¡ni sirve de nada!

Poder cultivar un espíritu perdonador es un problema muy real con el que luchamos todos nosotros. Necesitamos tener un corazón lleno de perdón y de gracia en nuestras relaciones en la familia, en nuestro trabajo, en la escuela y, sin duda alguna, en nuestras relaciones en la iglesia. Necesitamos ponerle pies a la esperanza que hay dentro de nosotros. En su libro titulado *You Can Win with Love* (Usted puede ganar con el amor), Dale Galloway cuenta una experiencia acerca de John D. Rockefeller. Como es lógico, Rockefeller era un hombre que exigía un buen desempeño de los ejecutivos de su empresa. Un día, uno de esos ejecutivos cometió un error que le costó dos millones de dólares a la compañía.

El serio error cometido por este hombre se supo inmediatamente a nivel de los ejecutivos, y éstos comenzaron a rehuirle. Evitaban incluso hablar con el jefe por temor a su reacción.

A uno de ellos, sin embargo, no le quedó otra alternativa, ya que tenía una cita con el jefe. Por lo tanto, enderezó los hombros, se apretó el cinturón y entró a la oficina de Rockefeller.

Mientras se acercaba al escritorio del monarca petrolero, Rockefeller levantó la vista del papel en el que estaba escribiendo.

—Imagino que se habrá enterado del error de dos millones cometido por nuestro colega —dijo abruptamente.

—Sí —dijo el ejecutivo, esperando una explosión.

—Bien, he estado sentado aquí haciendo una lista de todas las buenas cualidades de nuestro amigo, y he descubierto que en el pasado, él nos permitió ganar muchas más veces la cantidad que nos ha hecho perder hoy por su error. Sus puntos positivos sobrepasan con creces su error humano. Por eso, pienso que debemos perdonarlo, ¿no lo cree?

Ya se trate de un error de dos millones de dólares, o de un comentario irreflexivo, necesitamos reaccionar con gracia y perdón absoluto, a semejanza de Cristo. A igual que David, necesitamos tener un corazón sensible y una piel gruesa; necesitamos tener un enfoque vertical... y necesitamos tener clara conciencia de nuestros propios fracasos y de nuestra necesidad de ser perdonados.

Capítulo veintidós

UN CANTO DE TRIUNFO

La larga sombra de los años y de las presiones están comenzando a notarse en el rostro de David. Ha vivido la vida al máximo y ha experimentado tanto las alturas como las profundidades. Ha llegado a lo que podríamos llamar sus años crepusculares. Había tenido que confiar en Dios en las circunstancias más difíciles, pero parece como si últimamente hubieran ocurrido cosas que lo habían mantenido de rodillas. Mucho antes de ser rey, David había sido un trovador, y en 2 Samuel 22 hallamos lo que estoy convencido de que fue el último canto de su vida. Hubo tres grandes acontecimientos en la vida de David que le proporcionaron el tema de este cántico.

Había experimentado la angustia y el dolor de la muerte de su hijo Absalón. El segundo golpe que lo puso de rodillas fue la hambruna de tres años que cayó sobre la nación, añadiendo desastre al apocamiento. Por último, entraron de nuevo en guerra contra sus enemigos.

Aconteció que hubo otra batalla de los filisteos contra Israel. David descendió con sus servidores y combatieron contra los filisteos, y David quedó extenuado.

2 Samuel 21:15

Me imagino cómo se sentiría. Después de todo por lo que había pasado, ¿no se sentiría extenuado? Era demasiado para un ser humano: La pérdida de un hijo, el sufrimiento causado por el hambre, la fatiga de la batalla. Eso quebranta a cualquiera. Así pues, el fatigado David levanta sus manos a Dios y le expresa sus sentimientos con un salmo, que abarca en 2 Samuel 22 más de 50 versículos. Pero el tono no es lo que uno pudiera esperar, dadas sus circunstancias. No es una endecha triste y sombría, sino un salmo de alabanza que ese talentoso y envejecido músico le "dirigió a Jehovah" (22:1).

Estos eran tiempos difíciles para David: Tiempos de violencia (v. 3), días cuando "torrentes de perversidad me aterrorizaron" (v. 5), días de calamidad cuando se vio rodeado de enemigos aterradores y de rivales poderosos (vv. 18, 19). Pero de todos ellos los había librado el Señor, como testifica David en este salmo.

UNA VIDA... CUATRO TEMAS

David hace un resumen de su vida en cuatro temas, en cuatro expresiones que se abren paso a través de este salmo de alabanza. Estos son, entonces, los temas de la totalidad de la vida de David.

Tema 1: Cuando los tiempos se vuelven difíciles, Dios es nuestra única seguridad (vv. 2-20).

> Jehovah es mi roca, mi fortaleza y mi libertador...
> El es mi escudo, el poder de mi liberación,
> mi baluarte, mi refugio y mi salvador...
>
> 2 Samuel 22:2, 3

Cada una de estas expresiones poéticas tiene un significado único y poderoso en el que David describe al Señor como un Padre celestial firme: "Los tiempos son duros. He perdido a mi hijo, y estoy perdiendo a mi nación. Mi ejército está en confusión, y mi tierra y mi pueblo deben enfrentar una vez más la guerra con los filisteos que nos están atacando. Pero, a pesar de todo, veo que el Señor continúa siendo un escudo, mi fortaleza y mi refugio."

Perciba lo que David está describiendo en las palabras que siguen:

En mi angustia invoqué a Jehovah;
invoqué a mi Dios.
El oyó mi voz desde su templo,
y mi clamor llegó a sus oídos.

2 Samuel 22:7

Para él, Dios no era una Deidad distante, ocupada sólo con otras galaxias o interesado apenas en el cambio de las estaciones. ¡Su Dios escuchaba su voz! ¡Ese clamor gutural llegaba a sus oídos! Observe ahora cómo Dios se involucra en el movimiento del salmo de David:

Mi clamor llegó a sus oídos.
La tierra se estremeció y tembló;
se conmovieron los cimientos de los cielos.
Se estremecieron, porque él se airó.
Humo subió de su nariz;
de su boca salió fuego consumidor,
y carbones encendidos saltaban de él.
Inclinó los cielos y descendió;
una densa oscuridad había debajo de sus pies.
Cabalgó sobre un querubín y voló;
se remontó sobre las alas del viento.
Puso tinieblas alrededor de sí como su morada,
oscuridad de aguas y densas nubes.

2 Samuel 22:7-12

¿Qué está haciendo Dios? Respondiendo a ese clamor. Está trayendo lluvia. Está respondiendo al llamado de ayuda en la sequedad y en el hambre.

Por el resplandor de su presencia
se encendieron carbones de fuego.
Jehovah tronó desde los cielos;
el Altísimo dio su voz.
Envió flechas y los dispersó;
arrojó relámpagos y los desconcertó.
A la represión de Jehovah,
por el soplo del aliento de su nariz,
se hicieron visibles los lechos del mar,
y se descubrieron los cimientos del mundo.
Envió desde lo alto y me tomó;

> me sacó de las aguas caudalosas.
> Me libró de mi poderoso enemigo
> y de los que me aborrecían,
> pues eran más fuertes que yo.
> Se enfrentaron a mí el día de mi desgracia...
>
> 2 Samuel 22:13-19

¿No es así como actúa el enemigo? Cuando David está exhausto y abatido, el aborrecible enemigo lo asalta y lo trata cruelmente, sin piedad, sin sensibilidad. Pero, con ternura, el Señor le da alivio y socorro.

> Pero Jehovah fue mi apoyo.
> El me sacó a un lugar espacioso;
> me libró, porque se agradó de mí.
>
> 2 Samuel 22:19, 20

¿No es grandioso? ¡Absolutamente fantástico! No tenemos ningún problema en creer en la realidad de las calamidades, de los enemigos poderosos, de la aflicción, de la muerte, de la destrucción y de la violencia, pero en esos momentos qué difícil nos resulta creer que el Señor se agrada de nosotros. Sin embargo, sí se agrada. En esto consiste todo el mensaje de la gracia. El Señor envía a sus ángeles de esperanza, portadores de su invencible ayuda, porque se agrada de nosotros. Siente nuestro dolor; lo siente profundamente. Aunque nos neguemos a creerlo, es cierto: él se agrada de nosotros. Créalo, hermano... *¡créalo!*

¿Está viviendo tiempos difíciles? ¿Se han amontonado los problemas sobre usted? Cuando los tiempos son duros, el Señor es la única seguridad. David nos asegura en su salmo que el Señor se agrada de nosotros. El ve y se interesa por lo que está sucediendo en nuestra vida, en este mismo momento.

El Señor es nuestro apoyo. El es nuestra seguridad en tiempos de dificultad. Nos rescata porque se agrada de nosotros. ¡Qué aliento nos produce saber esto mientras soportamos el agotamiento de la batalla! El canto de triunfo de David empieza con este tema olvidado. Doy gracias porque él nos lo recuerda.

Tema 2: Cuando nuestros días son oscuros, el Señor es nuestra única luz (vv. 21-31).

Ciertamente tú eres mi lámpara, oh Jehovah;
Jehovah ilumina mis tinieblas.

2 Samuel 22:29

Esto me recuerda una escena de los días de mi niñez. Cuando era un chiquillo, mi padre y yo solíamos ir a pescar al Golfo de México. Llevábamos una linterna en una mano y una lanza en forma de arpón en la otra, al caminar, con el agua hasta las rodillas, en las aguas poco profundas de la costa. Al avanzar, movíamos la linterna a uno y otro lado buscando la suave arena donde se ubicaban los lenguados que se acercaban a la costa en las tardes para alimentarse con los camarones y las salmonetas. La pequeña linterna nos proporcionaba luz suficiente para localizar al pez en la arena que había debajo del agua... y también la luz suficiente para ver unos pocos metros de distancia más adelante mientras caminábamos a través del agua. En realidad, era toda la luz que necesitábamos. Penetraba la oscuridad lo suficiente como para poder ver donde podíamos caminar, pero no más allá de eso.

Lo mismo puede decirse de la luz que recibimos de Dios. A veces, luchamos por mantenernos a flote, tratando de mirar lo más lejos posible en la oscuridad que tenemos por delante. Pero el Señor nos proporciona sólo la luz suficiente para que podamos dar el paso siguiente. Eso es lo único que nos da y, en verdad, eso es lo único que necesitamos.

Las conmovedoras, pero edificantes palabras de Charles Allen, resultan apropiadas aquí:

Cuando una persona de repente se ve sola, muchas veces la asalta el pánico y el temor. Recuerdo claramente cuando mi madre me dijo, después de la muerte de mi padre: "No podré seguir viviendo sin él. Dependía de él para todo." Mi madre lo creía, pero sí pudo seguir viviendo sin él. De hecho, vivió veinticinco años maravillosos después de la muerte de mi padre. Recuerdo que una de las cosas que incomodaban a mi madre era el hecho de no saber conducir un automóvil, pero aprendió que podía vivir sin manejar un coche. Creo que los años más creativos de mi madre fueron los años cuando se vio obligada a depender de sí misma. Tenía sus momentos de ansiedad, pero en algún momento de su vida aprendió la verdad del viejo dicho en inglés: "La vida vivida a zancadas es difícil, pero vivida a pasos cortos es fácil."

Eso es lo que David está diciendo en este salmo: "Tú eres mi lámpara, Señor, y me dejas ver lo suficiente para permitirme dar el paso siguiente; eso es todo lo que me das, pero es suficiente. Tú eres Aquel que ilumina mi oscuridad."
Observe lo que dice en el versículo 30:

Contigo desbarataré ejércitos;
con mi Dios asaltaré murrallas.

"Puedo ver el camino, Señor. Puedo vencer las dificultades porque tú eres la lámpara que me da dirección."

¿Recuerda las alentadoras palabras de ese otro salmo de luz, el Salmo 27? "Jehovah es mi luz y mi salvación." En realidad, podemos leer esta última palabra como librador o libertador, ya que son la mismísima palabra. "Jehovah es mi luz y mi libertador; ¿de quién temeré? Jehovah es la fortaleza de mi vida; ¿de quién me he de atemorizar?" Sigue después hablando de las diversas experiencias y circunstancias en las cuales el Señor da salvación, al punto de decir: "Aunque mi padre y mi madre me dejen, con todo, Jehovah me recogerá" (Sal. 27:10). Es cierto; el Señor ilumina nuestro camino mucho mejor que nuestros padres. La luz del Señor da dirección y también salvación. Por tanto, ¿por qué he de temer?

Todos tenemos nuestros temores particulares: Temor al fracaso; temor a lo desconocido; temor a las alturas; temor al desastre económico; temor a las enfermedades; temor a la muerte. Piense en lo que sea, y tendrá temor. Pero Dios nos promete librarnos de todos nuestros temores... y por eso es lógico creer que podemos tener descanso en él. El Señor nos protege si nos refugiamos en él. ¡Qué canción tan maravillosa de esperanza!

Probada es la palabra de Jehovah.
El es escudo a los que en él se refugian.
                                                    2 Samuel 22:31

Tema 3: Cuando nuestro andar es débil, el Señor es nuestra fortaleza (vv. 32-40)

Porque, ¿quién es Dios fuera de Jehovah?
¿Quién es nuestra Roca fuera de nuestro Dios?
Dios es el que me ciñe de vigor...

2 Samuel 22:32, 33

Es evidente que David no se está describiendo a sí mismo como fuerte. Estaba exhausto por la batalla, ¿recuerda? El está diciendo: "El Señor es mi fortaleza."

Hace que mis pies sean ágiles como los del venado,
y me mantiene firme sobre mis alturas.
Adiestra mis manos para la batalla;
así mis brazos pueden tensar el arco de bronce.

2 Samuel 22:34, 35

¡Eso es fuerza, hermanos y amigos! Podemos enfrentar cualquier cosa que la vida nos depare si nuestras fuerzas tienen su fuente en Dios.

Me has dado el escudo de tu salvación;
tu condescendencia me ha engrandecido.

2 Samuel 22:36

David describe luego con palabras muy gráficas los casos específicos de debilidad en los cuales el Señor da fortaleza. Cuando los tiempos son difíciles, el Señor nos mantiene a flote. Cuando los días son oscuros, el Señor es la luz. Cuando nuestro andar es débil, el Señor es nuestra fortaleza.

El apóstol Pablo nos recuerda lo mismo en 2 Corintios 12:

Y para que no me exalte desmedidamente por la grandeza de las revelaciones, me ha sido dado un aguijón en la carne, un mensajero de Satanás, que me abofetee para que no me enaltezca demasiado. En cuanto a esto, tres veces he rogado al Señor que lo quite de mí; y me ha dicho: "Bástate mi gracia, porque mi poder se perfecciona en tu debilidad." Por tanto, de buena gana me gloriaré más bien en mis debilidades, para que habite en mí el poder de Cristo. Por eso me complazco en las debilidades, afrentas, necesidades, persecuciones y angustias por la causa de Cristo; porque cuando soy débil, entonces soy fuerte.

2 Corintios 12:7-10

Ese es el secreto: "El gran poder de Dios se perfecciona en nuestra debilidad absoluta. MI poder se muestra mejor cuando TU eres débil." Sin embargo, ¿no resulta difícil poner eso en acción? Queremos ser fuertes, pero el principio en la vida cristiana es que Dios nunca es tan fuerte en su trabajo como cuando reconocemos nuestra debilidad. Cuando llegamos al final de la cuerda, él se presenta y nos muestra lo fuerte que es. "Tu condescendencia me ha engrandecido", dice el versículo 36, en el canto de triunfo de David. Esa es la verdad. Cuando los días son difíciles, el Señor es nuestra única seguridad. Cuando los días son oscuros, el Señor es nuestra única luz. Cuando nuestro andar es débil, el Señor es nuestra única fuerza.

Tema 4: Cuando nuestro futuro es confuso o borroso, el Señor es nuestra única esperanza (vv. 50, 51). Veamos la manera como David termina su canción con broche de oro:

Por eso te confesaré entre las naciones, oh Jehovah,
y cantaré salmos a tu nombre.

2 Samuel 22:50

A pesar de todo lo que tuvo que vivir, David no está amargado ni resentido. ¡Qué hombre tan extraordinario! Llegó al fin de sus días con un canto en sus labios, sin amargos rezongos ni remordimientos en su corazón. ¿Por qué razón? Porque,

El [Dios] engrandece las victorias de su rey
y muestra misericordias a su ungido:
A David y a sus descendientes, para siempre.

2 Samuel 22:51

He notado que a medida que envejecemos y los años comienzan a amontonarse, el futuro se nos vuelve más importante que el presente. Cuando llegamos a las décadas de los 50 y de los 60, empezamos a preguntarnos cómo serán nuestras décadas de los 70 y de los 80, si es que llegamos a esa edad. David nos promete en este salmo, tanto por experiencia como por la fe, que el Señor mostrará misericordia a su ungido y que también se ocupará de sus descendientes para siempre. Esa es una visión llena de esperanza —nuestra única esperanza— porque el Señor es nuestra sola fuente de esperanza segura.

Hace varios años, mi hermana Luci me dio un libro que atesoro... y en la primera página escribió estas palabras de un viejo poema, palabras que memoricé de inmediato y que nunca he olvidado:

¿A quién tengo Señor? Sólo te tengo a ti,
para satisfacer la sed que hay en mi ser.
Eres fuente perenne, inagotable,
que el agua libre das,
mientras que los demás arroyos
todos secos están.

He observado que nosotros, los cristianos, muchas veces tenemos problemas para creer que Dios es nuestra única esperanza, nuestra única luz y nuestra única fuerza, porque somos muy inclinados a acudir primero a todo lo demás. Dependemos automáticamente de todo, menos del Señor. Pero él sigue esperándonos, esperando pacientemente para mostrar su poder.

Dios es nuestra luz y nuestra salvación; ¿a quién temeremos? El escucha nuestro clamor. Nos saca del horrible abismo; coloca nuestros pies sobre la roca y afirma nuestro andar. El demuestra ser fuerte en nuestra debilidad, imparte luz en nuestra oscuridad, convierte en esperanza nuestra incertidumbre y en seguridad nuestra confusión. El es el Centro de nuestras vidas. Gracias, David, por dejarnos este recordatorio en tu última canción de triunfo. Pero más que eso, gracias, Señor, por estar siempre con nosotros durante toda la vida... sin fallarnos jamás... sin hacernos sentir nunca que somos unos necios por ser débiles ante ti.

¿A quién tenemos, Señor, sino a ti?

Capítulo veintitrés

CUANDO LOS PIADOSOS ACTUAN COMO NECIOS

La sola edad no es garantía de madurez ni de libertad del error. Tal como le dijo Elihú a Job: "No son los mayores los sabios, ni los viejos los que disciernen lo justo" (Job 32:9).

J. Oswald Sanders tiene en su libro *Liderazgo espiritual*, un capítulo llamado "El costo del liderazgo", en el cual dice lo siguiente:

> Nadie debe aspirar a ser un líder en la obra de Dios si no está preparado para pagar un precio mayor que el que estarían dispuestos a pagar sus contemporáneos y colegas. El verdadero liderazgo exige siempre un alto costo al hombre en su totalidad, y cuanto más eficiente sea el liderazgo, mayor el precio que se deberá pagar.

Cuando un líder espiritual se desvía de las cosas de Dios, las consecuencias son por lo general devastadoras y tienen consecuencias de largo alcance. Cuando hombres y mujeres que parecen ser ejemplos del mensaje de Cristo abandonan ese mensaje, ya sea por sus acciones o por lo que sale de sus labios, dejan una estela de destrucción en el cuerpo de Cristo.

Sería maravilloso si pudiera decir que con el paso de los años automáticamente nos volvemos mejores, o que cuanto más caminemos con el Señor más inmunes estaremos del pecado. Pero ese no es, sin embargo, el caso. JAMAS estaremos a salvo de la tentación del pecado. Muchas veces los que sufren las caídas más aparatosas son los que más tiempo han andado con el Señor. No será hasta que estemos "con el Señor" que seremos lo que tenemos que ser. Eso de que podemos estar más allá de la tentación del pecado, es algo que no existe.

En Samuel 24 (y en su pasaje paralelo de 1 Crónicas 21), tenemos un vívido relato de un trágico ejemplo de esto, cuando David, en los últimos años de su vida, cometió un pecado que afecto a miles de vidas. Es probable que este hecho tuviera lugar inmediatamente después de una guerra entre Israel y sus ancestrales enemigos, los filisteos. Es interesante ver como aquí hallamos un paralelo entre la última batalla de David (o una de sus últimas batallas) y su primera batalla. Ambas fueron con los filisteos, y en ambas están involucrados gigantes. David mató a Goliat en esa primera batalla: en esta última, un hermano de Goliat es muerto, como también otros que son llamados "los descendientes de los gigantes de Gat".

EXPLICACION DE UNA PESIMA DECISION

David fue vencedor en su primera batalla, y también lo fue en esta última. Sin embargo, después de la batalla y de la victoria, David se vuelve vulnerable. Como dijimos antes en este libro, nos volvemos más vulnerables inmediatamente después de una victoria. Es allí cuando Satanás pone la trampa. Veamos lo que le sucedió al rey David:

Volvió a encenderse el furor de Jehovah contra Israel, e incitó a David contra ellos, diciendo: "Vé y haz un censo de Israel y de Judá."

2 Samuel 24:1

Dios estaba airado contra Israel. No sabemos exactamente por qué estaba enojado contra la nación, pero cualquiera que haya sido la razón, también lo estaba David. Contrariado y fastidiado, ordenó: "Vé y cuenta a Israel y a Judá."

El rey dijo a Joab, jefe del ejército, que estaba con él: Por favor, recorre todas las tribus de Israel, desde Dan hasta Beerseba, y haz el censo del pueblo, para que yo sepa el número de la gente.

2 Samuel 24:2

David dijo: "Quiero saber cuántos habitantes tenemos en este país." Hay eruditos bíblicos que dicen que su motivación era saber cuán numeroso era su ejército. En otras palabras, su motivo no declarado era el orgullo. Quería saber cuán poderoso era, en realidad, su país; cuán vasto era su reino; y cuán impresionante su ejército.

En este momento recibió un sabio consejo que, lamentablemente, desdeñó.

Pero Joab respondió al rey: ¡Que Jehovah tu Dios añada al pueblo cien veces más, y que mi Señor el rey lo vea! Sin embargo, ¿para qué quiere esto mi señor el rey?

2 Samuel 24:3

Esta era una manera cordial de decirle: "Oh, David, espero que Dios multiplique la nación de Israel cien veces durante todos los años de tu vida, pero ¿por qué insistes en hacer esto?"

Al hacer la pregunta, Joab le dio un sabio consejo, pero David no lo captó. O si lo hizo, su respuesta no fue revelada. Parece haber hecho valer su autoridad, y le dijo a Joab: "Haz lo que te dije."

En 1 Crónicas 21, aprendemos más en cuanto a esta decisión.

Satanás se levantó contra Israel e incitó a David a que hiciese un censo de Israel.

1 Crónicas 21:1

Esta es una afirmación misteriosa: Que el Enemigo fue directamente responsable de poner en la mente de David este avieso pensamiento. Sin embargo, no nos sorprende, ya que sabemos que la verdadera batalla por nuestras vidas se produce en la mente. Cuando el apóstol Pablo se refirió a la actividad de Satanás, dijo: "No ignoramos sus maquinaciones"

(2 Cor. 2:11, Reina-Valera Rev. 1977) La palabra griega traducida como "maquinaciones" tiene su raíz en la palabra "mente". La paráfrasis pudiera ser: "No ignoramos su habilidad para meterse en nuestras mentes y dirigir nuestros pensamientos."

Eso fue exactamente lo que le sucedió a David. Satanás le incitó en su pensamiento íntimo, diciéndole: "¿Por qué no censas esta gente? Veamos lo grande que es tu reino. ¿Por qué no haces un inventario de lo grande que ha llegado a ser tu país?"

Joab le advirtió que no lo hiciera, pero "la palabra del rey prevaleció" (1 Crón. 21:4). Esto da a entender que pudo haber algo de discusión entre los dos hombres, pero que David se impuso; es que los reyes siempre le ganan a los generales.

David había alcanzado una posición tan indisputada como rey de Israel, que a nadie daba explicaciones de sus actos. Podía hacer todo lo que venía en gana, prácticamente sin ninguna oposición. Aun tratándose de alguien como Joab, que era el general jefe de todo su ejército, David podía decirle: "Simplemente, hazlo." Tuviera o no razón, su palabra era la que se cumplía. Necesito repetir aquí algo que ya he dicho antes: Vivir sin tener que responder a nadie por nuestros actos es peligroso, no importa la posición que tengamos. Es algo muy incierto; pero así sucedía con David.

Si usted se encuentra en la precaria posición de tener una autoridad incuestionada, tenga mucho cuidado. En realidad, yo le aconsejo que elija a un pequeño grupo de personas de confianza a quienes pueda, voluntariamente, dar cuenta de sus actos. El liderazgo desbocado y sin límites es peligroso. Son muy pocas las personas que pueden ejercerlo bien, ni siquiera, en el caso, del anciano y piadoso rey llamado David. Su decisión de censar al pueblo lo revela. De hecho, esta decisión revela un par de debilidades en la vida de David en esos momentos.

La primera debilidad es que *David había perdido la sintonía con Dios*. No vemos que David estuviera orando, buscando la dirección divina, o escudriñando las Escrituras antes de tomar esta decisión. Simplemente, decidió hacerlo. La segunda debilidad es que *David no le rendía cuentas a nadie a su alrededor*, lo cual era un descuido peligroso.

Pero miremos lo que sigue después de la pecaminosa decisión de David.

LA ILUSTRACION DE UNA CONCIENCIA MOLESTA

> Pero después que levantó el censo, la conciencia de David comenzó a molestarle...
>
> 2 Samuel 24:10 (*La Biblia al Día*)

Es por esto que David era un hombre conforme al corazón de Dios. No era perfecto, pero hasta el día de su muerte tuvo un corazón sensible para Dios. "La conciencia comenzó a molestarle." La palabra hebrea es *nakah*, y es una palabra fuerte. Significa "ser atacado, ser agredido". En ocasiones es utilizada para referirse a una ciudad cuando era destruida. Implica la idea de ser desgarrado o mutilado. En otras palabras, David tenía la sensación en lo más profundo de su ser de que había hecho lo malo ante los ojos de Dios.

Cuando eso sucede, estamos en el camino de la restauración. Pero hay muchos santos testarudos que a sabiendas se adelantan a la voluntad de Dios sólo para correr más aprisa, negándose a escuchar la conciencia molesta en su interior. Lamentablemente, los que detentan más poder son muchas veces los que menos escuchan esa voz interior y angustiosa.

Pero David era un hombre muy sensible. Cuando recibió las cifras del censo hecho por Joab, comenzó a estudiar el informe. Al hacerlo, quizás el Señor le recordó el consejo original de Joab, y su pregunta comenzó a preocuparlo: *¿Por qué hice esto?* Cuanto más lo pensaba, más sonora era la respuesta que palpitaba en su cerebro. *La única razón fue mi propio orgullo.*

¿Ha sido usted alguna vez inquietado por algo en su andar espiritual? Si ha sido así, ¿qué ha hecho al respecto? ¿Lo ha ignorado y ha seguido andando en la misma dirección? ¿O dio un frenazo y dijo: "¡Estaba equivocado! Dios me esta llamando a cuentas ahora, y sé lo que él quiere que haga."

La conciencia de David le estaba molestando después de haber censado al pueblo, y una vez más encontramos al hombre diciendo esas difíciles palabras:

> He pecado gravemente al haber hecho esto. Pero ahora, oh Jehovah, quita, por favor, el pecado de tu siervo, porque he actuado muy neciamente.
>
> 2 Samuel 24:10

Al volver de nuevo a 1 Crónicas, tenemos más detalles del asunto:

> Este mandato también era malo a los ojos de Dios, quien hirió a Israel.
>
> 1 Crónicas 21:7

Sospecho que fue esto lo que comenzó a inquietar la mente de David. Cuando hemos hecho algo malo y comenzamos a ver los estragos que acarrea nuestro pecado, no podemos estar tranquilos —no por lo menos por mucho tiempo— si es que somos sensibles a la voz de Dios en nosotros.

> He pecado gravemente al haber hecho esto. Pero ahora, quita, por favor, el pecado de tu siervo, porque he actuado muy neciamente.
>
> 1 Crónicas 21:8

Eso fue muy honesto de su parte, ¿no le parece? "He pecado... he actuado muy neciamente."

Después de esta sincera confesión, David tiene que tomar una decisión. Esta es una de las partes más raras de la Biblia. Hasta donde sé, es la única vez en las Sagradas Escrituras que se le da a una persona la oportunidad de escoger las consecuencias de haber actuado mal. Dios le da a David estas tres alternativas:

> Entonces Jehovah habló a Gad, vidente de David [uno de los profetas que había en el trono de David], diciéndole: Vé y di a David que así ha dicho Jehovah: "Tres cosas te propongo; escoge para ti una de ellas, y yo te la haré." Entonces Gad fue a David y le dijo: "Así ha dicho Jehovah: Elige para ti tres años de hambre; o ser derrotado durante tres meses ante tus adversarios y que la espada de tus enemigos te alcance; o tres días la espada de Jehovah, es decir, que haya epidemia en el país y el ángel de Jehovah cause destrucción en todo el territorio de Israel." Ahora pues, mira qué he de responder al que me ha enviado.
>
> 1 Crónicas 21:9-12

Terrible, ¿verdad? Cualquiera de las tres cosas era espantosa. ¡Pero qué recordatorio tan claro para nosotros! Uno no peca sin levantar olas y eso trae consecuencias! Aun si David elegía los tres días, como lo hizo, sería un acontecimiento que jamás olvidaría.

¡Qué disuasivo contra el pecado sería si, antes de cometer el hecho, se nos diera un vislumbre de su impacto, de la tristeza y de la pena que causará a los demás... el costo de lo que habrá que pagar. No me sorprende en absoluto que David le dijera a Gad: "Estoy muy angustiado" (2 Sam. 24:14).

David estaba "muy angustiado". La palabra utilizada aquí es *tsarar*, que significa "estar inmovilizado, confinado, paralizado". Tenía el estómago paralizado y revuelto. Diríamos que tenía nudos en el estómago. (Todos nosotros nos hemos sentido así; todos hemos dicho esas palabras.) David escuchó este mensaje, y la tremenda culpa que sintió en su interior fue casi más de lo que pudo soportar.

> Estoy muy angustiado. Por favor, caiga yo en mano de Jehovah, porque grande es su misericordia. Y no caiga yo en mano de los hombres.
>
> 1 Crónicas 21:13

Fue una elección sabia. Si usted quiere gracia, caiga en las manos de Dios. Si quiere juicio, caiga en manos de los seres humanos. David sabía eso, e hizo la mejor elección. "Caeré tres días bajo la mano del Señor", dice David. Pero aun eso era horrible de soportar. Las palabras de Oswald Sanders que cité al comienzo de este capítulo me vienen a la mente al llegar a este punto. Este era el "gran precio" que había que pagar... sólo que en este caso fueron quienes estaban bajo el liderazgo de David los que tuvieron que pagar el precio. ¡Qué despreciable debió haberse sentido David, sabiendo que su falta había causado el dolor y la desgracia de ellos!

Sobreviene una escena al ver David el movimiento de la guadaña del Señor a través de la tierra de Israel, tronchando las vidas de las personas, una tras otra. Es casi más de lo que puede soportar: Ver la destrucción producto de su acción irresponsable.

Así que Jehovah envió una epidemia a Israel, desde aque-

lla mañana hasta el tiempo señalado, y murieron 70.000
hombres del pueblo, desde Dan hasta Beerseba.

2 Samuel 24:15

Luego Dios envía a un ángel para destruir a Jerusalén.
Piense en esto: Dios va a destruir la ciudad capital, la ciudad
de David.

Pero cuando iba a destruirla, Jehovah miró y cambió de
parecer acerca de aquel mal. Y dijo al ángel que destruía:
"Basta ya..."

1 Crónicas 21:15

Al ver David al ángel de la muerte arrasando al país,

... alzó sus ojos y vio al ángel de Jehovah que estaba entre
el cielo y la tierra, con una espada desenvainada en su
mano, extendida sobre Jerusalén. David y los ancianos se
postraron sobre sus rostros, cubiertos de cilicio. Y David
dijo a Dios: ¿No soy yo el que hizo contar al pueblo? Yo soy
el que ha pecado, y en verdad he actuado mal. Pero estas
ovejas, ¿que han hecho? Oh, Jehovah, Dios mío, por favor,
sea tu mano contra mí y contra mi casa paterna, pero no
haya epidemia en tu pueblo.

1 Crónicas 21:16, 17

La paga del pecado es terrible. Los que han sido criados en
la iglesia lo han escuchado tanto tiempo y tan a menudo, que
ya no les causa mucha impresión. ¡Pero debiera! Como alguien lo ha expresado elocuentemente:

El pecado no sirve como jardinero del alma. Altera los con-
tornos del alma hasta que todo lo que es hermoso, se convierte en feo; hasta que todo lo que es noble, se convierte
en ruin; hasta que todo lo que es prometedor, ya no sirve
para nada. Después la vida es como un desierto: infecun-
do y reseco. Empobrecido de propósito; apagado de felicidad. El pecado, por tanto, no es sabio, sino ruinoso. No es
una entrada, sino sólo una tumba.

David ve el pago hasta el último centavo exigido por el
pecado. Ve su fealdad, su devastación, su horror. Es un hom-

bre deshecho que está enfrentando la responsabilidad de su propia iniquidad, y se entrega a la misericordia de Dios.

Pero el Señor tiene un plan. Quiere que David levante un recordatorio que jamás debía ser olvidado.

> Entonces el ángel de Jehovah ordenó a Gad decir a David que subiera y erigiera un altar a Jehovah en la era de Ornán el jebuseo.
>
> 1 Crónicas 21:18

Es sorprendente lo obediente que se vuelve uno después de sufrir las terribles consecuencias del pecado. No hay vacilación, ni siquiera una pregunta. David habría ido a cualquier lugar o hecho cualquier cosa que le ordenara Dios.

> David subió, conforme a la palabra que Gad le había hablado en nombre de Jehovah. Ornán se volvió y vio al ángel, y sus cuatro hijos que estaban con él se escondieron. Ornán estaba trillando trigo. Cuando David llegó hasta Ornán, éste miró y vio a David, y saliendo de la era se postró ante David con el rostro en tierra.
>
> 1 Crónicas 21:19-21

El pecado de David no era del conocimiento público. Ornán seguía viendo al rey como un hombre de Dios. Esa es una parte peligrosa del liderazgo espiritual. La gente piensa sólo lo mejor... ponen a los líderes en un pedestal y le atribuyen siempre todo lo bueno. David pudo haberse aprovechado de esta oferta, pero conocía demasiado bien el lado oscuro de su vida, y porque seguía siendo, a pesar de todo por lo que había pasado, un hombre conforme al corazón de Dios.

Para que tengamos una descripción completa de este encuentro, volvamos atrás y veamos el pasaje paralelo que se encuentra en 2 Samuel:

> David subió, conforme a la palabra de Gad que Jehovah le había mandado. Arauna [otra traducción del nombre Ornán] miró y vio al rey y a sus servidores que venían hacia él. Arauna salió y se postró ante el rey con el rostro en tierra. Y Arauna preguntó: ¿Por qué viene mi señor el rey a su siervo? David respondió: Para comprarte la era y edifi-

car un altar a Jehovah, a fin de que cese la epidemia en el
pueblo. Arauna respondió a David: Tómela y ofrezca mi
Señor el rey lo que le parezca bien. Mira los bueyes para
el holocausto, y los trillos y yugos de los bueyes para leña.
Todo, oh rey, se lo da Arauna al rey...

2 Samuel 24:19-23

Arauna no estaba al tanto de la pecaminosidad de la vida
del rey. Con pueril inocencia, se siente honrado de permitirle
al rey tomar cualquier cosa de su propiedad. ¡Qué confianza...
qué respeto! ¡Cómo debe haberle dolido a David escuchar esas
palabras! Deshecho, sabiendo la horrible verdad de su vida,
por la gracia de Dios, es capaz de no ceder y rechazar la oferta de Arauna [Ornán].

Pero el rey respondió a Arauna: No, sino que por su precio
lo compraré, porque no ofreceré a Jehovah mi Dios holocaustos que no me cuesten nada. Entonces David compró
la era y los bueyes por 50 siclos.

2 Samuel 24:24

David dice: "No puedo tomar como un obsequio lo que me
ofreces, sino que te pagaré por ello." Entonces David compra
la tierra y los bueyes, y construye allí el altar que Dios le
había ordenado que levantara.

David edificó allí un altar a Jehovah, y ofreció holocaustos
y sacrificios de paz. Así Jehovah atendió las súplicas en
favor de la tierra, y cesó la epidemia en Israel.

2 Samuel 24:25

Jehovah habló al ángel, y éste volvió su espada a la vaina.

1 Crónicas 21:27

La obediencia de David significó el fin del azote. El castigo había terminado. ¡Qué alivio saber que el ángel había
puesto de nuevo la espada en la vaina! El olor de la ofrenda
de David era una dulce fragancia en el cielo, y el Señor deter-
minó que el castigo había sido suficiente. ¡Qué gracia tan
grande!

LA APLICACION PARA NOSOTROS HOY

Alguien podría decir en cuanto a todo esto: "¿Cómo puede Dios hacer tal cosa?" Francamente, yo digo lo contrario: "¿Cómo puede Dios parar lo que hace, sabiendo lo que merecemos?" No merecemos *ninguno* de sus beneficios que recibimos; todos ellos son bendiciones producto de su gracia maravillosa. Si los pecadores recibiéramos lo que realmente "merecemos", sólo recibiríamos el infierno.

Aunque la espada había vuelto otra vez a su vaina, hubo 70.000 nuevas tumbas en Israel, 70.000 familias enlutadas cuyas vidas fueron afectadas por la claudicación de David ante el orgullo. ¡Todo líder espiritual debiera leer esta historia una vez al año!

La experiencia de David nos ofrece tres advertencias:

1. *Vivir una vida sin responsabilidad moral ante los demás es coquetear con el peligro.* La responsabilidad moral es una de las cosas que Dios usa para mantener la pureza de su pueblo. Todos necesitamos dar cuenta de nuestros actos a alguien. Si David hubiera escuchado a Joab, jamás habría censado al pueblo... o sido el responsable de tal destrucción. Desdeñar esta responsabilidad es flirtear con el peligro.

2. *Desdeñar las consecuencias del pecado es rechazar la verdad de Dios.* La Biblia habla hasta más no poder de las consecuencias del pecado.

   El pecado es, en realidad, un acto de egoísmo. Lo único que nos ofrece es placer, sin importarle el precio que exija de los demás.

3. *No tomar a Dios en serio es negar su señorío.* En medio del placer y de la delicia de vivir —y nadie cree en eso más que yo— es tentador ir demasiado lejos y tener en poco la santidad de Dios. No hay necesidad de que nos tomemos a nosotros mismos tan en serio, pero cuando se trata de Dios, necesitamos tomarlo muy en serio, y no jugar con él. Cuando lo tomamos en serio, el Señor nos brinda la delicia y la satisfacción de una vida a plenitud.

Creo que si de alguna manera pudiéramos hacer volver a David del más allá y lo entrevistáramos hoy, uno de sus principales consejos estaría dirigido a los que son líderes espirituales... a los que se han ganado el respeto de la gente... a los que tienen la confianza de los demás, y les siguen. Si le preguntáramos cuál sería lo único que quisiera que recordáramos, pienso que diría que esta parte de su experiencia personal, y nos alertaría contra el caer bajo la sutil fascinación del orgullo.

Si un hombre tan grande y piadoso como David pudo manchar su vida estando tan cerca del final de sus días, cualquiera es susceptible de que le suceda lo mismo, y eso lo incluye también a usted, y me incluye a mí.

¡Que el Señor nos ayude a todos!

Capítulo veinticuatro

EL FINAL DE UNA ERA

Juan Wycliffe puede ser llamado el comienzo de una era. Fue gracias a los esfuerzos de este dedicado erudito cristiano, predicador y traductor bíblico, que tuvo su comienzo la Reforma.

Poco antes de su muerte en 1384, enfrentaba solo los ataques físicos y verbales, pero siguió con la tarea de traducir tanto el Antiguo como el Nuevo Testamento al inglés popular... un proyecto tan antipopular que lo llevó al martirio. Hasta la fecha del heroico trabajo de Wycliffe, las Sagradas Escrituras estaban encadenadas a los ornamentados púlpitos, y escritas en latín, lengua que sólo podían leer los clérigos. Mientras recibía amenazas por su desafío, Wycliffe terminó su monumental tarea y después escribió estas palabras en la guarda de su propia traducción de la Biblia:

Esta Biblia que ha sido traducida, hará posible un gobierno del pueblo, por el pueblo y para el pueblo.

Poco sabía Wycliffe que casi 500 años después, sus palabras serían tomadas de la página de su Biblia e inmortalizadas por un presidente del Nuevo Mundo que prometería "un nuevo nacimiento de libertad" basado en "un gobierno del pueblo, por el pueblo y para el pueblo".

Menos de año y medio después de pronunciar estas palabras, el presidente Lincoln fue asesinado. Entre los centenares que reportaron su muerte, uno dio en el clavo al escribir: "La muerte de Lincoln marca el fin de una era."

Algunas vidas son tan significativas por sus valerosos logros, que constituyen el comienzo de una era. Pero otras determinan, con su muerte, el fin de una era. Su pensamiento, sus ideas creativas, su magnífico ejemplo, dejan un verdadero abismo a través del escenario de la vida. El ejemplo de estas personas es tan grande que es difícil seguirlos después de su muerte.

La muerte de David, el rey más grande que jamás tuvo Israel, marcó el fin de una era, la terminación de un período de tiempo sobre la tierra que nunca más se repetiría. A pesar de todo lo grande que llegó a ser Salomón, nunca tomó el lugar ni igualó al reinado de su padre, David. En un sentido muy real, ambos dieron inicio y concluyeron una era.

G. Frederick Owen resume de manera excelente la esencia de la vida de David:

> David sació a todo el pueblo de Israel, apaciguó definitivamente a los filisteos y, luego, en medio de la paz y de la abundancia, escribió muchos salmos de alabanza a Jehovah. El anciano rey acumuló vastos depósitos de piedra, hierro, cobre y cedro para la construcción del templo de Dios, dio su discurso de despedida y puso punto final al más exitoso reinado registrado en los anales de la historia.

La vida de David, y su muerte, significaron el fin de una era. Creo que pudiéramos decir que Dios rompió el molde cuando murió David.

Antes de que veamos la historia del fin de la vida de David en el Antiguo Testamento, leamos el resumen que hace Pablo de la vida del gran rey, al pensar en ella siglos después:

> Porque, después de haber servido en su propia generación a la voluntad de Dios, David murió, fue reunido con sus padres y vio corrupción.
>
> Hechos 13:36

Quite, ahora, el nombre de David y ponga el suyo allí.

Porque _____ (su nombre), después de haber servido en su propia generación a la voluntad de Dios, murió, fue enterrado y desapareció de la faz de esta tierra.

Cada uno de nosotros tiene un propósito en esta vida. No son muchos los que tienen un gran propósito como David, pero ninguna persona a quien Dios ha dado vida en esta tierra es insignificante. La tragedia más grande de todas es que vivamos y muramos sin haber descubierto ese propósito, ese motivo especial ordenado por Dios para servir en nuestra generación. Usted tiene contribuciones que hacer a esta generación. Puede que no sean tan grandes como sus propios sueños, o que estén muy lejos de sus expectativas; pero cualesquiera que sean, debe descubrir cuáles son esas contribuciones que puede hacer y llevarlas a cabo. Luego, después que lleguen los años crepusculares y su vida termine, puede quedar satisfecho de haber servido al propósito de Dios con su vida.

El propósito de David fue servir como rey y perpetuar la justicia en Israel. En 1 Crónicas 28 y 29, hallamos tanto el relato del fin de su vida como sus últimas palabras que fueron registradas. En este capítulo final de sus años sobre la tierra, David hizo cuatro cosas: Meditó en lo que habría de ser el templo, dio instrucciones a su hijo Salomón, oró ante el Señor, y luego se regocijó con la congregación. Después de estas significativas actividades, murió dando así fin a una era.

MEDITACION SOBRE EL TEMPLO: UN SUEÑO NO CUMPLIDO

Después de cuatro décadas de servicio a Israel, David, ya anciano y quizás encorvado por los años, vio por última vez los rostros de sus fieles seguidores:

David reunió en Jerusalén a todos los jefes de Israel: los jefes de las tribus, los jefes de las divisiones que servían al rey, los jefes de millares y los jefes de centenas, los jefes de todo el patrimonio, del ganado del rey y de sus hijos, con los funcionarios, los hombres valerosos y todos los guerreros valientes.

1 Crónicas 28:1

¡Qué imponente debió haber sido esa reunión! El grupo era, probablemente, de varios centenares de personas, y cada rostro representaba un recuerdo en la mente de David. Allí estaban todos, rodeando al amado y envejecido rey, que iba a darles el último discurso de su vida. Quizás la voz se le quebró al levantar la mano para pedirle silencio a la asamblea:

> Y poniéndose de pie, David dijo: "Oídme, hermanos míos y pueblo mío: Yo tenía en mi corazón el anhelo de edificar una casa para que reposara el arca del pacto de Jehovah y para estrado de los pies de nuestro Dios. Yo hice los preparativos para edificar..."
>
> 1 Crónicas 28:2

Al leer este versículo, puedo sentir lo apremiante de la verdad de este viejo sueño en la vida de David. Vivió y murió con un deseo frustrado, porque si hubo un legado que hubiera querido dejar, era el haber construido el templo de Dios.

Siento el apremio tanto en las palabras como en el espíritu de este versículo, porque sé que en el corazón de toda persona hay un sueño, un deseo. Cuando nadie está a nuestro alrededor, y cuando podemos ser absolutamente honestos con nosotros mismos delante de Dios, usted y yo acariciamos ciertos sueños y esperanzas. Usted quiere muchísimo que al final de sus días se hayan convertido en una realidad (exprésalo claramente en una hoja aparte). Este es su deseo personal y secreto. Sin embargo, sobre la base de esta experiencia en la vida de David, debo decirle que es muy posible que usted muera sin que se haya realizado ese deseo. Y esa es una de las cosas más duras de enfrentar y aceptar en este mundo.

David enfrentó esta realidad como debía enfrentarla un hombre conforme al corazón de Dios. ¡Qué admirable! Tenía el profundo deseo de construir el templo, pero la respuesta del Señor fue "no". Su reacción fue la de conformarse. Había escuchado el "no" y no se sintió ofendido por ello.

> Pero Dios me dijo: "No edificarás una casa a mi nombre, porque eres hombre de guerra y has derramado mucha sangre."
>
> 1 Crónicas 28:3

Cuando nació Salomón, le fue dado el nombre que significa "paz". La conocida palabra hebrea que se conoce en todo el mundo, Shalom, está directamente relacionada en su raíz con el nombre "Salomón". El Señor, entonces, escogió al hijo de David, un pacificador, un diplomático, no un hombre de guerra, para que le construyera su casa. Quería que un hombre de temperamento diferente al de David realizara ese sueño. David lo reconoció, y aceptó tranquilamente el "no" de Dios. Hacer eso es terriblemente difícil, porque no se renuncia a los sueños con facilidad. Pero veamos su reacción:

> No obstante, Jehovah Dios de Israel me eligió de entre toda la familia de mi padre para que fuese rey de Israel para siempre, porque escogió a Judá como caudillo. De la tribu de Judá escogió a la casa de mi padre, y entre los hijos de mi padre se complació en mí para constituirme rey sobre todo Israel.
>
> 1 Crónicas 28:4

¿Qué es lo que David está haciendo aquí? Está resaltando lo que Dios sí le permitió hacer. Es fácil estar tan decepcionados y afligidos por un deseo frustrado, que olvidamos las cosas que Dios nos ha dado; las cosas buenas que ha hecho por medio de nosotros. En los últimos años de su vida, en vez de afligirse por su deseo no realizado, David se concentró en las cosas buenas que Dios le había dado. ¡Qué gran hombre! Realmente vio la vida desde la perspectiva de Dios. Veamos de qué manera tan positiva expone el plan de Dios:

> Y de todos mis hijos (porque Jehovah me ha dado muchos hijos), eligió a mi hijo Salomón, para que se sentara en el trono del reino de Jehovah sobre Israel. El me ha dicho: "Tu hijo Salomón, él edificará mi casa y mis atrios; porque a él he escogido como mi hijo, y yo seré padre para él. Asimismo, yo confirmaré su reino para siempre, si se esfuerza en poner por obra mis mandamientos y mis decretos, como en este día." Ahora pues, ante los ojos de todo Israel, la congregación de Jehovah, y a oídos de nuestro Dios, guardad y escudriñad todos los mandamientos de Jehovah nuestro Dios, para que poseáis la buena tierra y para que la dejéis por heredad a vuestros hijos después de vosotros, para siempre.
>
> 1 Crónicas 28:5-8

David estaba diciendo: "Dios no me dio un 'sí' como respuesta a mi sueño, sino un 'no'. Pero sí me dio otras cosas en vez de ese sueño, y las estoy aprovechando al máximo." Podemos aprender mucho de la sana respuesta de David.

¿Tiene usted un deseo valioso al que sabe que tendrá que renunciar? Por lo general, hace falta que nos caigan encima los años para saber que así será, porque cuanto más jóvenes seamos, mayores serán nuestros sueños, más grandes nuestras esperanzas y más resueltos a lograr que se cumplan. Pero a medida que envejecemos, muchos de nosotros vemos que algunas de esas grandes esperanzas y sueños jamás se verán realizados. Quizá se trate del sueño de un gran logro a través de un tipo especial de ministerio. Quizá sea el deseo de lograr una cierta carrera o reconocimiento. Quizá sea la esperanza de verse libre en la vida de algo con lo cual ha vivido durante años. Sea lo que sea, ahora reconoce que eso nunca va a suceder, y eso es un trago difícil. Pero al igual que David, es una oportunidad para considerarse satisfecho por lo que Dios le ha permitido hacer. Al meditar en lo que fue su vida, y en su deseo no cumplido, dice: "Quiero dejar de pensar en lo que no pudo ser, y concentrarme en las cosas que Dios ha hecho."

Este es nuestro mismo reto, ¿no es verdad? Podemos vivir los últimos años de nuestra vida sintiéndonos culpables, o abrumados por los fracasos del pasado. Podemos entristecernos mucho o podemos decir: "Por la gracia de Dios, hice lo más que pude con lo que tenía. Reclamo su promesa de que, de alguna forma, él utilizará lo que hice para su gloria." ¡Qué maravilloso es tener tal actitud al final de nuestra vida!

PALABRAS A UN HIJO: UN GOBERNANTE SIN EXPERIENCIA

Luego David se vuelve, y en un momento de emoción, mira a su hijo Salomón. Debe haber sonreído por dentro al ver en ese joven la posibilidad de ver realizado el sueño con el que había soñado durante tantos años. David no tendrá esta experiencia, pero su hijo sí. Por tanto, le da ahora un consejo a su hijo. Estas serán sus últimas palabras durante sus postreros días en la tierra, y las escoge con sumo cuidado. Son palabras muy bien pensadas, basadas en sus años como rey... llenas de emoción, ricas en significado. Al mirar retrospectivamente los más de cuarenta años que fue líder de Israel, debe haber dicho lo siguiente muy despacio y con mucho cuidado:

> Y tú, Salomón, hijo mío, reconoce al Dios de tu padre y sírvele con un corazón íntegro y con ánimo voluntario; porque Jehovah escudriña todos los corazones y entiende toda la intención de los pensamientos. Si tú le buscas, él se dejará hallar; pero si le abandonas, él te desechará para siempre.
>
> 1 Crónicas 28:9

No nos sorprende que las primeras palabras que dirige David a su hijo tuvieran que ver con la piedad. "Conoce al Señor, Salomón." "Conoce al Dios de tu padre." El que dijera esto nos parece muy obvio, ¿no cree? Pero David está consciente de la tiranía de lo urgente. Había sido rey durante cuatro largas y agitadas décadas, y sabía que en el trono de Israel había lo suficiente como para mantener a un hombre tan ocupado, que se sentiría tentado a no apartar tiempo para conocer a Dios. Por eso David le dice: "Salomón, por sobre todas las demás cosas, quiero darte este consejo: Quiero que *conozcas* a Dios."

Si usted, antes de morir, pudiera tener una conversación a solas con su hijo y quisiera darle un consejo en cuanto a la vida, ¿cuál sería ese consejo? O, quizás, más importante aun, padres y madres, ¿qué consejo le están dando ahora mismo? ¿Qué carácter y qué estilo de vida están invirtiendo en ellos?

David dio una mirada profunda a los ojos de su amado hijo Salomón, el hijo de la gracia tenido en su unión con Betsabé. Me pregunto si pudo haber visto en ellos las primeras señales de la desobediencia y de una vida disoluta. Luego, al remontar el recuerdo a su vida pasada, y sabiendo que el mismo patrón pudiera repetirse en la vida de su hijo, le dice a Salomón: "Conoce a Dios, hijo mío. Por sobre todas las cosas, conócelo profundamente... íntimamente."

El segundo consejo de David tiene que ver con *servir* a Dios. Salomón, sírvele al Dios de tu padre."

Pero no se detiene allí, sino que le explica detalladamente cómo hacerlo: "Sírvele con todo tu corazón y con una mente dispuesta. Que no tenga el Señor que obligarte a que le adores. Hazlo de todo corazón. Hazlo de buena gana. No te cohibas."

David pudo dar estos consejos porque esa era la clase de corazón que él tenía. Era el dulce cantor de Israel que había compuesto y cantado esas grandes canciones de alabanza al Señor, y Salomón lo sabía. Este, con toda seguridad, debió haber visto en su padre una intensa pasión por Dios. La devoción de su padre fue siempre una herencia inolvidable en la mente de Salomón.

¿Cuál es su herencia espiritual, padres? ¿Crecerán sus hijos sabiendo que su padre sirvió al Señor con ánimo voluntario, de todo corazón? ¿Está usted siendo ejemplo de eso con su vida? No hay mejor herramienta educativa en la vida de un hijo que el ejemplo de la vida de un padre rendido a Dios.

David pudo amonestar a Salomón a que sirviera a Dios con ánimo voluntario y de todo corazón, porque él lo había hecho. No de manera perfecta, por supuesto. De hecho, añade: "Porque Jehovah escudriña todos los corazones y entiende toda la intención de los pensamientos." Cuando dijo eso, quizás estaba recordando aquel trágico día, muchos años atrás, cuando se quedó en su casa en vez de ir a la batalla, y cayó en pecado. Pudo haber pensado: *Salomón, si puedes evitarlo, no me imites en esto.*

El tercer consejo que le da a Salomón, es: *Busca al Dios de tu padre.*

Si tú le buscas, él se dejará hallar; pero si le abandonas, él te desechará para siempre. Mira ahora, porque Jehovah te ha elegido para que edifiques su casa para ser santuario. ¡Esfuérzate y actúa!

1 Crónicas 28:9, 10

Me encanta esta parte. En los versículos 11 al 19, David habla de la construcción del templo, y me encanta la manera como lo presenta. Puedo ver a David llevando aparte a Salomón, y diciéndole: "Mira, Salomón, hice estos planos para ti." Quizás hasta desenrolló unos arrugados planos de construcción, y puedo verlos a ambos en cuclillas juntos, estando Salomón a un lado y David al otro.

Entonces David entregó a su hijo Salomón el diseño del pórtico, de sus edificios, de sus almacenes, de sus salas superiores, de sus cámaras interiores y del lugar del propiciatorio. También entregó el diseño de todo lo que tenía en mente...

1 Crónicas 28:11, 12

Recordemos que ese templo, que él no pudo construir, había sido el sueño de David. Por tanto, le dice: "Salomón, si lo vas a construir, constrúyelo bien. Mira cómo debes construirlo." Y le muestra habitación por habitación. ¿No es así como actúa un padre? "Hazlo bien, Salomón." ¡Qué ejemplo de esmero, de cuidado y de percepción aguda era David! ¡Qué herencia con la cual iniciarse tenía Salomón!

Luego, se dirige al tema de *cómo gobernar al pueblo*, porque de eso iba a ocuparse principalmente Salomón:

> Además, David dijo a su hijo Salomón: "Esfuérzate, sé valiente y actúa. No temas ni desmayes, porque Jehovah Dios, mi Dios, estará contigo. No te abandonará ni te desamparará, hasta que acabes toda la obra para el servicio de la casa de Jehovah."

1 Crónicas 28:20

David sabía perfectamente que Salomón enfrentaría problemas como gobernante político, y le dice: "No tengas miedo, no te desanimes. Vas a tener gente de tu parte, pero también gente en tu contra. Vas a vivir en una olla a presión." Pero añade: "Camina con el Señor, y él estará contigo en todo momento."

Luego David se vuelve al pueblo y les dice:

> Después el rey David dijo a toda la congregación: "Sólo a mi hijo Salomón ha elegido Dios. El es joven e inmaduro, y la obra es grande; porque el templo no será para hombre sino para Jehovah Dios."

1 Crónicas 29:1

¿Puede ver a Salomón de pie allí? ¿Puede sentir su corazón palpitando aceleradamente? Es inmaduro. No tiene ninguna experiencia como gobernante. Y allí está su padre, con las cicatrices de la guerra, después de cuarenta años sin precedentes como rey, pasándole el cetro de Israel y los planos para el templo de Dios. Su barbudo rostro estaba arrugado por los años, pero en esos ojos oscuros brillaba la emoción. ¡Qué momento tan grande! ¡Qué padre! Salomón disfrutaría de numerosos beneficios por los logros de David.

Permítame darle una lista de lo que Salomón recibió de la mano de su padre como resultado de su gobierno. La nación estaba ahora unificada bajo una sola bandera. Se había establecido una capital real en Jerusalén. La fuerza militar de Israel era ahora respetada por todos los enemigos a su alrededor, y todos los enemigos habían sido sometidos, entre ellos los filisteos. Las fronteras de Israel habían pasado de 15.500 a 155.000 km². Había prosperidad por las extensas rutas comerciales creadas por su padre. El pueblo sentía anhelo por Dios y por la justicia, y los sonidos de las canciones de su padre podían escucharse a través de toda la nación. Yo llamaría a eso una herencia envidiable, y toda iba a ser disfrutada por Salomón. Si hubo alguna vez un hijo que tuviera razones para estar agradecido, ese hijo fue Salomón.

Una de las características de las nuevas generaciones es la falta de gratitud. Son raras las veces en las que les expresamos gratitud a nuestros padres por lo que han invertido en nuestra vida; y seguimos disfrutando de los beneficios de sus dedicados esfuerzos. Que el Señor nos haga más agradecidos, especialmente si tenemos padres cuyas vidas prepararon el terreno para nuestro caminar con Dios... ¡y más aun si invirtieron su tiempo y sus bienes en nosotros!

LA ORACION DELANTE DEL SEÑOR, UN PADRE FIEL

Por último, y como cosa natural, David cae de rodillas y pronuncia una hermosa oración, una expresión espontánea de su adoración al Señor Dios. Los primeros versículos son expresiones de alabanza. La alabanza saca al elemento humano del escenario y se concentra de pleno en la exaltación del Dios viviente. El lente de aumento lo hace ver mejor. Lea esta oración con sentimiento, y tómese su tiempo.

¡Bendito seas tú, oh Jehovah Dios de Israel, nuestro Padre desde la eternidad y hasta la eternidad! Tuyos son, oh Jehovah, la grandeza, el poder, la gloria, el esplendor y la majestad; porque tuyas son todas las cosas que están en los cielos y en la tierra. Tuyo es el reino, oh Jehovah, y tú te enalteces como cabeza sobre todo. Las riquezas y la honra provienen de ti. Tú lo gobiernas todo; en tus manos están la fuerza y el poder, y en tu mano está la facultad de engrandecer y de fortalecer a todos. Y ahora, oh Dios nuestro, nosotros te damos gracias y alabamos tu glorioso nombre.

1 Crónicas 29:10-13

Vemos aquí, entonces, a David, respondiendo espontáneamente a Dios en gratitud por todo lo que él había hecho en todos los años de su vida. Al pensar en cada una de las expresiones de la generosa gracia de Dios que ha dado a su pueblo, la alabanza de David se convierte en acción de gracias:

Y ahora, oh Dios nuestro, nosotros te damos gracias y alabamos tu glorioso nombre. Porque, ¿quién soy yo, y qué es mi pueblo, para que podamos ofrecer espontáneamente cosas como éstas, siendo todo tuyo, y que lo que hemos recibido de tu mano, te damos? Somos forasteros y advenedizos delante de ti, así como nuestros padres. Nuestros días son como una sombra sobre la tierra, y sin esperanza. Oh Jehovah, Dios nuestro, toda esta abundancia que hemos preparado para edificar una casa a tu santo nombre, de tu mano proviene, y todo es tuyo.

1 Crónicas 29:13-16

Hablemos de la escala de valores. David tenía riquezas sin límites, pero éstas nunca se adueñaron de su corazón. Se enfrentó a batallas internas, pero jamás tuvo que combatir la codicia en su corazón. David no fue atrapado por el materialismo. El dijo: "Señor, todo lo que tengo te pertenece a ti. Todos estos bellos lugares donde nos reunimos para adorarte, el palacio donde vivo, el salón del trono, todo es tuyo, todo."

¡Qué importante inversión es transmitir a nuestros hijos un adecuada escala de valores, para que sepan cómo manejar las cosas buenas de la vida, sabiendo que esas cosas buenas no son sino un fuego fatuo, que hoy está aquí pero que mañana desaparecerá. Esa inversión enseña también cómo manejarla cuando las cosas no sean fáciles. David no se apegó a nada, otro de sus rasgos característicos.

Luego intercede por el pueblo que ha gobernado durante cuarenta años:

> Yo sé, oh Dios mío, que tú pruebas el corazón y que te agrada la rectitud. Por eso, con rectitud de corazón te he ofrecido voluntariamente todo esto. Y ahora he visto con alegría que tu pueblo que se encuentra aquí ha dado para ti espontáneamente. Oh Jehovah, Dios de Abraham, de Isaac y de Israel, nuestros padres, preserva esto para siempre, formando el pensamiento del corazón de tu pueblo, y predispón su corazón hacia ti. Asimismo, da a mi hijo Salomón un corazón íntegro, para que guarde tus mandamientos, tus testimonios y tus leyes, a fin de que haga todas las cosas y edifique el templo para el cual yo he hecho preparativos. David dijo después a toda la congregación: "¡Bendecid, por favor, a Jehovah, vuestro Dios!"
> 1 Crónicas 29:17-20

EL REGOCIJO DE LA CONGREGACION: UN PUEBLO UNANIME

Eso fue precisamente lo que hicieron. De manera espontánea, y en respuesta a la oración de David,

> ... toda la congregación bendijo a Jehovah, el Dios de sus padres. Luego se inclinaron y se postraron delante de Jehovah y delante del rey... Aquel día comieron y bebieron con gran gozo delante de Jehovah.
> 1 Crónicas 29:20, 22

¡Ah, qué momento tan maravilloso fue ése! Aunque era el final de una era, no terminó con tristeza ni con luto y pesar, sino con alegría y gozo delante del Señor:

> Proclamaron rey a Salomón hijo de David... Así se sentó Salomón como rey en el trono de Jehovah, en lugar de su padre David, y fue prosperado... Todos los principales, los valientes y todos los hijos del rey David se sometieron a la autoridad del rey Salomón. Y Jehovah engrandeció a Salomón hasta lo sumo ante la vista de todo Israel, y le dio

un esplendor real, como ningún otro rey lo tuvo antes de él en Israel.

1 Crónicas 29:22-25

Adivine quién estuvo contentísimo con todo eso: David, su padre.

Murió en buena vejez y lleno de años, de riquezas y de gloria. Y su hijo Salomón reinó en su lugar.

1 Crónicas 29:28

Ese es un epitafio que resulta muy grato: "Murió en buena vejez y lleno de años, de riquezas y de gloria." ¡Bien hecho, David!

Cuando un hombre de Dios muere, nada de Dios muere. Cuando un hombre de Dios muere, ninguno de los principios de Dios muere. En ninguna parte se ve eso tan claro como en la vida de David.

¿Qué lecciones podemos aprender de un hombre así? Aprendemos esperanza, a pesar de su humanidad. Aprendemos aliento y alabanza en el canto que brotó de sus horas de desánimo. Aprendemos perdón en sus momentos sombríos de pecado. Y aprendemos el valor de servir al propósito de Dios en nuestra generación, aunque nuestros sueños no lleguen a realizarse.

Gracias, David, por ser un ejemplo para nosotros, enseñándonos con tu vida tan importantes verdades. Gracias, Padre, por ser nuestro Dueño; por utilizarnos, a pesar de nuestra debilidad; por perdonarnos, cuando caemos; y por amarnos a través de cada Saúl, Goliat, Jonatán, Abigail, Betsabé, Absalón, Joab y Salomón que hay en nuestra vida. Gracias por mostrarnos que podemos ser como David... personas con pasión y destino.

Conclusión

DAVID: UN HOMBRE DE PASION Y DESTINO

¡Cuánto amo la Biblia! ¡Cuánto me ha cautivado estudiar la vida de David! Este ha sido mi primer intento de escribir un libro sobre un personaje de la Biblia, pero no será el último. Tengo más biografías bíblicas en mente, que espero presentar al mundo de hoy durante los próximos años de mi vida. Todas son dignas de nuestro tiempo y atención porque representan ejemplos de carácter... la clase de carácter que necesitamos cada vez más en este mundo nuestro que parece haber perdido el rumbo. Creo que estas vidas, ocultas en las páginas de la Biblia, no sólo nos dan una fe renovada para perseverar, sino además grandes esperanzas para seguir adelante.

Aprecio mucho las palabras de Hebreos 11, donde el autor, después de mencionar a varias personas específicas por nombre, se da cuenta de pronto de los enormes beneficios de familiarizarse con los que perseveraron antes que nosotros. Es como si le faltara tiempo para hablar de todos ellos y, por eso, levanta las manos con gozo desbordante y exclama:

> Pudiera seguir hablando sin cesar, pero se me ha acabado el tiempo. Hay tantos más: Gedeón, Barac, Sansón, Jefté, David, Samuel, los profetas... Mediante actos de fe, ellos

derribaron reinos, lograron que se hiciera justicia, se adueñaron para sí de las promesas. Fueron protegidos de leones, fuegos y de la espada, convirtieron en ventajas las desventajas, hicieron huir a ejércitos extranjeros. Las mujeres recibieron de vuelta a sus seres amados de entre los muertos. Fueron los que, a pesar de las torturas, se negaron a rendirse y quedar en libertad, prefiriendo algo mejor: la resurrección. Otros se enfrentaron valientemente a los maltratos y a los azotes, y también a las cadenas y a los calabozos. Conocemos las historias de los que fueron apedreados, cortados en dos con la sierra, asesinados a sangre fría; también las historias de los que anduvieron errantes por la tierra, cubiertos con pieles de animales, sin hogar, sin amigos, agotados —¡de los cuales el mundo no era merecedor!— sobreviviendo como mejor podían en los más remotos y crueles lugares de la tierra. (Paráfrasis de Eugene Peterson, *The Message* (El mensaje). NavPress, 1993.)

Sé cómo se sentía este autor. Yo también "pudiera seguir hablando sin cesar, pero se me ha acabado el tiempo". Y porque hay "tantos más", y porque esas vidas fueron tan grandes que "el mundo no era merecedor" de ellas, he planeado continuar con esta serie de grandes personajes de la Biblia, si el Señor me lo permite. ¡Estoy entusiasmado con este proyecto!

Gracias, amigos, por haber hecho este viaje conmigo a través de algunos de los momentos más significativos de la vida de David. Como he expresado a lo largo de todo este libro: ¡Qué gran hombre fue David! Después de haber completado este estudio, estoy más impresionado que nunca con su vida. No fue perfecto, de ninguna manera, pero sí auténtico hasta la médula. Espero que ahora, habiendo usted y yo tomado el tiempo para estudiarlo más detenidamente, estaremos mejor preparados para vivir delante de nuestro Dios con humildad, en dependencia de él y con integridad.

¿Por qué razón? Porque eso es lo que necesita ver nuestro mundo para hacerlo volver al buen camino. Más importante aun, porque eso es lo que espera nuestro Señor de los que tengan el deseo de ser personas conformes al corazón de Dios.